KB056402

김정일·김정은 시대

북한 軍 권력기관과 엘리트

이동찬 저

도서
출판 선인

북한 軍 권력기관과 엘리트

김정일 · 김정은 시대

초판 1쇄 발행 2020년 9월 18일
    2쇄 발행 2021년 3월 15일

지은이   이동찬
펴낸이   윤관백
펴낸곳   돌선출판 선인
등 록   제5-77호(1998.11.4)
주 소   서울시 마포구 마포대로 4다길 4 곳마루빌딩 1층
전 화   02)718-6252/6257
팩 스   02)718-6253
E-mail   sunin72@chol.com

정가 27,000원
ISBN 979-11-6068-405-6 93300

북한 軍
권력기관과 엘리트

김정일·김정은 시대

『북한 軍 권력기관과 엘리트』

분단이 지속된 지 75여년이 지났지만 여전히 북한은 우리에게 어려운 실체이다. 한반도의 밝은 미래와 우리의 평화를 위해 우리는 북한의 실체를 이해하고 연구하며 궁구해야 한다.

북한은 사실상 군사화된 국가라고도 할 수 있다. 북한군은 정권 탄생은 물론 체제의 위기관리 수단으로 지속 기여하고 있다. 체제 유지와 수령의 유일지배체제 공고화의 기본 무장세력은 인민군이다. 북한을 좀 더 이해하고 천착하기 위해서는 이러한 북한군의 질적, 양적 규모와 속성을 살펴 볼 필요가 있다. 특히 이를 작동시키는 조직과 인적 메커니즘을 이해하는 것은 필수라고 할 수 있다. 북한군은 간부라고 불리는 군부 엘리트에 의해 지휘되고 작동된다. 그중에서도 소수의 권력기관과 엘리트에 의해 군의 군사력 건설방향과 군사정책 및 전략 노선이 결정된다.

이 책에서는 김정일 시대와 김정은 시대의 주요 군 권력기관과 군부 엘리트들의 변화와 특징을 살펴보고자 한다. 김일성 시대처럼 여전히 김정일과 김정은 시대에도 다소 부침이 있지만 군부의 영향력은 지속되고 있다. 북한의 경제건설 인프라와 외교적 협상수단인 핵무력이 사실상 군부에 의해 운용되기 때문이다.

책 구성은, 먼저 권력엘리트에 대한 기본개념을 살펴보고, 대중주의를 표방하는 사회주의 국가에서 엘리트의 개념이 어떻게 형성되고 적용되는지를 고찰한다. 이어서 선군체제로 대변되는 김정일 시대와 당-정-군 체제로 전환한 김정은 시대의 군 권력기관과 엘리트에 대한 변화와 특징을 분석한 후, 양 시대에 표출되는 공통적 특징과 상반된 속성을 비교하면서 북한에서 군 권력기관과 엘리트의 위상과 역할, 한계 등 총제적인 함의를 도출하고자 한다.

북한 군부의 기본적 특징은 수령의 유일지배체제 공고화와 사회주의체제의 보위라고 할 수 있다. 체제 안정과 권력 유지를 위해 김정일은 군을 전면에 내세워 선군후로(先軍後勞)의 선군정치를 하면서 군부를 선택했다. 반면에 김정은은 당과 정부를 선택하고 비대해진 군을 관리하고 통제하였다. 김정일 시대에 선군체제로 대표되는 국방위원회가 무소불위의 권력기관이었다면, 김정은 시대에는 당-정-군체제하 당 중앙군사위원회의 기능이 회복되고 국무위원회가 그 기능을 대체하였다. 즉, '체제 안정'의 김정일 시대에는 군에 대한 대우와 연공서열이 지배했다면, '혁신 기풍'의 김정은 시대에는 신진 테크노크라트들의 전문성과 능력이 인정되었다.

책이 나오기까지 소중한 분들이 따뜻한 도움과 격려가 있었다. 이분들의 지도와 배려, 후의가 없었다면 이러한 결과는 없었기에 항상 감사하게 생각하고 은혜를 기억하고자 한다.

영원한 정신적 고향으로 고인이 되신 아버님, 2남3녀를 훌륭하게 키우신 어머님, 다정다감하신 장모님, 헌신적이고 지혜로운 아내에게 감사함을 올리고, 그리고 당당하고 사랑스런 단권, 예림에게도 고마움을 전한다. 연구시각을 넓혀주신 북한학에서 독보적이셨던 고유환 교수님, 압도적 수업과 학문적 날카로움과 달리 따뜻이 제자들을 지도해주신 박순성 교수님, 언제나 용기를 주셨던 지도교수이신 동국대학교 북한학과 김용현 교수님, 논문 구성과 흐름을 잡아주셨던 고마우신 통일연구원 김갑식 교수님, 세세한 부분까지도 지도를 아끼지 않으셨던 국방대학교 문장렬 교수님, 연구소에서 형님같았던 김태구 박사님 등 여러분 선생님들께 진심으로 감사함을 표하고자 한다. 그리고 흔쾌히 출판을 승낙해 주시고 부족한 원고가 한권의 책으로 나올 수 있도록 수고를 아끼지 않으신 도서출판 선인의 윤관백 사장님과 이경란 편집위원님, 이진호 과장님, 선인출판사 임직원 모든 분들에게도 진심어린 감사를 전한다.

끝으로 이 책이 군사화된 국가라고 할 수 있는 북한에서 김정일과 김정은 시대 북한 군부의 실체와 특성을 명확히 살피고 넓게는 북한을 좀 더 이해하는데 기여했으면 하는 작은 바램이다. 더불어 향후 김정은의 당-정-군체제 하에서 북한군의 군사력 건설방향과 군사정책, 전략을 전망하는데도 도움이 되었으면 한다.

2021년 3월
동국대 북한학연구소 연구실에서
이 동 찬

목 차

표 목차

그림 목차

제1장
서 론

"북한은 미치기는커녕 너무 이성적이고 현명한 통치체제와 정치방식을 선택한다. 그들의 잔혹성과 차가운 계산은 상호 배타적인 것이 아니며 서로 협력관계에 있다."(뉴욕타임즈, 2016.9.9.)

제1절 연구 목적

북한 연구에 있어서 다양한 접근 방법과 이론이 있을 수 있다. 이러한 여러가지 측면의 시각과 문제제기는 결국 북한을 좀 더 정확하게 이해하고 분석·평가함으로써 차별성과 해독성을 제고하는 데 기여한다.

북한의 국가 주요정책 결정 방식과 과정을 분명하게 확인하기 어려우나, 명확한 점은 북한은 정상국가로서 소수 권력엘리트에 의해 대내외 문제 해결을 냉정한 방식과 절차에 따라 이행한다는 점이다.[1]

대다수 국가에서 주요한 정책을 결정하고 권력을 행사하는 것은 소수 권력엘리트들이다. 대중들은 그 소수의 권력엘리트에 지배를 받고 있는 것이 현실이다.[2] 민주주의국가 권력엘리트들처럼 사회주의국가의 권력엘리트들도 영향력이 상당하다고 본다. 사회주의 체제에서는 구조적 특성상 정치 엘리트들이 국가권력을 독점하고 생산수단에 대한 실질적 통제권을 행사함으로써 정치뿐만 아니라 경제·사회·문화 차원까지 영향력을 미치고 있기 때문이다.[3]

동서고금에서 1인 절대 권력자가 한 정치시스템에서 권한과 영향력

---

1) 뉴욕 타임즈는 "북한은 이성적이고 현명한 통치체제와 정치방식을 선택한다"며 "차가운 계산은 상호 배타적인 것이 아닌 서로 협력관계에 있다"고 평가하고 있다. Max Fisher, "North Korea, From Crazy, All Too Rational," *The York Times*, Sep. 9. 2016.

2) 웰시(William A. Welsh)는 "더 많은 인구에 정치참여의 기회가 확대된다 하더라도 정치권력의 실제 행사는 대부분의 시민 가운데 특권을 보유한 소수자에게 남아있다. 즉 민주주의의 등장이 엘리트의 하락을 가져오지는 않는다"고 주장한다. William A. Welsh, *The Leaders and Elites* (New York: Holt, Rinehart and Winston, 1979), p. 1; 진덕규, 『현대정치학』 (서울: 학문과 사상사, 2003), p. 267.

3) 서재진·조한범·장경섭·유팔무, 『사회주의 지배엘리트와 체제변화』 (서울: 생각의 나무, 1999), p. 20.

을 강력하게 행사한다 할지라도, 1인 지배의 완전통치는 사실상 불가능하다. 정치는 공동체 운영과 작동을 위해 탄생하고, 존재하기 때문이다.[4] 1인에 의한 지배란 가능하지 않으며 존재한 적도 없고 가능할 수도 없다.[5] 비록 북한이 '수령의 유일적 영도체제'국가이지만,[6] 최고지도자가 권력을 유지하기 위해서는 권력기관 및 엘리트층과 적절한 관계를 형성하고 권력을 작동시켜야 한다.

수령의 유일지배체제[7]를 유지하는 사회주의 국가인 북한에서도 권력기관과 엘리트들의 기능과 영향력은 상당해 보인다.[8] 특히 '군사국가'라고 볼 수 있는 일인지배체제국가인 북한에서[9] 국가 주요정책과

---

4) 박영자, "독재정치 이론으로 본 김정은 체제의 권력구조,"『북한의 시장화와 정치사회 균열』(서울: 선인, 2015), p. 76.

5) Bruce Bueno de Mesquita and Alastair Smith, *The Dictator's Handbook* (New York: Pubic Affairs, 2011), p. 2.

6) '수령의 유일적영도체제'는 수령의 명령, 지시에 따라 전 국가, 전군이 하나같이 움직이게 하는 것으로 모든 성원들이 수령의 의도와 명령, 지시를 무조건 접수하고 끝까지 관철해 나가는 영도체계이다. 김민·한봉서,『위대한 주체사상 총서9: 령도체계』(평양: 사회과학출판사, 1985), p. 75.

7) 북한에서 수령은 최고영도자로서 '혁명과 건설에서 절대적 지위를 차지하고 결정적 역할을 수행하는 당과 혁명의 탁월한 령도자'로 규정된다. 철학연구소,『철학사전』(평양: 조선로동당출판사, 1985), p. 376; 북한에서 수령이라는 용어가 일반화 된 것은 1966년 제2차 당대표자회 직전이며, 1966년 9월 30일 김일성 종합대학 창립 20주년 행사에서 '당과 수령에 대한 충실성은 종합대학의 제일생명이다'라는 연설을 통해 당과 수령이 사용되었다. 정민섭,『최고존엄』(서울: 늘품, 2017), p. 87.

8) 양성철,『북한정치연구』(서울: 박영사, 1995), p. 12.

9) 고유환은 북한의 국가 성격이 항일무장투쟁 등 유격대 군사활동에 근거를 두고 있기 때문에 '수령 중심의 유일체제(수령제)', '수령 중심의 군사국가'라고 평가한다. 특히 김정일 시대에는 당을 통한 정치과정이 생략되고 국방위원장을 혁명의 수뇌부로 하는 '군사국가'가 제도화 되었다고 평가한다. 고유환, "김정은 후계구축과 북한 리더십 변화; 군에서 당으로 권력이동,"『한국정치학회보』45(5), 2011, pp. 177-185.

군사사업 결정에서 군 권력기관과 엘리트의 영향력은 지대하다고 평가된다. 북한과 같은 군사국가에서 중요한 영향력을 행사하는 군 권력기관과 엘리트들이 누구이며 어떠한 속성을 보유하고 있는가? 또한 수령과의 어떠한 관계를 설정하고 있으며, 권력을 어떻게 행사하고 유지하는가?

북한의 군 권력기관과 엘리트의 실체와 성향, 영향력을 파악하는 것은 북한체제와 사회를 이해하고 북한 군사정책의 방향을 전망하는 데 유용한 방법일 수 있다.[10] 왜냐하면 북한이 당-국가체제에 의한 사회주의국가로서 이러한 당을 보위하는 군의 핵심은 군 권력기관과 엘리트이기 때문이다.[11]

이 연구는 김정일 정권 시대와 이를 후계(後繼)한 김정은 시대에[12] 체제보위와 정책결정에 중요한 역할을 수행하고 있는 군 주요 권력기관과 엘리트의 형성과 동향, 영향력 등을 비교 분석하고, 종합적으로 표출되는 특징과 한계를 살펴봄으로써 북한체제와 군부의 변화를 좀 더 이해하고 전망하는데 그 목적이 있다.[13]

---

10) Charles Wright Mills, *The Power Elite*(Oxford University Press, 1956), pp. 29-41.

11) 서동만, "북한 당·군관계의 역사적 형성: 창군기에서 한국전쟁 직전까지를 중심으로," 『외교안보연구』 제2호(1997), pp. 267-270.

12) 이글에서 김정일 시대는 1994년 7월 김일성 사후 김정일에 의한 1인 지배시기를 말하며, 김정은 시대는 2011년 12월 김정일 사후 김정은에 의한 1인 지배시기를 말한다. 실질적 통치여부와 당 정책상의 변화를 시대구분의 기준으로 고려하지 않았다. 지도체계 변화, 경제발전단계, 혁명단계에 따른 시기구분에 관해서는 이종석, "북한역사와 김정일 시대," 『김정일 시대의 북한』(서울: 삼성경제연구소, 1997), pp.15-54 참조; 이대근, 『북한 군부는 왜 쿠데타를 하지 않나』(서울: 한울아카데미, 2003), p. 17.

13) 박근재·김인수, "북한 군부엘리트의 경력이동 연결망 분석," 『국방정책연구』 제29권 2호(2013년 여름), p. 90.

제2절 기존 연구검토

북한 권력 엘리트 연구는 권력 핵심인 정치 권력엘리트 위주로 체제와 구조, 네트워크적인 분석이 주를 이루고 있다. 반면에 북한 군부 권력기관과 엘리트에 대한 개념과 범위, 시대를 관통하는 큰틀아래 구체적 분석과 세밀한 연구는 거의 없는 실정이다.

김갑식은 김일성이 생존한 1990년 초반부터 김정일 시대인 2007년까지 시기별로 노동당, 최고인민회의와 내각, 국방위원회와 인민군대, 주요공장 기업소 등 직책의 변화에 따른 권력엘리트 추세를 분석하였으며, 부분별 엘리트 교체현황 및 세대교체 여부에 대한 연구를 주로 하였다.[14] 특히 오경섭·김갑식은 김정일 정권과 김정은 정권의 최상층 권력 엘리트를 정의하고 군 권력엘리트 40여명과 내각 권력엘리트 40여명에 대한 인구사회학적 배경과 사회적·직업적 기반의 변화 위주로 분석하여 권력엘리트가 김정은 정권의 안정에 미치는 영향을 고찰하였다.[15]

정창현은 노동당 중앙위원회 위원과 후보위원을 분석대상으로 하여 북한 정권이 수립되는 시기부터 2000년대 초까지의 북한 지배엘리트 구성과 역할상의 변화, 세대교체 움직임 등에 대해 분석하고 있다. 정

---

14) 김갑식, "김정일 시대 권력엘리트 변화,"『통일과 평화』제2호, 2009, pp. 103-139.

15) 오경섭·김갑식은 군 권력엘리트로 국방위원회 제1부위원장·부위원장·위원, 총정치국 국장·부국장, 총참모부 총참모장·부총참모장, 인민무력부 부장·제1부부장, 보위사령부 사령관, 호위사령부 사령관, 국가안전보위부 부장, 인민보안부 부장 등을 거론했다. 오경섭·김갑식, "김정은 정권의 정치체제: 수령제, 당·정·군 관계, 권력엘리트의 지속성과 변화,"『통일연구원 연구총서』(서울: 통일연구원, 2015), pp. 117-175.

창현은 지배엘리트를 영도핵심과 지도핵심으로 구분하고 영도핵심은 주석단에 배치되는 노동당 정치국 위원과 후보위원, 비서국 비서, 국방위원회 간부, 차수급 장성 등 30명 내지 50여 명의 인물을 꼽고 있다. 지도핵심에는 그 외의 노동당 중앙위원회 중앙위원과 후보위원에 포함된 간부들로 정의하고 있다.[16]

박영자는 북한의 정치엘리트 중 2009년 현재 김정일의 측근으로 당·군·정 상층부 두 곳 이상의 지휘를 겸직하거나 겸직이력을 가지고 고도로 집중화된 정치권력을 행사하고 있는 이들을 '집권엘리트'라고 개념화하고, 이에 2009년 북한 집권엘리트에 대한 사회 연결망 분석(Social Network Analysis)을 통하여 이후의 엘리트 구조를 전망하였다.[17]

김태구는 김일성, 김정일, 김정은 3대에 걸친 군부 통제 방식을 살펴보고, 특히 김정일과 김정은 시대의 군부 통치 특징을 상호 비교하면서 김정일 시대 선군정치하의 군부 팽창과 김정은 시대에 당으로의 복귀과정을 강조하고 있으며, 김정은이 군부 권력엘리트를 확고히 장악하고 있는지에 대한 근거를 제시하고 있다.[18] 정성장은 지속적으로 군부뿐만 아니라 북한 권력 엘리트들에 대해 분석하고 있다.[19]

---

16) 정창현, "당·정·군 파워엘리트 최근변화: 국방위원과 혁명 3세대 약진, 당 중심 운영체계 여전," 『민족21』 통권71호(2007년 2월).

17) 이교덕은 사회연결망분석(social network analysis)은 북한 연구에 있어서 데이터 수집에 난점이 있다고 한다. 이교덕, "북한 권력엘리트 연구와 북한 권력엘리트 특징," 『KDI북한경제리뷰』 2102년 7월호, p. 107; 박영자, "북한의 집권엘리트(Centralized Power Elites)와 Post 김정일 시대," 『통일정책연구』 18권 2호, 2009, pp. 33-66.

18) 김태구, "북한 정권의 군부 통제방식 연구," 동국대학교 박사학위논문, 2015.

19) 정성장, "김정은 정권의 당과 군부 파워 엘리트," 『김정은 정권의 대내전략

현성일은 북한의 수령체제 아래 엘리트의 정책결정 영향력은 한계가 있을 수밖에 없다고 진단하고, 엘리트의 성향과 사회경제적 배경보다는 국가차원의 엘리트 육성과 관리를 통해 북한의 정책결정 과정을 고찰하고 있다. 또한 북한에서의 권력엘리트를 정치엘리트, 기술전문 엘리트, 군부엘리트 등 세 가지로 분류하고 각각 권력엘리트들의 속성과 영향력을 연구하고 있다.[20] 이승열은 김정일 시대의 선군정치 전면화에 따른 군부 중심 엘리트 정책의 당연성과 김정은 집권초기 신군부와 체제보위 엘리트간의 권력투쟁을 세밀하게 분석하면서 김정은 정권기에 당 조직지도부의 역할 확대에 주목하고 있다.[21]

이러한 논문과 저작들은 그동안 북한 권력엘리트에 대한 연구의 성과로서 주요경력, 출신, 성향 등 간부들의 특성이 다수 분석되었다. 또한 시기별 엘리트에 대한 특징과 엘리트에 대한 충원 등에 대한 연구성과도 눈여겨 볼 대목이다. 특히 2000년대 들어서는 시기별 엘리트의 변동과 성향 분석을 통해 북한체제의 변화 가능성과 향후 전망을 제시하는 연구들이 광범위하게 진행되었다.

그러나 기존연구가 북한 군부와 선군정치를 분석하는 데 일정한 기여와 성과를 냈음에도 불구하고 이러한 연구들은 여전히 북한 내 군 권력기관 변화와 엘리트의 특징을 단편적으로 파악하고 단순사건과 일정기간에 엘리트를 연계함으로써 군 권력기관과 엘리트의 종합적이

과 대외관계』(서울: 세종연구소, 2014), p. 5; 정성장, 『현대 북한의 정치』(서울: 한울아카데미, 2011), p. 268-287; 정성장, "김정은의 선군정치와 북한의 군부 엘리트 변동,"『정세와 정책』(성남: 세종연구소, 2012년 3월), pp. 17-18.

20) 현성일, 『북한의 국가전략과 파워 엘리트』(서울: 선인, 2011), p. 19.

21) 이승열, 『북한 엘리트 집단의 권력투쟁과 당 조직지도부의 생존전략』(서울: 국방정신전력원, 2017).

고 상호관계적인 차원에서 변동 흐름과 의미를 체계적으로 분석하는데 다소의 한계를 드러내고 있다. 즉, 결과 위주의 성과분석으로 인해 원인과 배경 부분에서 충분하고도 세밀한 설명에 다소 소홀한 측면이 있어 보인다. 이는 다분히 북한 자료 획득의 한계와 북한체제의 폐쇄성으로 인한 정보접근의 제한, 기존자료의 부족 등에 기인한다고 볼 수 있다. 반면 본 연구는 김정일 시대와 김정은 시대의 군 권력기관과 엘리트들을 연계하여 그들의 변화와 함의를 선구적으로 연구분석함으로써 그 의미와 차별성이 있다 하겠다.

따라서 이 연구에서는 기존 연구자들이 평가하고 있는 북한의 군부 권력엘리트의 특성과 성향, 구조적 관계, 영향력 등을 정치사회학적으로 참고하면서 군부 권력기관과 엘리트들의 안보환경에 따른 변화와 시대별 영향력, 이에 따른 특징과 한계사항을 자세히 기술하고자 한다.

제3절 연구 범위 및 방법

1. 연구의 범위 및 한계

권력기관의 성격과 지향점, 엘리트의 개인적 자질과 정치적 행태는 대체적으로 그 사회의 자체 성격과 일련의 대외 충격에 인한 구조적 변동, 긴밀한 사적 연결망 등을 통해서 노정된다. 권력기관과 엘리트의 사회적 배경을 분석하는 것은 이들의 특성을 분석하는 것이라고 할 수 있다.[22] 이 연구에서는 군부 권력기관과 엘리트의 범위 설정 후 상

---

22) 고유환은 북한연구 방법론중의 하나로 엘리트접근을 소개하고 있다. 엘

호연관성과 변화과정을 살펴보고 이를 바탕으로 향후 결과를 조심스럽게 진단하고자 한다.

연구 범위의 분석 단위와 주요 관심부분은 북한체제를 완벽히 통제하고 권력의 절대성과 항상성의 중심에 위치해 있는 북한 권력기관과 엘리트 중에서도 특히, 북한 권력핵심의 한 부분인 주요 군 권력기관과 군부 엘리트의 변화와 특성, 영향력 등이다.[23] 이 연구에서는 북한 군 주요 권력기관중 3대 군부 권력기관인 총정치국, 총참모부, 인민무력성(국방성)외에 공안기관인 국가보위성, 인민보안성(사회안전성) 등을 포함할 예정이다. 아울러 군 엘리트는 실질적으로 군내 정책결정에 지대한 영향을 미치는 권력엘리트와 특정분야에서 영향력을 행사하는 엘리트로 구분하여 표기할 것이다.

이 연구의 김정일 정권기는 1994년 7월 9일부터 2011년 12월 17일까지로, 김정은 정권기는 2011년 12월 18일부터 2019년 말까지로 제한하여 각 정권별 군부 조직과 엘리트의 변화를 중점적으로 연구하고자 한다. 이는 김정은 정권기의 군부 엘리트 연속성과 관계성이 김정일 정권기의 군부 엘리트와 상호 밀접하게 연관되어 발현하기 때문이다.

북한 관련 연구는 북한 자체의 독특한 색채와 특이한 체제, 비공개성으로 인해 예측과 분석에 있어서 상당 부분 한계를 노정할 수밖에 없고, 제한된 여건에서 최적의 분석과 가용적 접근을 추구할 수밖에 없다는 애로점이 있다. 아울러 북한연구 분석한계는 자국중심의 시각,

---

리트접근법은 어떤 사회체제에서도 엘리트의 등장이 필연적이라는 전제 하에서 엘리트와 정치체제, 엘리트의 등장배경, 엘리트의 성격분석, 엘리트의 상호관계에 주목하는 방법이다. 고유환, "북한연구 방법론의 현황과 과제,"『통일과 평화』(창간호, 2009), p. 43.

23) 라스웰(Harold D. Lasswell)은 정치를 영향력과 엘리트의 관계라고 특징 지었다. 송희준, "라스웰의 학문세계의 재방문," 한국정책학회, 2014년.

즉 남한 중심 내지는 우월주의에 바탕을 둔 시각으로 이러한 시각은 북한을 정확히 분석하고 명찰하는 데 제한점이 있고 어려움이 있다.[24]

2. 연구의 방법

북한을 연구 분석하는 방법은 분석단위와 수준 등에서 다양한 접근법이 적용되고 대체·혼용될 수 있다 하겠다.

여기에서 연구 방법은 북한 군부 기관과 엘리트를 분석하는 데 일반적인 세가지 방법을 적용하여 대입하고자 한다. 이러한 접근법은 이 연구의 전체 맥락과 흐름을 관통하면서 일관성과 구조성, 체계성을 제공해 줄 것이며, 이는 논리적 결론을 유추하고 설득력을 제고하면서 결국 논자의 주장을 강조하고 합리화하는 데 활용될 것이다.(〈그림 1-1〉 참조)

① 문헌조사와 텍스트 연구법을 사용할 것이다.[25] 연구는 각종 북한 자료와 주요 문헌내용 분석에 의존하였으며, 북한 권력엘리트의 세부적인 자료는 통일부 홈페이지 북한 연구자료(북한자료센터)와 국립중앙도서관, 국회도서관의 북한 관련 특수자료를 이용하였고, 특히 동국대 소장 북한 관련 논문 및 문헌자료를 유용하게 활용하였다. 시대별 분석에 대한 데이터는 원전과 신문, 잡지 등의 자료를 집중 분석하였다. 최대한 북한군 관련 연구 문헌 확보를 위해 노력하였다. 기존 연구들

---

24) 정성장, 『현대북한의 정치: 역사·이념·권력체계』(서울: 세종연구소, 2011), pp. 27-31.
25) 텍스트 연구법은 북한사회를 연구하는 방법론의 하나로, 북한을 연구하는 방법론은 비교분석, 역사적·구조적 방법, 신내재적 접근, 텍스트 연구, 참여관찰(현상학) 접근 등이 있다. 구갑우, "지식사회학과 북한연구방법론,"『현대북한학 강의』(서울: 사회평론, 2013), pp. 360-363.

에서 활용되었던 국내외의 사료들과 문서들을 재검토하고 보완적인 문헌연구를 통해 북한군의 주요조직과 엘리트의 연관성과 특징을 규명하고자 한다.

② 김정일 시대와 김정은 시대의 군 권력기관과 엘리트 구성 등을 유사단위로 선정하여 그러한 대상들의 변화와 흐름을 비교분석 할 것이다. 즉, 김정일과 김정은 시대의 대내외 안보환경과 국가전략에 따른 군 권력기관과 엘리트의 변화와 주요특징, 한계를 비교분석할 예정이다. 이를 통해 군 조직과 엘리트에 대한 통제장치와 관리내용, 유사특성은 물론 권력이동 변화와 군 엘리트들의 부침을 도출할 것이다.

〈그림 1-1〉 김정일·김정은 시대 군 권력기관과 엘리트 분석틀

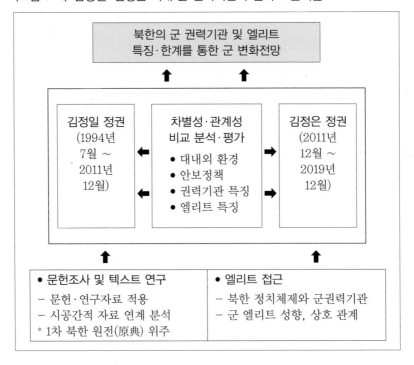

③ 북한연구 방법론의 하나인 엘리트접근법을 활용하고자 한다. 엘리트접근법은 어떤 사회체제에서도 엘리트 등장이 필연적이라는 전제하에 엘리트와 정치체제, 엘리트 등장배경, 엘리트 성격분석, 엘리트 상호관계에 주목하는 방법이다.[26] 북한군 엘리트의 변화양상 분석을 통해 북한체제의 성격과 특성, 군부 권력변동과 시대적 함의, 군 안정성 등을 전망하고자 한다.

이 연구는 종합적으로 문헌조사와 텍스트 연구, 엘리트 접근방법을 통해 김정일·김정은 시대의 대내외 안보환경과 국가전략, 정권시기별 권력 변화, 권력기관과 엘리트의 특징·한계 등을 비교분석함으로써 유의미한 결과를 도출하고 이를 바탕으로 북한사회에 미치는 영향과 군부 권력기관과 엘리트의 함의와 변화를 살펴보고자 한다.

본 연구는 다음 여섯 장으로 구성하였다.

제1장에서는 문제제기와 연구의 목적을 밝히고 연구방법과 범위, 기존 연구자들의 연구 성과와 한계, 그리고 이 논문의 제한사항과 분석 틀에 대해 서술하였다.

제2장에서는 권력과 엘리트의 개념과 속성을 고찰한 후, 맑스의 계급론과 엘리트 이론, 구소련의 군 권력기관과 엘리트, 중국 군 주요조직과 엘리트들의 관계성과 직업성을 살펴 볼 예정이다.

아울러 북한의 당-군체제 하에서 군 엘리트와 군 권력기관의 개념과 범위, 일반적 특징이 어떻게 적용되고 규명되며 더불어 제한사항이 무엇인지 살펴본다.

제3장에서는 김일성 사후인 1994년 7월부터 김정일이 사망한 2011년

---

26) 고유환, "북한연구 방법론의 현황과 과제," 앞의 논문, p. 43.

12월까지 김정일 선군정치[27] 시대의 대내외 안보상황과 국가전략에 연계된 군부 권력기관과 엘리트의 권력 특성과 변화, 한계사항을 분석할 예정이다.

제4장에서는 김정일 사후인 2011년 12월 말부터 2019년 말까지 김정은 시대의 대내외 안보상황과 국가전략에 연계된 군부 권력기관과 엘리트의 권력 특성과 변화, 한계사항을 살펴볼 계획이다.

제5장에서는 김정일 시대와 김정은 시대의 군부 권력기관과 엘리트의 변화와 특징을 종합하여 비교분석할 예정이다. 양대 정권별 시대안보적 상황은 물론 특징적으로 표출되는 군부 권력기관과 엘리트의 변화양상, 위상과 한계를 분석하고자 한다. 이러한 분석결과는 향후 김정은 시대에서 나타날 수 있는 군 주요기관의 변화 지향점과 방향, 군부 엘리트의 변동, 당-군체제 하에서 영향력을 예측하는 데 기여할 것이다.

제6장 결론에서는 군부 권력기관과 엘리트는 북한 정권의 충실한 체제보위의 핵심세력으로써 정치·혁명적 역할에도 지속적으로 관여한다고 평가한다. 그러나 군부는 군사국가인 북한에서 일정한 지배력과 영향력을 점유하나, 군부권한은 당-군체제의 고착화된 정치체제 환경 하에 한계가 있다고 결론을 맺는다.

---

27) 북한은 선군정치를 "군대를 중시하고 그를 강화하는 데 선차적 힘을 넣는 정치", "인민군대의 위력에 의거하여 혁명과 건설의 전반사업을 힘 있게 밀고 나가는 정치"로 정의하고 있다. "정론-강성대국", 『로동신문』, 1998.8.22; 이는 북한지도부가 역사적으로 지속된 군사국가화를 토대로 1990년대 들어 심화된 위기상황에 대응하여 체제의 생존과 안정, 나아가 강화를 위해 선택한 국가운영방식이라 할 수 있다. 김용현, "북한체제 군사화의 정치·사회적 기원: 1950~1960년대를 중심으로," 『통일문제연구』 제13권 1호(서울: 평화문제연구소, 2001년 상반기호), p. 255.

제2장

예비적 고찰

"정치는 영향력과 엘리트의 관계이다."(헤럴드 라스엘)

"에너지가 물리학의 근본적인 개념인 것과 같이 권력은 사회과학의 근본적인 개념이다."(버트랜드 러셀)

"민주주의 사회의 모델인 미국에서도 정치지배층, 기업부유층, 그리고 고급 군간부의 권력엘리트가 공공정책을 지배한다."(라이트 밀즈)

제1절 권력엘리트 개념

1. 권력과 엘리트의 정의

민주주의국가 또는 사회주의국가 어느 국가이던 군부는 무력을 관리·운용하는 국가안보와 정권안정의 수호자로서 정치적인 권력과 무관하다고 볼 수 없다.[1] 군부의 영향력[2]이 강한 북한에서의 군부 특성과 권력과의 연계 및 영향력을 고찰하는 것은 북한정치와 사회를 이해하고 북한군의 속성을 파악하는 데 중요하다고 할 수 있다. 사회주의국가에서 '권력이 총구에서 나오는 것'은 자연스러운 현상인데, 북한 군부에 대해 살펴보기 전에, 우선 권력과 엘리트의 개념에 대해 고찰하고 이어서 사회주의국가의 군부 주요 권력기관과 엘리트의 상관성과 변화, 그리고 특성을 규명해 보고자 한다.

1) 권력 이론

권력은 불명료하게 적용될 가능성이 높은 용어이다. 그래서 권력이라는 용어는 문화와 시대에 따라 완전히 다른 의미를 적용할 수 있는 것으로 명확히 정의하기가 어렵다고 할 수 있다.[3]

---

1) 박순성은 한반도에서 무력충돌이 군사적 영향 뿐 아니라 정치적 영향을 초래한다고 보며, 군부의 행위가 정치적 의미를 가진다고 평가한다. 박순성, "한반도 평화를 위한 실천구상: 정전체제, 분단체제, 평화체제," 『사회과학연구』 제25권 1호(동국대, 2018년 3월), p. 33.
2) 군부의 영향력은 시각에 따라 여러 개념으로 설명할 수 있으나, 이 논문에서 군부의 영향력은 정치·군사적 영향력에 치우친 개념으로 설정하고, 이러한 영향력은 국가정책과 주요사업, 군사정책의 변화와 유지에 결정적인 힘과 방향성으로 본다. 아울러 영향력을 구성하는 하부단위는 정치력, 혁명성, 전문성, 경제권력, 당 서열, 권력기관과 직위 등으로 세분된다.
3) R. A. Dahl, "The Concept of Power," *Behavioral Science*, 1957, p. 2;

권력에 관한 대부분의 개념은 웨버(Weber)가 말한 "한 인간이 타인의 저항에도 불구하고 그의 의사를 관철시킬 수 있는 가능성"이란 권한의 개념에 근거하고 있다.[4] 다알(Robert A. Dahl)도 웨버의 권력개념에서 출발하고 있는데, 다알은 권력을 사회행위자 A가 다른 사회행위자 B와의 사이에서 B가 A와 관계하지 않을 경우 행하지 않을 어떤 일을 행하는 데 끌어들일 수 있는 사회행위자간의 한 관계로 정의하고 있다.[5] 데니스 롱(Dennis H. Wrong)[6]은 권력이란 실제권력(actual power) 뿐만 아니라 잠재권력(potential power)과 권력의 잠재성(the potential for power)이 모두 포함된 것으로 보고 있다.[7]

정치학자인 러셀(Bertrand Russell)도 사회과학의 근본 개념으로 권력의 개념을 강조했는데[8] 권력이란 이렇게 했으면 좋겠다고 생각하는

윤우곤, "권력의 본질에 관한 소고," 『사회과학』 24호(성균관대사회과학연구소, 1985), pp. 8-9: 헤럴드 라스웰, 백승기 역, 『권력과 인간』(서울: 전망사, 1981), p. 7.

4) M. Weber, *The Theory of Social and Economic Organization*, translated and edited by A. M. Henderson and T. Parsons(New York: Oxford Uni. Press, 1947).

5) R. A. Dahl, "The Concept of Power," op. cit, p. 201; Robert A. Dahl, *Modern political analysis*(Engle-Wood cliffs, New Jersey: Prentice-hall, 1970), p. 18.

6) Dennis H. Wrong은 권력의 종류를 강제력, 설득, 조작, 권위(위협적·보상적·합법적·전문적·개인적 권위)로 구분하고 있다. Dennis H. Wrong, *Power: it's Forms Bases and Uses*(Transaction Publishers, 1995); Dennis H. Wrong, "Some Problems in Defining Social Power," *American sociological Review* 1968, pp. 673-681.

7) 윤우곤, "권력의 본질에 관한 소고," 앞의 논문, p. 11.

8) 러셀은 권력의 의미를 강조하여 "마치 에너지가 물리학의 근본적인 개념인 것과 같이 권력은 사회과학의 근본적인 개념이다"라고 하였다.(In the course of this book I shall be concerned to prove that the funda-mental concept in social is Power, in the same sense in which En-

효과를 이루어 줄 수 있는 힘이라고 말하고 있다.[9]

미국의 라스웰(Harold D. Lasswell)[10]도 "권력의 개념은 아마 정치학 전반에 걸쳐서 가장 기본적인 개념일 것이다. 즉, 정치권력은 권력의 형성, 분배 및 행사에 관한 것이다"라고 평가하고 있다.[11] 막스 베버(Max Weber)는 권력을 어떤 사회관계의 내부에서 자기의 의사를 관철시킬 수 있는 일체의 가능성(능력)으로 보고 있다.

학자들의 견해를 종합하여 권력의 개념을 정리해 보면, 권력이란 "어떤 의사가 다른 의사를 지배할 수 있는 힘, 즉 다른 사람을 복종시

---

ergy is the fundamental concept in physics.)" Bertrand Russell, *Power*(London: George allen & Unwin, Ltd., 1938), p. 10; 이극찬 역, 『권력론』(서울: 범문사, 1982), p. 11 재인용.

9) Bertrand Russell, *Power*, Ibid, p. 35; 이극찬, 『정치학』(서울: 범문사, 1997), p. 188 재인용.

10) 20세기 사회과학을 주도한 정치학자 라스웰(Harold D. Lasswell)의 관심은 제2차 세계대전 동안 병영국가들의 언어, 선전, 선동, 여론 커뮤니케이션을 연구하고 이에 대응하는 정책과학 아이디어를 체계화한다. 그의 필생의 업적은 미국과 서구민주주의 생존을 위협하는 도전의 탐색과 대응전략 모색으로 압축된다. 그는 초기에 인간의 비정상적 심리와 동기, 병영국가 엘리트, 정치의 본질, 언어·상징·선전과 여론·커뮤니케이션을 연구한 뒤 후기에 선행 연구물들의 핵심개념과 기본 틀을 종합하여 정책과학을 도출하였다. 아울러 그는 엘리트의 편견, 선택적 인식, 자기방어 등 비합리적 심리구조가 정치와 정책결정에 미치는 영향을 보기위해 정책결정자의 분석을 촉발하였다. 특히 군대나 경찰 같은 폭력사용자, 통신과 상징을 조작할 능력을 가진 소통·선전 기술자, 조직과 기술 노하우를 가진 기술관료제, 사업·상법 기술자 등의 서로 결합된 숙련집단은 민주주의를 질식시키고 군사적, 관료적, 기술관료적 엘리트의 '병영국가(garrison – state)'를 출현시킨다고 비판한다. 송희준, "라스웰의 학문세계의 재방문," 앞의 논문, pp. 1-23.

11) Harold D. Lasswell, *Power and Personality*(New York: W.W. Norton & Co., Inc., 1948), p. 14; 이극찬, 『정치학』, 앞의 책, p. 180 재인용.

킬 수 있는 힘"으로 정의될 수 있다.[12]

한편, 라스웰(Harold D. Lasswell)은 동서고금의 권력을 추구하는 대표적인 정치인들로부터 표출되는 공통되는 특징을 추상화하여, 정치적 인간[13]을 정립 하였는데, 이러한 정치적 인간은 우선적 권력획득, 지칠 줄 모르는 권력욕, 자기중심적 인성, 자기중심적 역사해석, 기량과 전문지식 보유 등의 특징이 나타난다고 하였다.[14]

한편, 안토니오 그람시(Antonio Gramsci)는 프롤레타리아가 정치적 해방을 위해서 헤게모니(Hegemony)[15]를 장악해야 하는데,[16] 그람시에

---

12) D.라이트·S.켈러, 노치준·길태근 역, 『사회학 입문』(서울: 한울, 1994), p. 309; 권력이 정치적 기능을 수행하기 위해 조직화 될 때 우리는 그것을 정치권력(political power)이라고 부른다. 정치권력의 대표적 형태는 국가권력이다. 이극찬, 『정치학』, 앞의 책, p. 184.

13) 백학순은 권력행위를 구성주의적 접근을 시도하면서, "권력추구자(정치적 인간)가 자신의 특정 사상과 정체성을 확립하면 그는 자신의 사상과 정체성을 전당─전국가─전사회적으로 공유하게 하려는 이익을 추구하게 되며, 이것이 지도사상(공식 이데올로기)과 집단의 정체성이 되며, 이는 권력자 자신을 포함한 모든 사람의 권력행위 전반을 속박 내지 제한하게 된다"고 주장한다. 백학순, 『북한 권력의 역사』(서울: 한울, 2010), pp. 34-35.

14) 이재정, "정치인과 거짓말: 그들은 왜 거짓말을 하는가?." 『한국정치연구』 제23집 제3호(2014년 10월), p. 5.

15) 이탈리아 공산당의 창설자인 안토니오 그람시(Antonio Gramsci, 1891. 1.22~1937.4.27)는 헤게모니(Hegemony)를 지배계급이 노동자계급을 통제하고 관리하는 의미로 처음으로 사용하였다. 즉 지배계급(기본계급)이 단지 힘으로써가 아니라 제도, 사회관계, 의식화 등을 통해 노동자계급(추종집단)의 동의를 이끌어 내어 자신들의 지배를 유지하는 수단이 바로 헤게모니이다. 일반적인 의미에서는 한 집단이 다른 집단을 지배하는 것을 이르는 말로 20세기가 시작된 이래 특히 미국과 같은 초강대국의 활동과 관련하여 이 용어는 정치적 지배라는 뜻을 가지게 되었다.

16) 그람시는 프롤레타리아가 헤게모니를 장악해야 하는 이유는 모든 생활과 정이 전체 생산자 대중에 의해 통제되어야 노동자의 정치적, 경제적, 문화적 해방이 가능하기 때문이라고 했다. 로저시몬외 저, 김주환 역, 『그람

의하면 헤게모니는 보편적인 세계관에 의해서 결속된 헤게모니체제 내에서 지도력의 정치적, 도덕적 역할을 수행하는 기본계급(지배계급)의 수중에 있다고 한다. 그람시는 집합의지를 일깨우고 집합적 인간을 형성시킬 수 있는 결정적인 매개체를 지도자와 조직없이 자생적으로 발생한다는 것을 부정하고 지식인과 정당이라는 두 집단이 이러한 과정에서 중요하고 특별한 역할을 수행한다고 강조하고 있다.[17] 노동계급의 승리는 문화적 승리가 없이는 불가능하며 이와 같은 이유 때문에 노동계급은 신념을 가지고 대중의 경험을 표현해 줄 수 있는 지식인층을 개발할 필요가 있다고 주장한다.[18]

2) 엘리트이론(elite theory)

엘리트(elite)란 사회적으로 중요한 결정에 영향을 미치는 집단을 뜻한다. 엘리트는 일반대중(mass)과는 구별되며, 엘리트의 개념은 조직사회의 기능적 특성의 일면을 설명하는 용어라고 할 수 있다.[19] 조직사회에는 반드시 그 사회를 이끌어가는 소수의 집단이 존재하며, 이와

시의 정치사상』(서울: 청사, 1985), p. 15.

17) 그람시는 정치행위의 주체는 이데올로기를 통하여 창출된 헤게모니 체계의 정치적 표출을 구성한다는 관점에서 집합의지의 상대적 중요성을 강조했다. 그람시의 헤게모니이론에 따르면 집합의지는 프롤레타리아아의 끊임없는 지적 도덕적 실천과 정치투쟁에 의해 형성되며, 타계급의, 이익을 포괄하는 집합의지 혹은 이 의지를 수용하는 모든 계급의 집합적 인간이 권력의 주체라고 한다.

18) 로저시몬외 저, 김주환 역, 『그람시의 정치사상』, 앞의 책, p. 34; 리파드 밸라미 & 대로우 쉐흐티 저, 윤민재 역, 『그람시와 민족국가』(서울: 사회문화연구소 출판부, 1996), p. 204; 김병탁, "정치권력이론의 비교연구: 다알, 밀즈, 그람시의 권력이론을 중심으로," 국방대학원, 1999, p. 56.

19) 안병만, 『한국정부론』(서울: 다산, 1999), p. 209.

같이 선택된 소수는 엘리트로서 분리된다.[20] 이러한 관점에서 볼 때 정치적 엘리트란 "권력을 독점하고 권력으로부터 나오는 이득을 향유하는 소수의 지배계급"이라고 정의할 수 있다.[21]

　엘리트의 형태를 중점적으로 연구하는 엘리트 이론의 출발은 플라톤(Plato)까지 거슬러 올라갈 수 있겠으나, 엘리트라는 단어가 최초 등장한 것은 17세기였다. 이 용어가 사회 및 정치 분야의 저작에서 사용되기 시작한 것은 19세기말 유럽 학자들에서였고, 1930년대에 영국과 미국으로까지 확산되었다. 1930년대 근대적 엘리트 이론가인 이탈리아의 모스카(Mosca)와 파레토(Pareto)는 마르크스주의자들이 주장하는 계급과 계급갈등에 대한 대안적 용어로 '엘리트'를 사용하였다. 이들은 대중은 무능하여 스스로를 통제할 능력이 없다고 보며 따라서 엘리트가 사회에 필요하며 유익한 것으로 평가한다. 엘리트는 선천적으로 우월하다는 신념을 갖고 있고 정치체제를 안정되고 질서 있게 유지하기 위해서 불가피하다고 본다.

　엘리트란 용어가 이론적으로 기반을 굳히게 된 계기는 이탈리아 정치사회학자인 모스카(Gaetano Mosca)에 이르러서였다.[22] 모스카는 모든 정치체제는 두 개의 계층, 즉 정치적 계급(political class)과 비정치

---

20) Suzanne Keller, *International Encyclopedia of the Social Sciences*(New York: The Macmillan Company and The Free Press, 1979), p. 27.

21) G. Mosca, *The Ruling Class*(New York: McGraw-Hill, 1963), p. 50; 소수 엘리트의 접근에 대칭되는 다원주의적 엘리트 개념으로서는 Robert A. Dahl, "A Critique of the Ruling Elite Model," *American Political Science Review*, Vol.LII, No(June 1958), pp. 463-469.

22) Ronald H. Chicote, *Theories of Comparative Politics: The Search for a Paradigm*(Boulder, Colorado: Westview Press, 1981), pp. 350-351.

적 계급(non-political class)으로 구분되며, 후자는 항상 전자의 지배하에 놓여 있게 된다고 주장하였다.[23]

> 모든 사회에서··· 인간은 정치적 계급과 비정치적 계급으로 나누어진다. 정치적 계급은 항상 소수이나 모든 정치적 기능을 수행하며, 권력을 독점하고 권력이 가져오는 이익을 향유한다. 이에 반해 비정치적 계급은 다수를 점하고 있으나 항상 정치적 계급에 의해 관리되며 조정된다.[24]

모스카는 정치권력의 층화(層化)를 지배계급의 최상위 계층과 전문적 기능인, 경영자, 공직자 등으로 구성되는 하위엘리트, 피지배계급으로서의 대중으로 나누고 있다. 모스카는 이러한 권력구조를 구분함에 있어서 경제적 부가 차지하고 있는 중요성을 강력히 시사하고 있지만 경제적 요인만이 구조적 변화를 가져온다고 보는 마르크스 이론과는 대조적으로 비추어진다.[25]

파레토(Vilfredo Pareto) 또한 모든 국민은 선택된 소수의 엘리트 집단에 의해 통치된다고 보았다.[26] 파레토는 역사상 어떠한 시대에 있어

---

23) 김종명, "엘리트 이론의 변천과 발전," 『국제정치연구』 제5집 2호, 2002, p. 4.

24) James A. Bill and Robert L. Hardgrave, Jr., *Comparative Politics: The Quest for Theory* (Columbus, Ohio: Charles E. Merrill Publishing Co., 1973), p. 148.

25) 이성구·연명모, 『21세기 정치학』(서울: 대경, 2009), p. 239.

26) 파레토는 경제학자로도 유명하여 80/20의 법칙이라고 알려진 파레토의 법칙을 발견했다. 개미를 관찰한 결과, 개미의 20%만이 열심히 일한다는 것을 발견하고 이를 인간사회에 적용시킨 법칙이 80/20의 법칙이다. 또 그는 80%의 완두콩은 20%의 콩깍지에서 생산된다는 것을 알아냈으며, 경제적 불평등에 대한 관찰의 결과 이탈리아 땅의 80%는 인구의 20%가 소유하고 있다는 것을 밝혔다. 기업 이윤의 80%는 고객들중 20%로부터

서도 모든 사회는 소수 엘리트에 의해서 줄곧 지배되어 왔으며 또한 지배되어진다고 보았다.[27] 소수가 다수를 지배하는 것은 이른바 사회적 이중성 때문으로 그것은 사회 성원 사이의 정신적·심리적 자질의 차이에 기인하는 것이며 또한 사회 성원이 모두 한 결 같이 우수한 인원일 수가 없기 때문인 것으로 보았다. 파레토에 따르면 엘리트는 통치엘리트(governing elite)와 비통치엘리트(non-governing elite)로 분류된다고 말한다. 그는 엘리트-비엘리트 도식의 구조가 고정된 현상이라면 인류사회는 이미 경직된 특권적 계급제도가 확립되었을 것이라면서 이른바 엘리트 순환론(circulation of the elite)을 제시하였다. 즉 엘리트층은 쇠퇴하는 경향이 있으며 비엘리트층에는 우수한 엘리트 후보를 산출하는 경향이 있기에 역사란 귀족계급의 묘지와 같다고 말하였다.[28]

또한 그는 엘리트의 유형을 두 가지로 구분하였는데 전통과 현상유지를 중히 여기고 권력의 행사 면에서는 힘을 사용하는 특성을 가진 '사자형'과 변화와 쇄신을 앞세우고 권력의 행사 면에서 설득, 책략, 후원방식 등을 통한 흡수방법의 특성을 지닌 '여우형'으로 구분하였다.

로버트 미헬스(Robert Michels)는 다수가 소수의 지배에 복종하는 것은 그의 이론인 '과두제의 철칙'으로 역사의 냉혹한 숙명으로 엄연히

나오고, 의사결정의 80%는 회의시간중 20%에서 나온다고 한다.

27) V. Pareto, *The Mind and Society: A Treatise on General Sociology*. Vol. Ⅲ-Ⅳ, trans. by A. Bongiorno and A. Luingston(New York: Dover Publications Inc. 1963), pp.1422-1423; 이극찬, 『정치학』, 앞의 책, p. 207.

28) T.B. Bottomore, *Elites and Society*(New York: Pracger, 1969), p. 35; 이성구·연명모, 『21세기 정치학』, 앞의 책, p. 237.

적용될 수밖에 없다고 주장하고 있다.[29] 즉, 어떠한 조직체라도 모든 성원들이 직접 정책결정에 참여한다는 것은 실제적으로 또는 기술적인 측면에서 불가능하기에 부득이 대표체제나 위임의 방식이 채택되지 않을 수 없게 된다는 것이다.[30] 독일 사회민주당원이었던 미헬스는 현대사회에 있어서 가장 민주적이어야 할 혁신정당이나 노동조합의 경우에서도 그 조직이 확대되면 될수록 간부에 의한 소수지배가 강화됨으로써 당이나 노조내부의 관료제적 비민주적 운영이라는 과두제적 경향이 출현하게 된다고 보았다.[31]

특히 라스웰(Harold D. Lasswell)은 "정치연구는 곧 권력과 권력을 보유한 사람에 대한 연구이다. 권력을 가진 사람은 획득 가능한 가치 가운데 가장 많은 것을 가진 사람이다. 가장 많은 가치를 획득한 사람이 바로 엘리트이며 그 외의 사람들은 일반대중이다"라고 했다.[32]

이들의 논리는 내용상 다소 차이가 있어 하나로 범주화하여 설명할 수는 없지만, 다음과 같은 점에 대해 공통적인 견해를 나누고 있다.[33]

---

29) 이극찬, 『정치학』, 앞의 책, p. 211.

30) 오명호, 『현대정치학 이론』(서울: 박영사, 1990), pp. 330-331.

31) 이극찬, 『정치학』, 앞의 책, p. 212.

32) Harold D. Lasswell and A. Kaplan, *Power & Society*(New Haven: Yale Univ. Press, 1950), p. 201; 라스웰은 엘리트를 다음과 같이 정의하고 있다. "세력을 장악한 자란 획득할 수 있는 가치를 가장 많이 보유한 사람으로, 그런 가치는 사회적 존경·수입·안전이라는 세가지로 분류할 수 있다. 이러한 가치를 가장 많이 획득한 자가 엘리트이며 그렇지 못한 자가 일반 대중이다." 이극찬 역, 『정치-누가 무엇을 언제 어떻게 얻는가』(서울: 전망사, 1979), p. 11; 김정기, 『엘리트와 민주주의』(서울: 사회학 연구, 1977), p. 23; 조호길·리신팅, 『중국의 정치권력은 어떻게 유지되는가: 강력한 당-국가체제와 엘리트 승계』(서울: 메디치, 2007), p. 142.

33) Thomas R. Dye, *Understanding Public Policy*(Englewood Cliffs: Prentice-Hall, 1972), pp. 29-30; 안병만, 『한국정부론』, 앞의 책, pp.

1. 사회는 권력을 가진 소수와 권력을 가지지 않은 다수로 나누어진다. 항상 소수의 권력엘리트만이 사회내의 가치를 분배하는데 참여하며, 일반대중은 공공정책의 결정에 있어 영향력을 행사하지 못한다.
2. 일반대중은 정치에 무감각하며 엘리트집단은 이들의 영향을 거의 받지 않는다.
3. 공공정책은 일반대중의 요구를 반영하는 것이 아니라 권력엘리트의 요구를 반영하고 있으며, 결과적으로 공공정책은 혁명적 변화보다는 체제유지를 위한 점진적 변화만을 추구한다.
4. 권력엘리트는 사회·경제적으로 상위계층에 다수 배출되며 따라서 피통치자인 일반대중과는 사회·경제적 배경을 달리한다.
5. 체제 내의 혁명적 변화를 억제하기 위해 엘리트가 아닌 사람이 엘리트의 지위를 확보하는 과정은 느리게 되어 있으며, 현존하는 엘리트 계층의 기본적 합의를 받아들이는 사람만이 통치권력권에 받아들여진다.
6. 엘리트집단은 기존체제의 가치와 이익 보존을 위한 기본적 사항에 공통적인 입장을 취한다.

이러한 엘리트이론은 주로 맑스의 계급이론 또는 계급투쟁이론에의 비판, 도전, 대체이론으로 출발하였다. 문제의 초점은 누가 국가와 사회를 지배하느냐 하는 보편적이고 광범위한 의문에서부터 특정 국가 내에서 주요한 국가정책을 결정하는 것은 누구인가라는 연구과제, 나아가서는 특정 결정을 연구과제로 미리 설정하고 이 결정의 원인과 배

38-39.

경, 사건경위, 등장인물, 결정과정과 절차, 결과 등을 종합적으로 분석하는 접근방식에 이르기까지 다양하다.[34]

2. 권력엘리트 개념과 속성

권력과 자원배분으로서의 정치는 권력정치로 정의할 수 있으며, 정치를 권력으로 구조화된 관계로서 이해할 수 있다. 정치는 사회생활에서 자원의 생산·분배·소비와 관련되며, 그 희소자원을 둘러싸고 벌어지는 투쟁으로, 권력은 수단이며 권력수단을 통해 희소자원을 둘러싼 투쟁이 발생하는데 이것이 정치의 핵심이라는 논리가 있다.[35] 이러한 인식의 바탕에서 권력정치는 정치를 이념 및 윤리적 문제보다 통치자와 권력엘리트의 이익 추구를 위한 권력투쟁으로서 파악한다.[36]

권력정치의 핵심은 권력엘리트로서, 권력엘리트란 권력 자원(Power Resources: 금전, 명예, 탁월한 재능, 카리스마, 높은 직책 등)을 기반으로 정치권력을 소유하면서 사회 내의 가장 중요한 의사결정을 내리는 소수의 지배자 집단이라 할 수 있다.[37] 이들이 통치과정에서 지배적인 역할을 담당한다고 본다면, 소수 권력엘리트를 연구하는 것이 한 국가나 조직사회의 권력 특징과 상호연계성 및 방향성 등을 이해하는데 효과

---

34) 양성철, 『북한정치연구』, 앞의 책, p. 96.

35) Anderw Heywood, 조현수 옮김, 『정치학: 현대정치의 이론과 실천』(서울: 성균관대학교 출판부, 2004), pp. 21-38.

36) 박영자, "김정은 체제의 통치행위와 지배연합," 『북한의 시장화와 정치사회 균열』(서울: 선인, 2015), p. 126.

37) James A. Bill and Robert L. Hardgrave, Jr., *Comparative Politics: The Quest for Theory* (Columbus, Ohio: Charles E. Merrill Publishing Co. 1973), pp. 2-10; 김구섭·차두현, 『북한의 권력구조와 권력엘리트』(서울: 국방연구원, 2004), pp. 117-118.

적인 방법이라고 볼 수 있다.

실제로 권력엘리트란 용어는 라이트 밀즈(C. Wright Mills)에 의해 처음 사용되었다. 밀즈는 1900년대 초반기 미국사회의 권력구조를 분석하고, 미국이 아무리 민주주의를 지향하고 도덕적 가치를 선전하더라도 실제로는 단일의 거대한 지배세력인 특정엘리트가 권력을 독점적으로 장악하고 구조화하고 있음을 주장하였다.

밀즈는 미국정치에 국한하고 있지만 미국의 권력엘리트는 정치지배층, 기업부유층과 고급 군 간부로서 이들이 미국의 공공정책을 지배한다고 주장한다. 밀즈가 권력엘리트의 개념을 도입한 것은 민주주의 사회의 모델임을 자부하는 미국의 민주주의체제의 비민주적인 권력구조를 밝히기 위한 시도의 일환이었다.[38] 밀즈는 현대를 역사적인 관점으로 조망하면 고위 정치인, 회사의 부호, 군부 지휘관 등 권력을 장악한 소수의 권력엘리트가 틀림없이 존재하고 있다고 주장한다.[39]

---

38) 밀즈의 이러한 주장은 심층적인 사실분석으로서 실증되지 못했다는 결함을 지적받고 있다. Arnold Rose는 미 정치경제관계를 단순 논리나 접근에서 보는 것보다도 다중영향접근(multi-influence approach)이 타당하다고 주장한다. 기능과 범주가 다른 많은 권력엘리트가 동시에 존재하며 이들은 산발적으로 문제에 따라 협력할 뿐이며, 최고위 군부는 정부기업문제에 있어서 종속적 역할을 할 뿐이라는 것이다. Arnold M. Rose, *The Power Structure*(New York: Oxford University Press, 1957), p. xiii; 양성철, 『북한정치연구』, 앞의 책, p. 102 재인용.

39) C. W. Mills, 진덕규 역, 『파워엘리트』(서울: 한길사, 1979), p. 18.

제2절 사회주의국가의 군 권력기관과 엘리트

사회주의에서 개념화하고 실제적으로 적용하고 있는 군부 기관과 엘리트들의 속성을 살펴볼 필요가 있다. 구소련과 중국 등 실제 대표적인 사회주의 국가에서 군의 주요 권력기관과 군부 엘리트들이 어떻게 규정되고 어떠한 특성 속에서 활동하였는 지 충분히 고찰해 봄으로써 북한 군과 엘리트들을 좀 더 현실적으로 이해할 수 있고, 실체를 규명하는 데도 도움이 될 것이다.

사실상 공산주의의 효시라고 할 수 있는 맑스에게 있어서 군은 그리 중요한 요소가 되지를 못했다. 맑스는 프롤레타리아에 의해 혁명이 이루어지면 자본주의는 자연 소멸되어 군의 역할과 임무는 거의 필요 없다고 평가하였다. 반면 레닌과 스탈린은 사회주의 혁명이후 여전히 소련이 자본주의 열강으로부터 위협과 도전을 받으면서 체제와 정권을 수호하기 위해 강력한 군사력을 보유할 필요성을 느꼈다. 구소련의 군부 엘리트는 처음부터 사회주의 혁명에 동참한 세력이 아니어서 군대를 통제하기 위해 정치위원제가 발전하지 않을 수 없었다. 사회주의 대표국가들에게 나타나는 군 권력기관과 군부 엘리트들은 역사적으로 어떤 특징을 가지고 있으며, 어떠한 역할을 담당했는지 살펴보면 다음과 같다.

먼저, 사회주의에서 출현하는 엘리트 특성을 이해하기 위해서는 맑스와 레닌의 엘리트에 관한 이론을 살펴보는 것이 우선이다. 그들은 정치엘리트에 대해서는 입장을 달리하였다. 즉, 맑스의 경우 프롤레타리아 혁명은 프롤레타리아가 하나의 계급이 됨으로써 자본주의 사회의 역사적 발전단계에 따라 도달하게 되는 필연적 결과로 혁명에 있어서 정치엘리트의 역할을 중요하게 보지 않았다.

반면 레닌은 맑스의 자생적 혁명론과는 달리 소수정예의 엘리트에 의한 급진적 혁명이론을 주장하였다. 이에 따라 프롤레타리아 혁명 및 독재를 위한 전위조직으로써 일당독재의 필요성을 강조하였다. 즉 당은 전위당으로 '혁명의 참모부'로서 지위와 역할을 담당하였다.[40] 당은 소수정예의 비밀조직으로서 민주집중제의[41] 원칙을 보유한 유일주의적, 중앙집권권적 조직으로 운영될 뿐만 아니라 정권기관을 장악하여 당의 독재를 실현할 것을 주장하였다.[42] 이러한 사회주의에서 당의 주권은 다시 당 지도부의 주권으로, 당 지도부의 주권은 다시 최고지도자 일인의 주권으로 변화되었다. 그리하여 레닌은 혁명이론에서 공산당 조직과 소수 정예엘리트의 역할을 강조하였다. 그는 또 지식인과 민중 간의 연대 필요성은 저차원의 민중을 연합체로 유지시키고 소수

---

40) 사상사업을 핵심적으로 담당하는 당은 사회주의 전사를 양성하는 전위당의 역할을 하고 정부(국가)는 의식주를 해결하는 경제를, 그리고 대내외적으로 사회주의를 보호하고 반혁명 시도를 근절하는 임무는 군대가 담당하였다. 백학순, 『북한 권력의 역사』, 앞의 책, p. 17.

41) 민주집중제(民主集中制, Democratic centralism)는 프롤레타리아 독재를 전제로 맑스-레닌주의 정당이 채택하는 조직 원칙에서 민주주의와 중앙집권제의 원칙을 일부 혼합한 제도이다. 레닌이 최초로 완성했으며, 각 공산주의 국가에서 지도자에 따라 그 실행 방법과 내용이 달라졌다. 사회주의 국가에서 민주집중제는 특정 이념 틀 안에서 민주적으로 정책을 결정하되, 결정된 정책에 반대하는 소수의 의견은 무시되는 다수결의 원칙을 따른다. 현재 쿠바 공산당, 중국 공산당, 조선로동당 등이 이러한 원칙에 입각하여 당을 운영하고 있다.

42) Stephen White, John Gardner, George Schopflin, and Tony Saich, *Communist and Post communist Political Systems: An Introduction* (3rd ed; London: Macmillan, 1990), pp. 23-27; 사회주의에서 당은 기본적으로 전위적 역할과 혁명의 참모부 역할을 수행하는 독점적 지위를 부여받고 모든 정책결정과정을 지배하고 최종적 결정을 내린다. 당은 사회의 정책결정과 커뮤니케이션을 독점한 단일정치조직이다. 존 밀러, "소련 공산당: 동향과 문제점," 도성달·이명남 공역, 『비교 공산주의 정치론: 그 변화와 전망』(부천: 인간사랑, 1990), p. 191.

의 지적 집단뿐만 아니라 민중의 지적 진보를 정치적으로 가능하게 만드는 지적-도덕적 블록을 형성하기 위해서라고 강조하면서 노동자의 지적, 정치적 역량을 계발하고 이를 응집시킬 수 있는 매개수단으로 지식인의 역할을 강조하였다.

사회주의 국가들에게 있어서 군은 정권의 수립 및 유지에 중요한 역할을 수행하여 왔고 정규적 무장력을 보유한 세력이라는 점에서 양성과 동시에 통제와 감시를 받았으며, 군대의 주요 지휘관들은 당과 공안기관으로부터 항상 주의와 경계의 대상이었다. 모든 사회주의 국가들은 군대를 공산당에 철저히 충성하는 조직으로 규정하는 한편, 감시와 통제체제를 발전시켜 왔는데 구 소련의 인민위원(꼼미사르 commissar)제도나 중국의 정치위원 제도도 모두 이러한 측면에서 창안된 것이었다.[43]

사회주의체제에서 군이 정치세력으로서의 위상을 확보한다는 것은 당과의 관계를 통해 파악할 수 있다. 당은 강력한 물리력을 보유한 존재인 군이 정권의 잠재적 위협요인이 될 수 있기에 군을 효율적으로 통제하면서도 군이 정책결정에 참여할 수 있도록 하는 방안을 활용하였다. 군의 지휘권을 당에 두어 주도적 권위를 인정하면서도 동시에 군대 내에 당 조직을 침투시키고 대다수가 당원인 군 장교들이 정책결정과정에 적극 참여하도록 유도하였다.

그리하여 레닌은 "군사적 견해는 정치적 견해에 따라야 한다"라고 하였고, 중국의 마오쩌둥은 "당이 총포를 지배하는 것이지 총포가 당을 지배하는 것은 결코 용서하지 않는다"라고 한 것은 당이 군대보다 우위에 있음을 분명히 강조한 것이다. 김일성도 "정치사업을 앞세우는

---

43) 김구섭·차두현, 『북한의 권력구조와 권력엘리트』, 앞의 책, p. 89.

가 앞세우지 못하는가 하는 데 따라 부대의 전투성과가 결정됩니다"라고 북한 군에 대한 당의 정치적 지배 필요성을 강조하였다.[44]

한편, 펄뮤터(Amos Perlmutter)는[45] 사회주의 국가들에 있어서 군부는 고도로 정치화된 집단이며 군 고위 장교단은 군사지휘관으로서 뿐 아니라 주요 정치지도자로서의 역할을 동시에 수행하는 '이중역할 엘리트(dual-role elite)'라고 지적한 바 있다.[46]

자유민주주의체제와 달리 사회주의체제는 강력한 당-국가체제의 성격을 띠고 있다.[47] 이는 당의 역할이 국가, 정부나 군대 그리고 근로단체 등의 역할에 우선하고 있음을 의미한다. 당-국가 체제하에서 당은 독점적인 지위를 부여받고 인민의 전위대로서 정치적으로 모든 정책결정 과정을 지배하고 최종적 결정을 내리게 된다.[48] 사르토리(Sar-

---

44) 김일성 저작집 7권(1952.1-1953.7) "인민군대내 당 정치사업을 강화하기 위한 몇가지 과업에 대하여," pp. 179-185; 정영태, 『북한이해의 길잡이』(서울: 박영사), p. 143.

45) 펄뮤터(Amos Perlmutter)는 권위주의적 개입과 감독의 수단을 구조 분석의 주요한 대상으로 설정하였는데, 그 권위주의적 통치 수단으로 ⅰ) 권위주의적 단일정당, ⅱ) 공무원과 군부가 결합된 관료-군사 복합체, ⅲ) 대중 동원과 통제를 가능하게 하는 정치 경찰, 준군사세력, 전투적 청년운동 등의 병렬-보조구조의 세 유형을 제시하였다. Amos Perlmutter, *Modern authoritarianism: a comparative institutional, analysis*(New Haven: Yale University Press, 1981), pp. 9-13.

46) 차두현, "북한 당·군관계의 변화과정: 변화의 동인과 그 의미," 연세대 박사학위 논문, 2006, p. 12; Amos Perlmutter and LeoGrande, William M. "The Party in Uniform; Toward a Theory of Civil-Military Relations in Communist Political Systems," *The American Political Science Review*. Vol.76. No4, 1982, p. 778.

47) Djilas, Milovan, *The New Class; An Analysis of the Communist System*(New York: Frederick A. Praeger, 1957).

48) 김갑식, 『김정일 정권의 권력구조』(파주: 한국학술정보, 2005), p. 11; Bertsch, Gary. K, *Comparing Political System: Power and Policy*

tori)와 같은 학자는 사회주의체제에서의 당은 그 자체가 하나의 체제이며 당 자체가 모든 것이라고 하였다. 즉 사회주의체제에서 당이 곧 국가라는 것이다.[49] 이처럼 위계적이고 중앙집권적인 체제적 성격상, 사회주의체제에서 권력엘리트는 체제의 가장 상층부에 위치한 당 지도부와 국가 관료라고 할 수 있고 당의 최고 권력자와 당·국가 간부의 역할과 비중은 체제를 좌지우지 할 수 있을 만큼 매우 크고 중요하다고 할 수 있다.[50]

1. 맑스의 계급론과 엘리트 이론

맑스는 위에서 간략히 설명하였듯이 프롤레타리아 혁명은 프롤레타리아가 계급의식을 지닌 하나의 계급이 됨으로써 자본주의 사회의 역사적 발전단계에 따라 도달하게 되는 필연적 결과이지 정치엘리트에 의해 조직되고 주도되는 것은 아니라고 하였다. 맑스 이론에서는 정치엘리트가 중요한 위상을 차지하고 있지 못하며, 그는 이에 대해서 특별히 방점을 두지도 않았다. 맑스에게 중요한 것은 혁명의 주체는 곧 계급으로서 프롤레타리아일 뿐이지 정치엘리트는 아니었던 것이다.

맑스는 자본주의 사회에서 임금노동자들이 가장 철저하게 자본의 착취대상이 된다고 주장한다. 그래서 그는 자본주의적 생산양식의 변혁이 없이는 임금노동자들의 정치적·경제적·문화적 해방을 기대할 수

---

in Three Worlds (New York; John Wiley & Sons, 1978), pp. 263-265.

49) 서진영, 『중국공산당의 역할 인식 변화』(서울: 아세아연구, 1987), p. 2.

50) 김지해, "중국공산당의 통치역량에 관한 연구," 중앙대학교 석사논문, 2011년, p. 10.

없기에 무산계급이 자본주의 사회에서 억압받고 착취당하는 모든 계급의 이익을 대표할 수 있는 계급으로서 사회전체의 보편적인 해방을 추구해야 하는 역사적인 사명을 부여받은 계급이라고 주장한다.

그리고 그들이 지배계급과 계급투쟁의 과정을 거치면서 자신들의 계급이익을 그들 자신의 이름으로 관철하려면 무산계급의 계급투쟁은 정치투쟁의 형식으로 발전되어야 하며, 무산계급의 정치조직을 가지지 않으면 안 된다고 주장한다. 따라서 맑스에게 공산당은 무산계급 정치조직이며 공산당은 국적에 관계없이 무산계급 전체의 공동이익을 주장하고 또 이를 전면에 부각시키며, 아울러 이 운동 전체의 관심사를 대변한다는 것이다. 공산당은 무산계급 가운데 가장 진보적이고 단호한 부분이며, 또한 이론적으로 프롤레타리아 대중에 대하여 프롤레타리아 운동의 행진노선, 조건, 전반적인 결과 등을 명확하게 이해하는데 유리한 위치에 있다는 것이다. 그러나 맑스는 당과 계급을 구별하지 않았으며, 당은 정치투쟁을 위해 조직된 계급으로 인식하였다.[51]

맑스는 공산당 선언에서 "모든 역사적 운동은 이제까지 소수의 운동 또는 소수의 이익을 대변하는 것이었다"고 주장하고, "무산자운동은 절대다수의 이익을 위한 절대다수의 주체적이고 자주적 운동이다"라고 역설했다. 그러나 무산자 절대다수가 지배하는 사회는 맑스가 무산자 혁명운동을 성공시켜서 이루어 낸 다음의 현상이고 그들이 분석한 자본주의 사회는 계급사회였다.[52]

맑스는 사회를 계급에 의해서 계층지어 진 것으로 인식하였고, 이러한 인식을 바탕으로 정치 및 경제체제, 사회변동 등을 설명하여 왔다.

---

51) 데이비드 맥란, 신오현 역, 『칼 마르크스의 사상』(서울: 민음사, 1982), p. 254.
52) 양성철, 『북한정치연구』(서울: 박영사, 1995), p. 96.

계급이론에 따르면 계급에 의한 사회의 계층화는 사회체제 자체의 피할 수 없는 본질적 실상이라고 보았다.[53] 계급이라는 개념에는 공동이익의 추구에 앞서 근본적 가치의 비슷한 소유라는 전제가 붙은 것이며, 계급이론은 사회 내에는 둘 이상의 계급이 존재하고, 이것이 계급적 계층을 이룬다는 것이다. 계급이론은 본질적으로 계급간의 관계를 불평등한 관계로 본다. 따라서 계급간의 관계는 불평등한 분배를 둘러싸고 발생하는 마찰과 투쟁으로 특징지어지며 이러한 계급간의 투쟁이야말로 사회·정치적 변동의 원동력이며, 통치현상의 핵이라는 것이다.

계급이론과 엘리트이론 모두 사회체제의 계층적 불평등을 강조하고 이를 인정하고 있다는 점에서 유사하다고 보여진다. 그러나 엘리트이론이 하위계급인 일반대중을 정치에 무감각적이고 무능력하다고 전제하여 주로 엘리트들의 행태와 역동성에 주안점을 두는 데 반해, 계급이론은 하위계급의 정치적 능력을 전제로 한 계급간의 갈등을 분석의 대상으로 한다는 점에서 기본적 차이가 있다.[54]

2. 구소련의 군 권력기관과 엘리트

사회주의 사회에서 권력엘리트는 다른 어떤 사회들에서보다 지배계급으로서의 기득권이 크고 사회체제에서의 응집력이 더 높으며 내부적으로 다른 사회집단들에 대해 압도적 영향력을 행사하는 집단이기

---

53) James A. Bill and Robert L. Hardgrave, Jr., *Comparative Politics: The Quest for Theory*(Columbus, Ohio: Charles E. Merrill Publishing Co, 1973), p. 178.
54) 안병만, 『한국정부론』(서울: 다산, 1999), pp. 53-54.

에 그들의 역할은 매우 중요하다고 볼 수 있다.[55] 따라서 사회주의 국가에서 권력엘리트들은 전위적인 존재로서의 의미를 가지고 있으며 그들은 국가를 통치하는 일 뿐 아니라 다양한 관료층의 활동을 조정하며 공공생활에 대한 모든 정책을 결정하고 있다. 아울러 당의 역할은 절대적으로 정부나 군대 그리고 근로단체 등의 역할에 우선하는 모든 정치권력의 원천인 것이다.[56]

스탈린시대 국가기관으로서 국방과 안보문제를 담당하는 최고정책 결정기구는 국방위원회이다. 이는 최고회의 간부회에 의해 임명되고 간부회에 책임을 지우도록 되어있는 기구이다.(〈그림 2-1〉참조)

당시 구소련에서 군은 비교적 높은 자율성을 갖고 있었으나 최고정책결정 단계에서는 제한을 받았다. 소련의 군사정책 결정 구조의 또 다른 특징은 당 지도자가 중요한, 광의의 군사정책 범위를 설정하면 군은 그런 범위 내에서 선택하고 집행하는 느슨한 결합체제라는 것이다. 군사 최고결정은 당의 권한에 속하며 이는 군부 엘리트도 의심의 여지없이 수용하고 있다는 점이다.[57] 군대는 내부질서 유지와 전쟁수행이라는 측면에서는 최고 전문집단으로서 일정 부분 독립성을 유지하고 있었지만, 그 결정권은 당에 있다는 점에서 제한된 제도적 독립 개념과 같다고 할 수 있다.[58]

---

55) 서재진 외, 『사회주의 통치엘리트와 체계변화』(서울: 생각의 나무, 1999), pp. 4-5.
56) 김갑식, 『사회주의 체제전환국의 정치체제 변화』(북한연구학회보, 2005), p. 3.
57) Condolezza Rice, "The Party, the Military and Decision Authority in the Soviet Union," *World Politics*, Vol.40 No1, October 1987, pp. 55-81.
58) Amos Perlmutter & William M. Leogrande, "The Party in Uniform: Toward a Theory of Civil-Military Relations in Communist

과거 구소련에서 레닌에 의한 볼셰비키 혁명 당시 군부 권력엘리트 들은 정통성이나 효율성이 결여되어 초기 군부의 정치적 영향력은 제한적 이었으며, 오히려 당으로부터 심한 감시와 견제를 받았다. 그러나 점차 전문성을 증대시키고 정권 유지의 핵심세력으로 부상하면서 정치적 영향력과 활동 영역을 확대시켜 나갔다.[59]

〈그림 2-1〉 스탈린에 의해 결정된 국방정책결정 위원회 구조

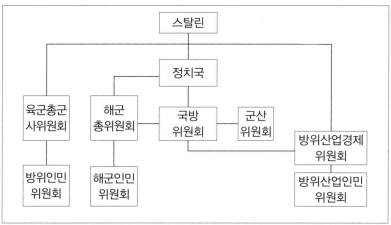

출처: Jerry F. Hough, *The Historical Legacy in Soviet Weapons Development*, in Jiri Valenta and William C. Potter(ed.), Soviet Decisionmaking for National security, Boston: Allen & Unwin. 1984, p. 89.

구소련에서는 공산혁명 이후 정치장교를 운용하는 당에 의한 군 엘리트의 통제 체제가 확립되었다. 혁명기인 러시아에서 '적위대'라는 무

Political Systems," *The American Political Science Review*, Vol.76, p. 782; 이대근, 『북한 군부는 왜 쿠데타를 하지 않나』(서울: 한 울아카데미, 2003), pp. 258-259.
59) 김태구, "북한 정권의 군부 통제방식 연구," 앞의 논문, p. 21.

장세력이 있었다.[60] 적위대는 1917년 2월 혁명 이후 노동자들의 무장화 과정에서 조직된 단체로 그해 4월 30일에는 적위대창설위원회가 구성되었다. 이 조직은 볼셰비키 영향 아래 있었는데 내전과 독일군의 침공위기 시에 민간무장력으로 한계를 느낀 볼셰비키가 정규군으로 전환함으로써 정식 군대로 창설되었다. 이렇게 창설된 적군은 창설초기 군장교의 90%가 짜르시절 군장교였기에 당과의 유대는 물론 적절하게 통제가 되지 않았다. 이러한 상황 속에서 새로운 사회주의 체제에 대한 충성을 고취하고자 군 장교들을 통제하기 위해 정치위원제(political commissar)[61]를 시행하였다. 정치위원은 지휘관과 함께 부대의 공동책임자로서 지휘관을 통제하고 반란을 사전에 예방하였다.[62] 구소련은 병사들의 사상적 교육을 담당하고 지휘관들의 권위를 보완해 줄 수 있는 또다른 군의 리더가 필요했기에 정치장교제도를 충분히 활용하였다.[63]

---

60) 적위대는 1917년 2월 볼셰비키 혁명이 성공한 이후 수립되어 러시아 내전 초기까지 존속한 러시아 프롤레타리아 군대의 기본적 조직 형태로, 그 원형은 1905년 12월부터 1907년까지 있었던 무장폭동에서 실체를 드러낸 드루지나(Druzhina: 무장노동자 전투대)였다. 2월 혁명이후 볼셰비키가 사회주의 혁명 단계로의 이전을 위한 중요한 요건으로 전 노동자의 무장화를 적극 추진하였다. 그리하여 1917년 4월 모스크바에서 '러시아사회민주주의(RSDPR) 모스크바위원회'를 통하여 적위대를 창설하게 되었다. 이재훈, 『소련 군사정책 1917-1991』(서울: 국방연구소, 1997), pp. 27-28.

61) '정치위원'은 해당 지휘관과 함께 부대를 공동으로 책임지며, 지휘관의 명령에 대한 정치적 판단자로서 명령철회의 권한을 갖는 등 상당한 권한을 행사하였다. 김용현, "북한의 군사국가화에 관한 연구: 1950-60년대를 중심으로," 동국대학교 박사학위 논문, 2002, pp. 20-21.

62) Timothy. J Colton, *Commissars, Commanders and Civilian Authority*(Cambridge: Harvard University, 1979), p. 17.

63) 김태구, "북한 정권의 군부 통제방식 연구," 앞의 논문, p. 24.

이후 트로츠키(Leon Trotskii)후임인 프룬제(M. V. Frunze)는 원활한 전쟁수행을 위해 정치위원제를 폐지하고 지휘관 중심의 군사단일제를 정착시켰으며 정치부대장제도를 통해 정치위원도 지휘관의 명령에 복종토록 하였다. 그러나 스탈린은 다시 군대의 정치적 역할 증대를 미연에 방지하기 위하여 대규모 군부 엘리트에 대한 숙청과 비밀경찰을 통해 적군의 성격과 역할, 활동의 한계 등을 설정하여 적군체제를 완비했다. 스탈린은 군대는 군대의 일에 열중해야지 군대와 무관한 일에 참여해서는 안된다며 군대의 사회문제 관여를 반대했다.

스탈린 사후 흐루시초프(N. S. Khrushchev)는 탈스탈린화정책에 따라 장교집단의 지위를 제고하고 군직업주의화를 추진했다. 그러나 당의 주요 정책이나 민감한 사안에 대해서 군이 반대하는 행위를 용납하지 않았다. 흐루시초프를 지지해 그의 권력승계에 결정적 역할을 했던 주코프 국방상은 1957년 소련에서 군 지도자로는 최초로 정치국원에 임명되었지만, 당의 통제로부터 군대를 독립시키려다가 4개월 뒤 전격적으로 해임 당했다.

한편, 구소련에서 정치권력의 참여에 있어 당과 군부 엘리트의 관계[64]를 보는 시각은 크게 상호갈등설인 제로섬 게임모델과 제도적 조화

---

64) 사회주의에서 군대의 정치적 역할과 민군관계에 대해 처음 관심을 가진 연구자는 사무엘 헌팅톤(Samuel P. Huntington)이다. 그는 민간의 군통제 방법을 주관적 통제와 객관적 통제로 구분하고 주관적 통제는 실적에 의한 진급이나 군직업주의적 자율성을 허용치 않고 통제장치를 통해 모든 군사문제에 개입하고 정치적 교정을 하려하는 반면, 객관적 통제는 군사 고유의 과제인 외부의 적에 대처하는 문제를 군대에 맡기고 군직업주의 및 군의 자율성을 최대한 허용하는 것이라고 했다. Samuel P. Huntington, *The Soldier and the State: The Theory and Politics of Civil-Military Relations* (Massachusetts: The Belknap Press of Harvard University Press, 1957).

접근 모델, 그리고 상호협력설인 참여 모델로 구분할 수 있다. 제로섬 게임모델은 로만 콜코비츠(Roman Kolkowicz)[65]의 갈등모델이 대표적이다. 콜코비츠는 공산당과 군부가 각기 상이한 목표와 성향, 사회적 정향 등을 지닌 채 만성적으로 갈등을 야기 하였다고 평가한다. 근본적으로 당-군 관계는 제로섬이며 이로 인해 당의 정통성이나 영향력이 약화될 때 군이 당의 수호자, 체제 통합자로서 정치에 개입할 가능성이 있다고 보았다.[66]

〈표 2-1〉에서 보는 바와 같이, 콜코비츠는 구소련 공산당은 평등주의, 국제주의, 만장일치주의 및 군부의 당에 대한 이데올로기적 복종을 선호해 온 반면, 군부는 엘리트 중심주의 및 민족주의적 성향이 농후하고 직업상의 자율성과 사회로부터의 초연한 자세를 추구하며 영웅적 상징을 선호하는 경향이 있다고 보았다.[67] 아울러 그는 군의 권력엘리트들이 전문직업주의적 독립성을 초월하는 정치적 야망을 보유하고 있다고 평가하였다.[68]

---

65) Roman Kolkowitz, *The Soviet Military and Communist Party* (Princeton: Princeton University Press, 1967), pp. 18-22.
66) 김태구, "북한 정권의 군부 통제방식 연구," 앞의 논문, p. 22.
67) 鄭永泰, 『김정일 體制下의 軍部 役割 持續과 變化』(서울: 민족통일연구원, 1995), pp. 10-14.
68) 콜코비츠에 따르면 첫째, 군대는 엘리트화하고 싶어 하지만, 반면 당은 이들이 평균적이기를 원한다. 둘째, 군대는 전문적 자치권을 행사하려는 욕구가 있으나, 당은 이데올로기에 대한 복종을 요구한다. 셋째, 군대는 강력한 국가주의를 중요하게 받아들이나 당은 국제주의를 선호한다. 넷째, 군대는 사회에서 이격되기를 원하나, 당은 포함되기를 요구한다. 다섯째, 군대는 영웅적 상징에서 학습하기를 원하나 당은 익명을 요구한다는 것이다.

〈표 2-1〉 구소련 전문직업군부의 속성 비교

군부의 자연적 속성	당이 원하는 속성
엘리트주의	평등주의
전문직업적 자율성	이데올로기에 대한 복종
민족주의	프롤레타리아적 국제주의
사회로부터의 분리	사회에의 개입
영웅적 상징성	익명성

출처: Roman Kolkowitz, *The Soviet Military and the Communist Party* (Princeton: Princeton University Press, 1967), p. 21

제도적 조화접근을 주장하는 학자는 오덤(William E. Odom)으로 그는 구소련의 관료주의 모델을 분석하여 당-군 관계가 갈등 아닌 조화적이었다고 주장했다. 그는 군대는 당의 행정기구로서 경쟁하는 존재가 아니며, 군은 최우선의 정치적 기관으로 관료적이기에 군은 하위수준에서의 정책결정이 아닌 고위군사정책 결정을 수행한다고 강조했다.[69]

티모시 콜튼(Timothy J. Colton)[70]은 이른바 참여모델로서 공산주의 국가에서 군대는 당의 한 부분의 역할을 수행한다고 보았다. 콜튼은 당과 군의 이분법적 갈등론을 비판하면서 구소련 군대는 실질적으로 자율성을 소유하였으며, 당과 군이 상호 보완적인 관계를 유지하면서

---

69) Willam E. Odom, "The Party-Military Connection: A Critique," *The Collapse of the Soviet military* (New Haven: Yale University Press, 1998), pp. 41-45.

70) Timothy J. Colton, "The Party-Military Connection: A Participatory Model," Dale R. Herspring & Ivan Volgyes, eds., Civil-Military Relation in Communist System(Boulder: Westview Press, 1978), pp. 53-78.

공통된 이익과 유대를 공유하였다고 말하고 있다. 당이 권력을 장악하였다고 하더라도 당과 군의 어느 한쪽에 절대적 지배력을 행사하지 않았으며, 군은 직업적 전문성을 바탕으로 당에 협조적이었다는 것이다. 당은 군대로 하여금 정책결정과정에 참여시키거나 전문가의 의견을 제공하여 일반적으로 군대가 필요로 하는 내·외부적인 목표를 수용함으로써 군대를 만족시켜 왔다는 것이다. 콜튼은 각각의 분명한 형태와 위치를 가지고 있다고 판단되는 당·군의 영역 개념을 제시하고 구소련의 군사정치에서 이들 영역을 넘어서는 갈등은 존재하지 않는다고 하였다.[71]

3. 중국의 군 권력기관과 엘리트

중국 공산화 과정은 구소련의 군부가 초기 혁명과 정권에 소외된 것과는 달리 중국 공산혁명 초기부터 성격 자체가 혁명적이고 군사적이었기 때문에 군부 권력엘리트들이 혁명에 있어서 주도적 역할을 담당하였다. 레닌에 의한 볼세비키 혁명 이후에 참여한 소련 적군과는 달리 인민해방군은 혁명 초기부터 형성된 당·군 관계에 따라 군은 군사, 정치, 경제, 이념에 관련된 다양한 임무를 수행하여 왔다. 이러한 환경 속에서 군 엘리트들은 지속적으로 당연히 군 주요조직의 직책과 임무를 겸임하여 완수하면서, 자연스럽게 정치에 참여하고 정치적 역할을 수행하여 왔다. 즉 인민해방군 엘리트의 정치적 참여는 제도적으로 보장되고 자연스러운 것이었다.

그럼에도 불구하고 군부에 대한 당 우위원칙은 1929년 고전회의(古

---

71) 鄭永泰, 『김정일 體制下의 軍部 役割 持續과 變化』, 앞의 책, pp. 14-16.

58 북한 軍 권력기관과 엘리트

田會議)에서 마오쩌둥(毛澤東)에 의해 확립되었고,[72] 이후에 철저히 지켜졌다. 마오쩌둥의 "권력은 총구로부터 창출되지만 당이 군부를 지휘·통제해야 한다,"[73] "당이 총포를 지배하여야 하며, 총포가 당을 지배해서는 안 된다"는 이 원칙은 그 후로 정당성을 획득하면서, 당-군 관계를 규율하는 가장 중요한 원칙이 되었다.[74]

중국 인민해방군은 1927년 8월 1일 남창폭동[75]이 발생한 날을 창군일로 하고 있는데, 당시 군은 지방색이 강하였다. 1930년대 초에 중국 공산당에 모두 4개의 군사조직이 형성되었는데, 이들은 홍군(紅軍)으로 불리었고 주류는 마오쩌둥의 군사세력이었다. 이들 대부분이 노동자와 농민들로 편성되어 있었고, 군내에서 군사 전문가는 극소수에 불과하였다. 반면 당시의 부대 지휘관들은 군 엘리트이면서도 당의 지도자로서, 당에 의한 군부통제 원칙이 창군 초기부터 작동할 수 있었다. 모든 군부 엘리트들의 개인행동은 통제되고 모든 활동은 당중앙위원회의 지휘를 따르도록 하였으며 당에 대한 어떠한 독립성도 용납되지 않은 채, 어떠한 정당이나 정부 기구도 군에 간섭하는 것을 허용하지

---

72) John Gittings, *The Role of the Chinese Army*(London: Oxford University Press, 1967), pp. 102-105; 최명, "중공 군사엘리트의 정치적 역할,"『사회과학과 정책연구』9.3(1988.5), p. 4 재인용.

73) 毛澤東, "戰爭和戰略問題,"『毛澤東選集』第2卷(北京: 人民出版社, 1991), p. 547; 中國人民解放軍政治學院黨史敎硏室 編,『中共黨史 主要事件簡介(1949-1981)』(成都: 四川省 人民出版社, 1982).

74) Mao Tse-tung, "Problems of War and Strategy," *Selected Works*(New York: International Publishers, 1954), Vol. II, p. 272; 최명, "중공 군사엘리트의 정치적 역할," 앞의 논문, p. 5재인용.

75) 중국 국민당 정부의 좌파세력 척결에 대항해 1927년 8월 1일 저우언라이 중심으로 중국 강서성 남창에서 일어난 공산당의 무장봉기로, 중국 공산당군은 압도적인 병력을 가졌던 국민혁명군에 패배했고, 남쪽방면으로 도주했다.

않았다.[76] 이러한 당의 통제는 당중앙위원회, 인민해방군 총정치부, 각급부대의 정치부와 당 위원회에서 수행되었다. 중국의 군대내 당조직은 당중앙위원회의 지시에 따라 활동하며 군대 내 당사업은 군 총정치부가 담당하고 있으며, 당 조직체계 및 기구는 당 중앙군사위원회가 담당한다. 그리고 군내 당사업의 핵심적 역할은 정치위원이 담당하고 있었기에 군내 정치위원의 위상변화는 군의 위상변화를 보여준다 하겠다.(〈그림 2-2〉참조)

중국은 군대에 대한 당의 영도 입장이 군사 국방지도체계에 반영되어 중국 인민해방군의 3대 핵심조직인 총정치부, 총참모부, 총후근부는 당중앙군사위원회의 하부조직으로 그 지도를 받고 있다. 그리고 국무원 산하의 '국방부'는 국방관련 대외사업을 주로 담당할 뿐 국방관련 전반적인 사업을 수행하지는 않는다. 당중앙군사위원회는 당중앙위원회의 지휘를 받아 군령권을 행사하고 최고행정기구인 국무원은 국방부와 국방과학기술공업위원회를 관장하여 군정권을 행사한다. 따라서 외형상 군령권은 당중앙군사위원회, 군정권은 국무원으로 나뉘어져 있다고 볼수 있다.[77]

중국의 공산주의자들은 1917년 볼셰비키 혁명 이후 구소련에서 실시되어 왔던 군에 대한 정치통제 제도를 도입했기 때문에 군부에 대한 당의 우위는 1949년 이전 혁명전쟁기간 동안에도 유지되어 왔다.[78]

그리하여 1949년 중화인민공화국이 수립된 후에도 상당기간 당 우

---

76) 장만녠 저, 이두형·이정훈 역, 『중국 인민해방군의 21세기 세계군사와 중국국방』(서울: 평단문화사, 2002), p. 380.
77) 정성장, 『현대 북한의 정치: 역사·이념·권력체계』(서울: 한울, 2011), p. 369.
78) 최명, "중공 군사엘리트의 정치적 역할," 앞의 논문, pp. 4-5.

〈그림 2-2〉 중국의 군사·국방지도체계

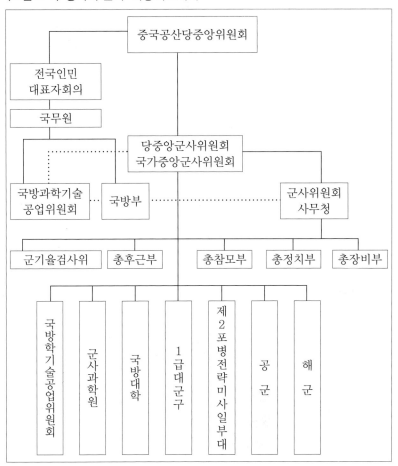

출처: 정성장, 『현대북한의 정치: 역사·이념·권력체계』(서울: 한울, 2011), p. 368.

위의 전통은 남아 있었고, 군의 역할도 당의 결정을 따르는 제한적인 것이었다. 그렇다고 해서 군의 역할이 순수히 군사적 기능에만 국한되었던 것도 아니었다.

중국혁명 내전의 마지막 단계에서 공산당이 대륙을 석권하게 되자 새로운 정치조직은 인민해방군이 점령한 지역에서 생성되기 시작하였다. 당시 군사령관 임무의 하나는 최고행정기관인 군사관제위원회를 설치하는 것이었다. 1954년 문민정부로 권력을 이양하기까지 대부분의 지방정부는 이러한 위원회의 통제를 받았다고 해도 과언이 아니다.

한편, 마오쩌둥과 군부 엘리트와의 관계는 그 경계가 분명한 것은 아니지만, 일종의 '공생모델'로서 설명되어 왔다. 중국의 건국 이후 인민해방군은 거의 예외 없이 정치적 위기 상황에서 정치적 개입을 시도했었다. 특히 문화혁명을 추진하면서 1969년에 당중앙위원회의 위원 중 군부 엘리트가 65%에 이르렀으며, 25명의 당 정치국 위원 중 절반 수준인 12명이 군부 인사였다. 문화혁명 이후 군의 정치적 세력이 증대됨에 따라 다수의 군부 엘리트들이 주요한 정치적 지위를 획득함으로써 문화혁명의 수혜자가 되었고 따라서 그들은 문화혁명과 마오쩌둥의 유산을 수호하려고 했던 것이다.[79]

그러나 덩샤오핑(鄧小平)이 등장하면서 군부 엘리트의 정치적 역할은 위축되었다.[80] 1960년대 중반이후부터 1970년대 후반까지 당 중앙위원회에서 군 엘리트의 비율이 높았다. 문화혁명 이후 1970년대 까지 중국의 정치는 안정되지 못하고 권력의 승계 투쟁이 치열하게 전개되었기 때문에 군의 대표성이 증대되었다. 1980년대 들어서 덩샤오핑의 개방정책으로 군 엘리트의 정치 참여는 급격히 줄어들었다. 10명의 정

---

79) 최명, "중공 군사엘리트의 정치적 역할," 앞의 논문, pp. 19-20.

80) 덩샤오핑은 군부 엘리트의 세대교체를 위해 급진적인 인사교체보다는 점진적이고 합리적이며 융통성 있는 간부 정책을 추진하였다. 원로들의 은퇴를 유도하기 위해 명예와 특권을 유지하면서 현직에서 물러날 수 있도록 하는 특별 은퇴제도 등을 시행하였다. 현성일, 『북한의 국가전략과 파워엘리트』(서울: 선인, 2007), pp. 35-36.

치국 위원 중 예젠잉(葉劍英) 등 6명의 군 원로가 사임하였고[81], 건국이후 처음으로 국방부장에 현역이 아닌 경표(耿飈)가 임명되었다. 1960년대 후반 당 중앙정치국 위원의 50%를 유지하던 군 권력엘리트들은 1987년 경에는 11% 정도에 그쳤다. 이는 당 중앙위원회의 위원의 경우에도 유사하여 1969년 50%에 달하던 군 엘리트들이 1987년에는 18%에 머물렀다.[82]

덩샤오핑은 군대의 지방정치 참여를 금지시키고 중앙기관 정책결정 과정에서의 영향력도 줄였으며, 군부 엘리트의 인적교체를 단행하였다. 그는 당에 의한 군부의 엘리트에 대한 통제를 강화하는 대신 군의 전문화와 직업주의를 촉진시켰다. 그러나 이러한 과정에서 군부 권력엘리트의 조직적 저항과 반발은 없었다.

중국의 공산당 역사에서 통제 불능의 사회적 혼란이나 정치지도자들의 갈등으로 인한 위기 시 군부의 엘리트들은 중요한 해결사 역할을 수행해 왔다. 1950년대 후반 군의 현대화를 둘러싼 노선투쟁에서 국방부장 팽덕회의 실각, 1967년 문화혁명에서 군의 개입과 삼자결합에

---

81) 제12차 당대회 4중 전회에서는 중앙위원 64명과 당고문위원회 및 중앙기율검사위원회 등 131명의 당간부가 사임하였다. 사임한 64명의 중앙위원은 대부분 건국이전 활약했던 원로급 인사들로 덩샤오핑의 개혁정책에 반대하는 입장에 있었다. 송인성, "중국정치에서의 군의 역할: 공산당대회를 중심으로," 경북대학교 박사학위 논문, 1990, p. 109.

82) 1987년 제13차 전당대회에서 중국 지도부의 세대교체는 기본적으로 완료되었다. 혁명 1세대가 물러나고 정치국 상무위원회를 비롯한 권력상층이 젊고 학력이 높은 간부들로 채워졌다. 당 중앙위원회의 평균연령은 56.3세로 낮아졌고, 전문학교 이상 학력소지자가 83.7%로 증가하였다. 정치국 위원의 경우 나이 평균 61.6세, 학력은 대졸 90% 이상, 이들 중 55.5%가 이공계통의 기술전문 인력이었다. 구소련의 신진 간부들이 주로 인문사회 계열 출신인데 비해 중국의 신진 간부들은 자연과학, 특히 공학을 전공하고 생산분야의 전문경력을 가지고 있었다.

의한 혁명위원회의 지배, 임표의 권력행사, 4인방 체포에서 군부의 결정적 역할, 덩샤오핑의 복권 과정에서 나타난 군부 엘리트의 지지, 1987년 제13차 당대회에서 후야오방(胡耀邦)의 당 총서기 해임, 그리고 1989년의 천안문 사태 등을 들 수 있다. 그러나 이러한 여러 번의 정치적 위기와 상황에서도 군부 엘리트에 의한 중국 인민해방군의 직접적 참여는 없었고, 당의 통제와 지시 아래에서만 군이 정치적 사건에 동원되었다는 것이다. 이는 평상시 군이 국가의 국내 정책 및 안보 관련 주요 정책결정 과정에 적극적으로 참여하고 발언권을 행사할 수 있는 중국 공산당의 전통이 있었기 때문에 가능했다.

물론 중국 인민해방군이 정치적으로 당에 종속되었는지 아니면 갈등 관계 인지는 학자들의 의견이 다양하다. 그러나 대체적으로 중국에서 공산당이 군을 전반적으로 통제한 특성은 인정되고 있다.[83]

덩샤오핑에 의해 1978년 개혁 개방정책을 채택한 후, 40여년에 걸쳐 고도의 경제성장을 이뤄낸 중국은 G2[84]국가로서 부상하며 21세기 글로벌 리더로서 국제사회에서 활약하고 있다. 사회주의 정권 주도로 추진되어 온 경제 개혁 개방정책은 사회주의체제의 전면적 폐기 없이도 국가주도로 국가경제의 비약적 발전이 가능하다는 사실을 보여주었다.[85] 전 세계에서 중국의 이러한 새로운 사회주의 발전국가 모델로

---

83) Cheng Hsiao-Shih, *Party-Military Relations in the PRC and Taiwan: Paradoxes of Control* (Oxford: Westview Press, 1990), p. 5.
84) "G2(Group of Two)" 개념은 2006년 미국의 전 국가안보보좌관 출신인 브레진스키(Zbigniew Brzezinski)가 학계에서 처음으로 제시한 용어로서, 세계 경제질서와 안보 등 세계의 주요 이슈를 이끌어가는 영향력이 있는 두 나라라는 의미로 중국과 미국을 가리킨다. 동애영, 『G2와 BRICs, 어느 쪽이 중국의 이익인가?』(서울: 하나금융경영연구소, 2009), p. 3.
85) 서재진 외, 『사회주의 통치엘리트와 체제변화』(서울: 생각의 나무, 1999),

주목받는 중심에는 중국의 관료제와 소수지배 연합의 국가통치 권력 엘리트가 있다. 여러 가지 난제에도 불구하고 오늘날의 중국이 있게 된 것은 중국이 사회주의 관료제에 바탕을 둔 통치 엘리트들이 독재의 위기를 극복하고 소수지배 연합의 합의 문화를 이룩한 것이라 할 수 있다. 단기간에 이처럼 중국이 발전하게 된 원인 중의 하나는 중국 통치 권력엘리트들의 권력분배, 시대적 적응력과 개혁·개방의 적극적 수용에 있다고 해도 과언이 아니다.[86]

제3절 북한의 군 권력기관과 엘리트

1. 군 권력기관 범위

북한에서 군대는 수령의 군대[87], 당의 군대, 최고사령관의 군대로 이는 북한 인민군의 지위와 역할이 수령 또는 당에 의해서 절대적으로 종속적이고 수동적인 것임을 나타내고 있다.[88] 북한 인민군은 수령인

---

p. 70.

86) 서진영, 『중국공산당의 힘: 개혁개방기 중국공산당과 권력구조의 변화』 (서울: 동아시아연구, 2004) p. 10.

87) 북한군은 "창건도 혁명의 수령에 의하여 실현되고 그 강화발전도 수령의 령도 밑에서 이루어졌으며, 그의 모든 승리와 영광도 수령의 품속에서 마련된 것"으로 규정되고 있다. 『조선로동당 규약』, 제1장 47조; 김용현, "북한군의 성격과 구조," 민병천 편, 『북한학 입문』(파주: 들녘, 2001), pp. 114-115.

88) 고유환, "김정은 체제의 발전전략과 효율성 위기," 『외교』 제114호(2015.07), p. 93; 북한연구소 편, 『북한총람: 2003-2010』(서울: 북한연구소, 2010), p. 948.

김일성과 김정일에게 뿐만 아니라 김정은에게도 충성을 다하고 수령의 절대보위를 생명보다 더 소중하게 생각한다.

북한에서 군사정책 결정기구는 크게 당 기구와 국가기구인 군사기관으로 구분할 수 있다. 당 기구는 최고정책결정기관인 당대회, 당중앙위원회, 당정치국과 당중앙군사위원회, 당전문부서인 당조직지도부, 당군사부, 당민방위부가 있다. 국가기구의 군사기관으로는 최고사령부, 국무위원회, 인민무력성(국방성), 총정치국, 총참모부가 있다.

특히 당중앙군사위원회는 유일한 집체적 지도기구로서 당 군사정책 수행방법을 토의하는 임무를 갖기에 군사정책 결정 과정에서 차지하는 비중이 높은 편이다. 국무위원회는 국가기구로서 당내 정책 결정이 내려진 다음 추인, 국가차원의 결정으로 공인하는 역할을 한다.

북한에서 군사정책결정 구조는 군부가 군사적 관점에서 결정하는 것이 아니라 당의 정책과 방침에 따라 결정되기 때문에 펄뮤터와 레오그란드가 사회주의체제 일반의 특징으로 제시한 "제한된 제도적 자율성"이란 개념이 북한에서도 적용된다고 할 수 있다.[89]

북한의 실질적인 군사 집행기관으로는 총정치국, 총참모부, 인민무력성(국방성)으로 볼 수 있으며 여기에 추가적으로 10만 여명의 병력을 보유한 공안기관인 국가보위성과 25만 여명의 병력을 보유한 인민보안성(사회안전성)이 포함된다.[90] 국가보위성과 인민보안성의 간부들은 정규군과 동일한 군 계급을 가지고 있으며 간부들은 정규군과 순환 근

---

89) 이대근, 『북한 군부는 왜 쿠데타를 하지 않나』, 앞의 책, pp. 260-273.

90) 북한 인민군에서 상대적 다수의 병력을 보유한 기관은 5만에서 10만 여명의 병력으로 추정되는 호위사령부와 보위총국이 있다. 이 연구에서는 두 기관의 영향력 범위와 권력의 중첩성과 지속성, 권력엘리트의 변화 정도를 고려하여 군부 권력기관 분석에는 포함하지 않았다.

무를 하기 때문에 준군사조직으로 보아야 한다. 특히 양 기관의 권력 엘리트들은 김정일과 김정은 정권에서 기관의 기능과 목적에 부합되게 핵심적 역할을 수행하기에 분석의 단위로 평가해야 한다.[91]

2. 군 엘리트 범위

일반적으로 사회주의 국가에서 상층부 권력엘리트는 당과 국가기관, 군을 포함하는 요직을 겸직하여 집중화된 경향을 보이는데 북한의 경우에도 권력의 고도 집중화 경향을 보여주고 있다. 보편적으로 20세기 현실 사회주의 국가에서 상층부 권력엘리트 구조는 단일-전위정당인 공산당 내 직책 위계에 따라 경제와 군사분야를 중심으로 집행-행정을 책임지는 국가기관의 간부를 겸직하며 밀집된 양상을 보였다.[92] 북한 역시 당-국가일체화 및 수령 시스템이 형성된 후 당·정·군에 이중적인 직위를 가지고 북한체제를 주도하는 지배연합이 태동되었으며, 이들은 수령과 조선노동당 고위직 엘리트들이다.[93]

북한에서도 이러한 엘리트 개념에 합당하는 사회계층이 존재하고

---

91) 곽명일, "북한 3대 통제기구 작동 메카니즘 변화 연구," 통일부, 2019년, pp. 6-9.

92) 정치권력이 불균등하게 배분되는 사회에서 '타인보다 더 많은 정치권력을 가진 권력엘리트'는 중요한 결정을 도출해 낼 수 있는 고위직 성원을 지칭하나, 그 범위와 유형에 대해선 의견 차이와 논쟁이 존재한다. Robert D. Putnam, *The Comparative Study of Political Elites*(Englewood Cliffs, N.J: Prentice-Hall, 1976), p. 5; John Higley and Michael G. Burton, "The Elite Variable in Democratic Transitions and Breakdowns," *American Sociological Review* 54, 1989, pp. 17-32.

93) 박영자, "독재정치 이론으로 본 김정은 체제의 권력구조," 『북한의 시장화와 정치사회 균열』(서울: 선인, 2015), p. 78.

있는데, 이를 북한에서는 '간부'라 한다. 북한에서 간부란 협의의 의미와 광의의 의미, 두 가지로 모두로 사용된다. 먼저 협의의 간부는 '당 및 국가기관, 사회단체 등의 일정한 책임적 지위에서 사업하는 핵심일꾼, 당의 골간 역량이며 당 정책을 조직, 집행하는 혁명의 지휘성원이고 대중의 교양자이다'라고 정의 하고 있다.[94] 반면 광의의 간부는 '국가에서 정한 기준 자격을 가지고 일정한 조직이나 기관, 집단 등에서 일하는 일꾼'으로서 노동자나 농민 등 하층주민을 제외한 일반 사무원과 인텔리 층을 의미한다.

북한에서 엘리트는 '반동적 부르주아 사회학설에서 선발된 자라는 뜻으로 이르는 말'이라고 풀이하고 있다. 엘리트이론과 관련해서도 '착취사회의 계급구조를 지도할 능력을 소유한 엘리트와 수동적 대중의 관계로 묘사하면서 엘리트에 의한 인민대중의 지배와 억압을 정당화하는 제국주의의 통치자들의 반동적인 사회학 이론'이라고 정의하고 있다.[95]

북한에서 핵심간부는 조직과 집단 안에서 핵심적 역할을 수행하는 간부로서 정책을 결정하고 집행하며 감독기능을 품고 있는 계층을 의미한다. 이러한 핵심간부는 영도핵심과 지도핵심으로 구분되는데 영도핵심은 당 정치국 위원 및 후보위원, 당 정무국 비서, 최고인민회의 의장, 총리 및 부총리를 포함한 내각의 상 등이고[96], 지도핵심은 정무

---

94) 사회과학원 언어학연구소 편, 『조선말대사전 1』(평양: 사회과학출판사, 1992), p. 64.

95) 사회과학원 언어학연구소 편, 『조선말대사전(2)』(평양: 사회과학출판사, 1992), p.1757; 현성일은 협의의 개념의 간부를 '간부'로, 광의의 개념의 간부를 '민족간부'로 구분하여 표현하고 있다. 현성일, 『북한의 국가전략과 파워엘리트』(서울: 선인, 2007), p. 19.

96) 통일연구원 편, 『김정은 체제의 권력엘리트 연구』(통일연구원, 2012), p. 19.

국 부장, 당 중앙위 위원과 후보위원, 내각의 부상, 도당비서, 중앙재판소장, 중앙검찰소장, 주요 대중 단체장 등이 포함된다.[97]

북한은 1970년대 김정일의 지시에 따라 '간부사업지도'를 작성하였는데 당시 모든 인사를 이 문건에 근거하여 조치하였고, 이에 따르면 정치국의 비준간부는 당중앙위원회 부부장급 이상 및 군·사단장급 이상, 도당비서 이상, 도행정위원회 위원장 및 부위원장 등이고 비서국 비준간부는 당중앙위원회 지도원 이상, 정무원 부국장 이상, 도당 부부장급 이상 등이다.[98]

이처럼 북한에도 엘리트라는 용어가 존재하고 있음에도 불구하고 엘리트를 사회주의 체제와는 상관없는 계층인 듯 부정적으로 폄하하는 이유는 지배계급이라는 엘리트의 계급적 가치가 사회적 평등을 표방하는 사회주의적 가치와 대치된다는 인식이 있기 때문이다.[99]

북한의 권력엘리트는 당(조선노동당), 정(조선민주주의인민공화국), 군(조선인민군)에 중점 포진되어 있으며, 이들 3자간의 권력엘리트의 관

---

97) 이교덕 외, "김정은 체제의 권력엘리트 연구," 『KINU 연구총서』 12-05호 (통일연구원, 2012), pp. 52-53; 고창준, "북한 권력엘리트 변화양상과 경향분석," 경기대학교 박사학위논문, 2016, p. 53.

98) 박형중 외, "김정일 시대 북한의 정치체제: 통치 이데올로기, 권력엘리트, 권력구조의 지속성과 변화," 『KINU 연구총서』 04-11호(통일연구원, 2004), pp. 52-53; 고창준, "북한 권력엘리트 변화양상과 경향분석," 위의 논문, 2016, p. 52.

99) 박영자는 권력엘리트를 '집권엘리트(Centralized Power Elites)'라는 개념으로 설명하고 있다. 그는 북한내 집권엘리트는 2009년 김정일의 측근으로 당·군·정 상층부 두 곳 이상의 지휘를 겸직하거나 겸직이력을 가지고 고도로 집중화된 정치권력을 행사하고 있는 간부라고 하고 있다. 박영자, "북한의 집권엘리트(Centralized Power Elites)와 Post 김정일 시대," 『통일정책연구』 제18권 2호, 2009, p. 34.

계가 북한체제의 특성을 결정하기에[100] 이들 간의 권력관계가 연구되고 있다. 북한 권력엘리트를 구분하는 기준으로 ① 최고지도자와의 개인적 관계 ② 엘리트가 속한 조직의 위상과 역할 및 그의 지위 ③ 핵심요직의 겸직정도 ④ 각종행사에서 주석단[101]의 서열 ⑤ 최고지도자의 공개 활동 시 수행횟수 등을 고려하여 평가하고 있다.[102]

더불어 연령, 직위와 겸직 등 경력, 출신학교와 지역, 혈연 등을 세부적인 중첩성과 지속성과 연계하여 주요 분석도구로 하여 김정은 체제의 권력엘리트들의 역사-구조적 특성을 규명하기도 한다.[103]

북한의 군부 엘리트 분류는 당중앙군사위원회 위원과 국무(국방)위원회 위원, 군부대(교육경력 포함), 3대 권력기관(총정치국, 총참모부, 인민무력성), 공안기관(국가보위성, 인민보안성, 보위총국), 통치기구(정치국, 정무국, 내각) 등의 주요 경력을 기준으로 분석할 수 있다.[104]

---

100) 백학순, "당·정·군 관계," 세종연구소 북한연구센터 엮음, 『북한의 당·국가기구·군대』(서울: 한울아카데미, 2007), p. 32.

101) 주석단은 대회나 회의 등에서 그 사업을 지도하고 집행하기 위하여 구성하는 지도자들의 집단이라고 정의한다. 『조선말대사전』(평양: 동광출판사, 1992).

102) 정성장, "김정은 정권의 당과 군부 파워 엘리트," 앞의 논문, p. 6.

103) 중첩성이란 한 파워엘리트가 다른 파워엘리트와 맺는 관계의 중복성을 의미한다. 개념적으로 중첩성은 행위자 및 네트워크 간 결합강도나 거리를 보여주는 관계분석에 해당하며, 이를 통해 한 체제내 권력구조의 기초 지형을 확인할 수 있다. 지속성은 파워엘리트들이 권력을 행사하는 시간 정도, 즉 영향력을 행사하는 정도를 개념화한 것이다. 대표적 측정 지표는 연령과 경력기간이다. 파워엘리트들의 지속성이 강한 구조일수록 권력의 소수 집중성과 불균등성이 높다. 박영자, "독재정치 이론으로 본 김정은 체제의 권력구조," 『북한의 시장화와 정치사회 균열』(서울: 선인, 2015), pp. 78-79; 이교덕, "북한 권력엘리트 연구와 북한 권력엘리트의 특징," 『KDI 북한경제리뷰』 2012년 7월호, p. 107.

104) 2009년 국방위원회의 재편이 이루어지기 전까지 국방위원회 위원은 김정일을 포함하여 7명에 불과하였다. 그리고 2010년 9월 28일 당대표자

북한 군부 엘리트는 50~70명 정도로 평가된다.[105] 핵심적 군부 권력엘리트 10여명(상장급 이상)과 중요정책에 관여하는 군부 엘리트 50여 정도(중장급 이상)로 분석된다. 3대 핵심 권력엘리트는 총정치국장, 총참모장, 인민무력상을, 5대 핵심 권력엘리트는 여기에서 국가보위상과 인민보안상, 또한 10대 핵심 권력엘리트는 5대 핵심엘리트에 총참모부 작전국장, 인민무력성 제1부부장, 총정치국 조직부국장, 총정치국 선전부국장, 호위사령관(또는 보위국장)을 포함하고 있다.[106]

북한에서 군부 엘리트는 지위적으로 볼 때 총정치부, 총참모부, 인민무력성, 국가보위성, 인민보안성 등의 중장급 이상 간부들이라고 볼 수 있다. 이들은 군사정책과 국방력 건설에 최고지도자의 지침을 받아 막중한 역할을 수행하며, 군내에서 상당한 영향력을 발휘하고 있다. 또한 국방추진사업과 관련하여 핵심사안과 중점부분별 장령급 엘리트들도 분석 대상에 포함시킬 수 있을 것이다. 아울러 실제적으로 군을 지휘하고 병력을 움직이는 군단장급 이상의 장령급 군부 엘리트들을

대회이후 6명에 불과했던 당 중앙군사위원회 위원 역시 18명으로 확대되었다. 정성장, "김정일 시대 북한 국방위원회의 위상·역할·엘리트," 『세종정책연구』 제6권 1호(2010), pp. 265- 269; 박근재·김인수, "북한 군부엘리트의 경력이동 연결망 분석," 『국방정책연구』 제29권 2호(2013년 여름), p. 96.

105) 2018년 5월 당 중앙군사위원회 제7기 제1차 확대회의에서는 중앙군사위원회 위원, 군종, 군단급 단위 지휘성원들, 무력기관 책임일꾼들과 당중앙위원회 책임일꾼 등 70여명이 참가하였다. 『로동신문』, 2018.5.18.; 2019년 12월 22일 개최된 당중앙군사위원회 제7기 제3차 확대회의에서 장령급 간부 70여명이 참가하였다. 김보미, "북한 당 중앙군사위원회 제7기 제3차 확대회의: 분석과 평가," 『이슈브리프』통권162호(2019.12.26.), p. 2.

106) 정성장, "김정은 시대 북한군 핵심요직의 파워엘리트 변동 평가," 세종 정책브리핑 2015-4(2015.9.25.) p. 5-6.

포함한다면 북한 군부의 엘리트들의 동향과 변화를 체계적으로 분석하는데 도움이 될 것이다. 또한 최근 핵 및 미사일 관련 화제의 중심으로 부상하고 있는 전략군사령관과 당의 군수공업부 부부장 등 최근 군부의 실세로 등장하고 있는 핵·미사일 관련 군부 엘리트로 포함될 수 있다고 본다.[107]

〈표 2-2〉 군부 권력엘리트 분류

구 분		직 책	비 고
군 권력 엘리 트 (14)	총정치국	총정치국장, 제1부국장, 조직부국장, 선전부국장	10~14명 판단, 제1부 사령관은 임시 직으로 보이며, 제1부국장과 제1부총참모장 은 통상 겸직임.
	총참모부	총참모장, 제1부총참모장, 작전총국장, 정찰총국장	
	인민무력성	인민무력상, 제1부상	
	국가보위성	국가보위상	
	인민보안성	인민보안상	
	호위사령부	호위사령관	
	최고사령부	제1부사령관	
군 엘리 트 (57)	총정치국	보위국장, 청년사업국장, 공장담당국장	

---

107) 북한 장령은 1,691명으로, 공화국원수 김정은, 원수 현철해, 차수 김정각, 리명수, 리용무, 리하일, 최룡해, 황병서, 대장 28명, 상장(한국군의 중장) 44명, 중장(한국군의 소장) 107명, 소장(한국군의 준장) 1,506명이다. 장성급이 대규모 이유는 구조적으로 군부지도층의 정년이 없는 것에 기인한다. 고령퇴직까지 복무하다보니 진급인원들이 추가되어 장령단 규모가 확대되었다. 오진우나 최광 등은 사망시까지 복무했다. 통일부, 『북한 주요 인물정보』, 2020, pp. 283-291; 이민룡, 『김정일 체제의 북한군대 해부』(서울: 황금알, 2004), p. 232. 참고.

구 분		직 책	비 고
군 엘리 트 (57)	총참모부	부총참모장(10), 전투훈련국장(2), 포병국장, 정치국장	
	인민무력성	부상(10), 정치국장	
	국가보위성	정치국장, 부상	
	인민보안성	정치국장, 조직부국장, 부상(8)	
	군종사령부	해군사령관, 항공 · 반항공사령관, 전략군사령관	정치위원 미포함
	군단사령부	정규군단장(10), 11군단장, 91수도방어군단장, 고사포군단장, 기계화군단장(2)	정치위원 미포함
계		71명	

출처: 김갑식 외『김정은 정권의 정치체제: 수령제, 당·정·군 관계, 권력엘리트의 지속성과 변화』KINU연구총서 15–01(통일연구원, 2015), pp. 125–12; 통일부,『북한 주요 인물정보』, 2020, pp. 283–291; 이민룡,『김정일 체제의 북한군대 해부』(서울: 황금알, 2004), p. 232;『로동신문』, 2018.5.18. 등 참고하여 재작성.

이 연구에서는 〈표 2-2〉에서 보듯이 북한 3대 군 권력기관 및 2대 공안기관의 기관장, 총참모부 작전국장, 총정치국 조직부국장, 총정치 국 선전부국장, 인민무력성 제1부부장 등을 군부 권력엘리트로 보고 중점적으로 동향과 영향력을 분석할 예정이다. 아울러 군부 엘리트는 국방정책과 군사업무 수행에 핵심적 역할을 하는 간부라고 평가하고 중장급 이상 장령급을 기준으로 하되, 상황과 사안에 따라 장령급 간 부도 포함하는 개념으로 설정하고자 한다.[108]

---

108) 북한 인민군의 주요전력인 전방 군단장에 중장급 장령이상으로, 전략군 과 기계화 군단 부대장에게도 이러한 현상이 나타난다. 북한 군사정책과 국방사업 전반을 지도하는 당중앙군사위원회의 참석하는 장령들의 인원 은 대체적으로 70여명이다.『조선중앙통신』, 2020.5.24.

3. 군 권력기관과 엘리트의 특징과 한계

보통 한 국가의 군대는 정치권력을 뒷받침하는 권력장치에 해당된
다. 그리하여 자치적으로 민주화가 덜 성숙된 국가일수록 통치자는 군
에 대한 의존도를 높이고 군을 동원하여 불만세력을 탄압하게 된다.
이 경우 군부 엘리트의 정치적 영향력은 확대되고 권력서열도 높게 나
타난다. 북한의 경우도 마찬가지로, 통치자가 군부를 앞세워 주민을
강력히 통제하고 있다. 더구나 북한에서 군대는 국가체제 형성의 주역
으로서 국가 건설 이전에 이미 정규군인 인민군대가 창설됨으로써 북
한내 군부 엘리트의 정통성과 정치적 영향력은 상당히 크다고 보아야
한다.[109]

북한의 역사를 살펴보면 총체적 위기극복의 과정에서 북한지도부가
선택하고 동원한 수단은 인민군이었다.[110] 김일성이 해방 후 북한에서
권력을 쟁취하기 위하여 푸가초프 구소련 함정[111]으로 1945년 9월 19일
원산항에 입북하자마자 바로 조직화하고 세력화한 것이 인민군이었
다.[112] 김정일 또한 고난의 행군 시기 동안 위기를 극복하고 체제를 유
지하기 위해 선택한 것이 인민군이고 선군정치였다.

---

109) 이민룡,『김정일 체제의 북한군대 해부』, 앞의 책, pp. 218-219.
110) 김용현, "1960년대 북한의 위기와 군사화,"『현대북한연구, 5권 1호』(경
　　남대학교 북한대학원, 2002), pp. 125-127.
111) 푸가초프(Pugachov)는 러시아의 대표적인 카자크 농민 반란인 푸가초
　　프의 난(1773~1775)의 지도자이다. 푸가초프는 1740년 우랄강 유역 돈
　　코사크의 작은 지주의 아들로 태어났으며, 전쟁에 출전하여 혁혁한 전공
　　을 거두기도 했다. 당시 러시아 농민들은 예카테리나 2세의 정책에 불만
　　을 품고 있었는데, 푸가초프는 의문의 죽음을 맞은 황제 표트르 3세를 자
　　칭하여 농노제의 폐지를 선언하며 반란을 일으켰다. 그러나 반란은 러시
　　아군에 진압되었고, 그는 1775년 1월 처형당했다. 푸시킨의 '대위의 딸'은
　　푸가초프의 혁명을 배경으로 한 소설이다.
112) 이종석,『조선노동당연구』(서울: 역사 비평사, 1995), pp. 157-161.

전통적인 북한 권력엘리트들은 항일 빨치산과 6.25전쟁을 통해 상대적으로 강력한 정치적 영역을 구축하게 되었다. 정권 초기에 엘리트는 항일 운동에 참여한 중국의 연안파와 소련의 후원을 받는 소련파, 그리고 국내에서 좌익활동을 한 남로당파, 갑산파 등이 연합적 성격으로 북한 정치권에 등장하였다.

특히 북한에서 공산정권 수립이후에 군부 엘리트들은 대다수 김일성계의 항일 빨치산이 다수를 차지하고 군대를 장악하여 갔는데, 이는 김일성이 국내에 기반이 없는 것도 있었지만, 군대의 위력과 중요성을 누구보다도 명확히 인식하고 있었기에 소련군의 지원 아래 조기에 인민군 창설과 군부 장악에 심혈을 기울였기 때문이다.

군부의 권력기관과 엘리트에 대한 장악과 관리는 김일성 정권 초기부터 시작되었다. 당시 군의 핵심 권력은 대부분 김일성과 같이 활동한 만주 빨치산 계통이었다. 정부 초기 혼란기에 다른 세력의 군부 세력화 내지 집단화가 형성되기 어려운 시점이었다. 그러나 정권의 안정기에 접어들면서 점차 김일성 세력에 대한 도전이 가시화 되는데, 이것의 시발점은 6.25전쟁 이후부터 1956년 8월 종파사건까지라고 볼수 있다.

김일성은 연안계가 비록 분열되어 있지만 군 경력과 전장 지휘능력에서 뛰어난 중국 인민해방군의 지도자들을 항상 경계하고 주시하고 있었다. 특히 중국 인민해방군에서 탁월한 활약을 펼치고 중국 공산당의 신뢰를 받고 있던 무정과 김두봉에 대해서는 경계심을 가지지 않을 수 없었다. 결국 김일성은 6.25 기간 중 평양방어 실패의 책임을 물어서 무정을 제거하였으며, 연안계의 대부분이 참여한 8월 종파사건에 김두봉을 연루시켜 숙청하였다.

북한 군부 엘리트 형성과정은 김일성 이후 세대별로 분류하면 〈표

2-3〉에서 보듯이 크게 3세대 그룹으로 구분할 수 있다.[113] 먼저 1세대 그룹으로서 이들은 김일성이 과거 중국 등지에서 항일투쟁 할 때 최측근으로 보좌했던 빨치산 출신 인물로, 현재 대부분 사망하였다. 오백룡,[114] 김익현, 김룡연, 오진우, 최현, 백학림, 최광, 리을설 등으로 이들은 항일유격대 시절 전령이나 전우로서 탁월한 능력보다는 혁명동지로서 충성도에 의해 출세한 경우라고 보아야 한다.

다음은 제2세대 그룹으로서 김정일 체제 출범 시 군 조직의 요직에 포진한 인물로, 이들의 연령은 1세대보다 대략 10~20여년이 낮지만 이들 대부분도 일선에서 물러나거나 사망한 상태이다. 2세대 초기그룹으로, 1930년대의 오극렬, 오룡방, 김일철, 장성우, 박재경, 현철해, 김영춘 등이 대표적이다. 대부분 혁명 유자녀로 만경대혁명학원을 졸업하였고, 국내 군사교육기관이 부실한 상황에서 대체로 소련, 동유럽 등지에서 유학한 경험을 가지고 있으며, 정치와 군사에서 해외유학 등 교육경험을 바탕으로 조직을 장악할 수 있는 능력과 자질을 갖추었다.

2세대 후기그룹으로 1940년대 군 권력엘리트는 김정일과 나이가 비슷하거나 더 젊은 그룹으로, 2세대 초기그룹과 달리 해외 유학경험이

---

113) 김갑식은 북한의 1세대, 2세대 규정은 명확하나 3세대, 4세대에 대한 엄밀한 규정이 없다고 한다. 북한에서 1세대는 항일혁명투사를, 2세대는 한국전쟁 참가자와 전후 천리마 운동시기 참여자를 의미한다. 3세대는 1950년대 중반 출생자로, 4세대는 1970년대 중반이후에 출생자로 추정하고 있다. 김갑식, "권력구조와 엘리트"『현대북한학 강의』(서울: 사회평론, 2013), pp. 85~88; 이민룡, 『김정일 체제의 북한군대 해부』앞의 책, p. 233.

114) 오백룡은 김일성 회고록 '세기와 더불어'에 142회 등장하는 항일 빨치산이다. '혁명 1세대'인 오백룡의 아들로 오금철, 오철산이 있다. 장남 오금철은 김정은 시기 노동당 중앙위원에서 후보위원으로 강등되었다. 해군사령부 정치위원 차남 오철산은 후보위원에서 탈락했다.

거의 없다. 국내 교육기관의 확대 및 시스템 확립으로 국내에서 교육
을 수료하였으며, 김정일 체제 하에서 핵심적인 보직을 맡았다. 김정
각, 우동측, 리영호 등은 김정은 체제 등장 이후 초기 영향력을 발휘하
였으나, 김정은의 공포정치와 측근 배제 성향으로 이들은 물론 김원
홍, 현영철 등 대다수의 장령들이 숙청되거나 권력의 중심에서 이탈하
였다. 제7차 당대회를 기점으로 제2세대 후기그룹 대부분이 해임되거
나 한직으로 물러나고 최부일, 서홍찬 등 일부만이 남았다.

〈표 2-3〉 군부 권력엘리트 세대별 분류

(출생년도)

구분	주요 인물	비고
1세대 (1900년~ 1920년대)	최현(1907), 오백룡(1914), 김익현(1916), 김룡연(1916), 오진우(1917), 백학림(1918), 최광(1918), 김창봉(1919), 김철만(1920), 리을설(1921), 주도일(1922), 리두익(1924), 리봉원(1926), 조명록(1928), 박기서(1929) 등	항일투쟁, 6.25전쟁 참가
2세대 (1930년~ 1940년대)	오룡방(1930), 오극렬(1930), 김일철(1933), 장성우(1933), 주상성(1933), 박재경(1933), 리명수(1934), 현철해(1934), 리하일(1935), 김영춘(1936), 김격식(1938), 염철성(1939), 김명국(1940), 김정각(1941), 노경준(1941), 리영호(1942), 우동측(1942), 윤정린(1943), 최부일(1944), 김원홍(1945), 김영철(1946), 오금철(1947), 손철주(1947), 장길성(1947), 리병철(1948), 황병서(1949), 현영철(1949), 서홍찬, 김명식, 조경철, 김낙겸 등	초기: 6.25전쟁 참가 및 해외유학 후기: 국내교육 위주

구분	주요 인물	비고
3세대 (1950년 이후)	김수길(1950), 장정남(1951), 오일정(1954), 노광철(1956), 리영길(1957), 정경택(1957), 박정천, 김정관, 박영식, 김정호, 박수일, 위성일, 임광일, 김명남, 김영복 등	김정은 시대 이후

출처: 김갑식, "권력구조와 엘리트," 『현대북한학 강의』(서울: 사회평론, 2013), p. 85-88;
김현준, 『김정일 정권의 권력엘리트 연구』(서울: 민족통일연구원, 1995), pp. 93-106;
이민룡, 『김정일 체제의 북한군대 해부』(서울: 황금알, 2004), p. 233; 전정환 외, 『김
정은 시대의 북한인물 따라기 보기』(서울: 선인, 2018); 전재우, "북한 파워엘리트의
세대변화와 정책의 방향성 전망," 『국방논단』(제1726호, 2018), p. 5 등 참고하여 재
작성.
* 세대별 명확한 구분은 어려운 점이 있음.(출생시기별 구분)

1950년대 이후의 3세대 그룹 대부분은 김정은이 직접 발탁하고 등
용한 전문가형 인재로 강등과 복권을 거치더라도 충성심에 문제가 없
으면 당분간 권력의 중심에 있을 가능성이 농후하다.

북한은 당이 국가와 사회를 지배하고 정치가 여타의 다른 영역을 지
배하는 사회주의 체제이므로 군부 권력엘리트보다는 정치 권력엘리트
가 우위의 영향력을 행사하고 있다. 북한에서 권력엘리트는 최고지도
자와의 친밀성과 직위, 즉 최고지도자와의 대면 및 수행 빈도수, 조직
지도부, 선전선동부, 간부부 등 당의 주요 요직을 담당하고 있는 중요
성에 따라 결정된다고 볼 수 있다.[115]

이들의 권한과 영향력이 수령 유일제의 북한에서 정상적으로 작동
하는 지에 대한 의문이 제기되지만 해당 조직과 기관 내에서는 다른
국가의 권력엘리트와 유사하게 제한적이나마 권한과 영향력을 발휘하

---

115) 이교덕, "북한 권력엘리트 연구와 북한 권력엘리트의 특징," 앞의 논문,
    p. 107.

고 있다고 보여진다. 북한의 권력엘리트들 또한 중요한 결정을 내릴 수 있는 지위를 차지하고 권력과 부와 명성을 누리면서 정치나 군사, 경제, 외교, 사회문화 등의 분야에서 실질 영향력을 행사하고 있기 때문이다.[116]

김정일의 선군정치 하에서 군부의 정치적 역할과 위상은 다른 사회주의 국가들보다 크다고 할 수 있다. 김정일은 체제 유지를 위해 군부의 협조를 필요로 했기에 군부의 위상을 강화시켜 주었다.[117] 군부 엘리트 또한 수령정치와 선군정치체제 아래 상당한 정치적 영향력을 확보하고 국가운영에 있어서 적정 수준의 발언권을 행사하고 경제적 이권 등 권력을 행사해 왔다.

1990년대 초반 김정일은 대내외적으로 어려워진 환경과 정세 하에서 위기관리체제로 선군정치를 선택하고 군사 선행의 원칙에서 혁명과 건설을 추진하라는 지시를 내렸다.[118] 대내외적 어려운 환경에서 군을 동원하여 위기와 공포를 조성하고 북한정권 권력에 대한 집중도를 제고함으로써 적대계층과 체제 이반세력에 대한 통제를 강화하였다.

그리하여 김정일 시대의 경우 군부 엘리트는 선군정치의 선도 하에서 군을 앞세워 위기상황을 극복하는 김정일의 통치술에 적극 가담하였다. 김일성 사후에 계속되는 경제적 상황 악화와 자연재해로 인한 식량난, 대외적 고립 와중에 김정일은 정권 유지를 위하여 북한사회의 대외 개방과 해외자본 유치가 아닌 군을 통한 내부 통제와 감시로 위

---

116) 정성장, "김정은 정권의 당과 군부 파워엘리트," 앞의 논문, p. 5.
117) 후지모토 겐지는 1994년부터 군 간부들이 연회에 동석하게 되었는데, 당시 연회에 참석한 군부 인사는 오진우 인민무력부장, 박재경 대장, 김명국 대장, 조명록 차수, 김대식 상장 등이었다. 후지모토 겐지, 신현호 옮김, 『金正日의 요리사』(서울: 조선일보사, 2003), P. 123.
118) 이민룡, 『김정일 체제의 북한군대 해부』, 앞의 책, p. 231

기상황을 극복하였다.

아울러 이러한 위기와 고난의 시기에 군은 체제의 수호자이면서 국방의 임무를 수행함은 물론 피폐해진 민간경제 복구와 건설현장 지원에 최우선적으로 동원되었다.[119] 이러한 군의 참여와 동원은 군사부문에 대한 과다한 지출과 관심으로 확대되어 군사기능의 비정상적 강화로 이어졌다. 결국 군부 엘리트의 정치적 역할과 기능이 강화되어 당에서 차지하는 비율이 증가하였고, 내각 등 정부기관에서의 영향력도 확대되었다.

그럼에도 불구하고 북한에서 군부 엘리트에 의한 권력이 과대하게 행사되거나 수령의 권한을 월권하는 경우는 없었다. 즉 김정일 시대 선군정치의 결과가 당과 군의 관계를 역전시킨 경우는 없었다. 김정일의 유일지배체제에서 군부의 강화는 군부 엘리트의 충성 전제 하에서 가능했다. 북한은 사회주의 국가로 기본적으로 당-국가체제이며 군대는 당연히 당의 군대가 된다. 당의 정치적 도구로서 북한군은 언제든 필요와 목적에 의해 동원되고 활용되었던 것이다.[120] 즉, 북한에서 군부는 구소련의 '직업적·전문적 군부'처럼 군부 고유의 이익과 권리를 가지고 민간 지도자와 당과 갈등과 협조의 양면적 관계를 반복했다기보다는 최고지도자의 이념을 내면화하고 그에 충성하며 협조하는 중국 군부의 '정치적·혁명적 군부'로서의 속성을 대체로 일관되게 유지

---

119) 북한 경제의 실패는 정치논리 우선, 군사중시정책, 일원화된 계획경제체제, 중공업 우선 정책, 부정부패, 폐쇄된 사회 등의 복합적 상호작용 결과로 본다. 박순성, "북한 경제와 경제이론," 『현대북한연구』 5(2), 2002, p. 249.

120) 김용현, "북한군의 성격과 구조," 민병천 편, 『북한학 입문』(파주: 들녘, 2001), p. 186.

했다.[121]

김일성 사후 김정일은 유독 군부를 전면에 내세워 권력유지와 체제 수호의 방패로 적극 활용하면서도, 한편으로는 독자적인 세력을 보유한 군의 권력엘리트가 미출현하도록 권력이 한쪽으로 과도하게 집중되거나 편중되는 것을 방지하였다. 이에 따라 총참모부, 총정치국, 인민무력부의 권력을 분산하였다. 또한 자신이 군 기관의 상위에 군림하면서 각 기관에서 주요정보와 핵심이슈를 직접 보고받는 직할통치체제로 변경하였다. 군대가 혁명의 선도이고 체제보장의 우선 수단이지만 순식간에 정권탈취 가능한 무력집단이므로 수령과 당의 통제 하에 관리되었다.

군부 엘리트 영향력에 대해 과거 남북군사회담에서 수석대표를 지낸 문성묵 예비역 준장은 북한에 군부라는 강력한 특정 조직이 존재하여 수령의 의사결정에 어떤 영향력을 행사하는 것처럼 인식하거나 표현하는 것은 오해라고 말했다. 그는 북한군은 혁명의 수뇌부에 대한 절대충성, 결사 옹위의 보루이지 독립 의사결정 조직체가 아니라고 평가했다.[122]

그 예로 2001년 9월 금강산관광 활성화를 위한 남북실무접촉에서, 관광 활성화를 위해 비무장지대를 관통하는 철로와 도로를 연결하는

121) 김구섭·차두현, 『북한의 권력구조와 권력엘리트』, 앞의 책, p. 110.
122) 문성묵, "남북 군사회담대표의 관점에서 본 북한군: 북한에 군부(권력)란 없다," 『한국논단』 제273호, 2012년 7월, pp. 35-38; 북한에서 권력은 수령에게만 집중되어 있으며 인민은 수령의 교시를 무조건적으로 따라야 하는 피동적인 존재이고 권력 내부 뿐 아니라 사회차원에서도 일체의 다양성이 사라진 상태이기 때문에 북한에서 권력투쟁이 발생하기 어렵고 본다. 김연철, 『북한의 산업의 경제정책』(서울: 역사비평사, 2001), p. 28; 류길재, "1960년대 북한의 숙청과 술타니즘(Sultanism)의 등장," 국제관계연구 제9권 제1호(2004), p. 80.

육로관광이 실현되어야 한다는 남한 주장에 대해 북한은 "이 엄중한 시기에 비무장지대를 연다는 것은 상상할 수 없으며, 군이 강력히 반대하기 에 안 된다"고 하면서 남측의 제의를 거절하였다. 그런데 1년 후 2002년 9월 남북군사실무회담에서는 동쪽과 서쪽에 각각 경의선 철도와 1번 국도, 동해선 철도와 7번 국도를 연결하기 위한 군사보장 합의서가 채택되었다. 이후 개최된 군사회담에서 북한 군인들이 오히려 동해선의 철도와 도로의 공사를 조속히 진행하라고 재촉했다.[123] 이러한 면을 볼 때 북한이 군부라는 용어를 사용하는 것은 협상목적상 군을 내세워 협상을 유리하게 하고 곤란한 입장을 회피하려는 목적으로 보인다.[124]

---

123) 문성묵, "남북 군사회담대표의 관점에서 본 북한군: 북한에 군부(권력) 란 없다," 위의 논문, pp. 36.

124) 2016년 여름, 영국에서 남한으로 망명한 태영호 전 영국주재 북한 공사 는 2000년 동해안의 한반도 종단철도가 건설되지 못하고 지체된 이유가 북한 군부가 해안선을 따라 설치된 부대와 해안방어선의 이전에 문제를 제기하면서 시발되었다고 주장하였다. 북한에서 정책결정 수립 전 군부 의견이 일부 반영되기도 한 것으로 보인다. 태영호, 『태영호의 증언, 3층 서기실의 암호』(서울: 기파랑, 2018), pp. 140 - 142.

제3장

김정일 시대의 군 권력기관과 엘리트

제1절 김정일 시대의 안보환경과 정책

1. 북한의 대내외 안보환경

1994년 7월 김일성 사망이후 북한의 대내외 정치경제적 상황은 과거보다 더욱 열악해졌다. 대외적으로 구소련과 동독을 포함한 동구권 사회주의국가의 붕괴, 미국과의 갈등, 대내적으로 정치경제적 불안은 체제의 독자적 생존과 존립의 방안이 강하게 요구되었다.

당시 상황에서 국외적으로는 1980년 말부터 시작된 구소련의 해체와 동구권 유럽 국가들의 붕괴, 동독의 서독으로 흡수통일, 구소련과 중국의 한국과 수교, 북미간 갈등 등으로 인해 북한은 외교적 고립과 경제적 손실을 감수해야 했다.

구소련의 1991년 8월 군부 쿠테타에 의한 소련연방 유지 노력은 옐친의 민주개혁세력에 의해 저지당했고, 결국 1991년 말에는 소련연방이 해체되고 이후에 독립국가연합으로 탄생되었다.[1]

동구권은 1989년 10월 헝가리가 스탈린식 공산주의의 통일원칙을 포기하고 체제전환을 선언한데 이어서 폴란드가 공산당의 지도적 역할을 종식시켰으며, 루마니아에서는 민주화 봉기가 일어나서 독재자 차우셰스쿠가 공개 총살을 당하였다. 1990년 동독도 민족통일 염원과 민주화의 열기를 극복하지 못하고 서독에 흡수통합 됨으로써 유럽 사

---

1) 1991년 8월 19일 구소련 체제의 붕괴를 우려한 구소련 부대통령, 국방장관 등 공산당 보수 강경파 집단의 쿠데타는 이틀 만에 아무런 소득 없이 끝났고, 그해 9월 리투아니아, 에스토니아, 라트비아 등 발트해 연안 3국은 구소련에서 독립했다. 러시아와 우크라이나, 벨로루시는 그해 12월 8일 고르바초프의 '주권국가연합'의 후신격인 '독립국가연합(CIS)' 창설에 합의함으로서 소련연방은 공식적으로 역사에 종지부를 찍었다. 발트 연안 3국을 제외하고 소련연방을 구성했던 8개 국가들은 1991년 12월 21일 CIS에 동참했고, 그루지야가 마지막으로 1993년 12월 CIS에 가입했다.

회주의 국가들이 대부분 체제전환을 하거나 자체 붕괴되었다.

북한은 구소련과 동구권의 붕괴로 경제적 원조가 중단됨으로써 이로 인한 피해가 막대했다. 특히 남북 분단의 유사 국가인 동독이 서독으로 흡수통일된 것이 북한에게는 상당한 충격이었다.

더욱이 굳건한 동맹과 혈맹으로 신뢰했던 구소련과 중국이 전통 우방국인 북한과의 신의를 저버리고 경제적 이권을 위해 남한과 수교한 것에 대한 배신감은 지대했다. 또한 핵무기 및 미사일 개발로 인한 미국과의 마찰은 북한을 '피포위 의식'에 사로잡히게 하였다.[2]

국내적으로는 김일성의 사망, 경제 개혁의 실패, 사회주의 내부적 모순에 의한 식량난 등 경제의 악순환 구조였다. 북한 정치사회를 지탱한 김일성의 1994년 7월 급작스러운 사망은 북한사회의 충격이었다. 북한은 1987년부터 1993년까지 제3차 7개년 경제계획을 추진하였으나 실패로 종료되고 말았다. 북한은 1993년 12월 8일 개최한 당중앙위원회 제6기 제21차 전원회의에서 1987년~1993년 제3차 7개년 계획[3]이 '사회주의 시장의 붕괴와 방위력 강화'로 실패했음을 인정하였다.[4] 1994년부터 식량배급과 생필품 공급의 중단으로 주민들이 암시장, 농민시장 등에서 대안을 획득함으로써 사회주의체제의 균열 초

---

2) 안경모, "김정은 시대 북한 정치체제 변화에 대한 분석," 『아세아연구』 59(2), 2016, p. 107.
3) 통일연구원, 『북한의 '제3차 7개년계획' 종합평가』(서울: 통일연구원, 1994).
4) 북한은 "국제적 사변들과 우리나라에 조성된 첨예한 정세로 인해 제3차 7개년계획에 예견했던 공업생산의 총규모와 전력, 강철, 화학섬유를 비롯한 일부 중요지표들의 계획이 미달하였다"고 밝혔다. 북한은 이후 2~3년간을 '사회주의 경제건설의 완충기'로 설정하고 이 기간에 "농업제일주의, 경공업제일주의 무역제일주의로 나갈 것"을 새로운 경제전략으로 제시했다. 『로동신문』, 1993.12.9.

기화 현상이 발현되었으며, 경제상황 악화로 이어진 탈북자의 증가는 북한사회의 심각한 현상이었다.[5] 특히, 경제난은 당의 활동을 유명무실하게 만들었다. 공장이나 기업소의 가동이 중단되고 배급은 극히 제한되어 당의 지도와 통제역량이 저하될 수밖에 없었다.[6]

이러한 사회주의권의 붕괴, 김일성 사망, 경제난 등 총체적 위기 속에서 위기관리체제로 김정일은 군을 전면에 내세워 체제를 보위하는 선군정치를 표방하지 않을 수 없었다.[7] 자연히 당을 대신하여 군대가 동원되지 않으면 안 되었다. 북한사회는 극심한 불안정과 혼란에 휩싸여 있었다.

---

5) 북한이탈 주민수는 1990년대 중반이후 지속적으로 증가하여 1999년 148명, 2000년 312명, 2001년 583명, 2002년 1,139명으로 매년 거의 2배로 증하였고, 2003년에는 증가세가 둔화되어 1,281명이 남한으로 입국하였다. 2004년은 동남아 체류 집단입국자 468명을 포함, 1,357명이 입국하여 총 입국자수가 5,767명이었다. 통일연구원, 『통일인프라 구축 및 개선방안』(서울: 통일연구원, 2004), pp. 323-369.

6) 정영태, "김정은 세습후계체제의 특성과 대내외 정책 전망," 『전략연구』통권 제52호 (2011.7), p. 9.

7) 북한은 2004년 선군정치의 창시를 김정일이 1995년 1월 1일 신년에 다박솔 초소를 방문한 것이라고 주장했으나, 2006년 발행한 책(조선로동당 중앙위원회 당력사연구소, 2006. 41)에서는 1930년 6월 30일부터 7월 2일까지 진행된 카륜회의에서 김일성의 선군사상이 창시되었고 김정일의 정치군사활동, 군사분야에 대한 령도는 일찍이 1960년대에 시작되었다고 강조했다. 김정일이 1960년 8월 25일 조선인민군 근위 류경수 105땅크사단을 찾으면서 선군혁명령도가 시작됐고 선군혁명령도사는 장장 40여년을 헤아린다고 하여 선군정치의 시원을 1960년대로 소급했다. 고유환, "김정은 후계구축과 북한 리더십 변화; 군에서 당으로 권력이동," 앞의 논문, pp. 182-185; 오성길, 『선군정치-주체사회주의의 생명선』(평양: 평양출판사, 2003), p. 46; 2018년 제1차 북미정상회담에 김정은을 보좌한 서기실장이 류경수 사위인 김창선이고, 류경수 부인은 황순희(1920생)로 조선혁명박물관장을 역임하다 2020.1.17 사망했다. 『조선중앙방송』, 2020.1.18.

2. 김정일 시대의 국가전략과 안보정책

북한은 1998년 9월 5일 개최한 최고인민회의 제10기 제1차 회의에서 헌법 개정과 권력구조 개편 및 인사조정을 마무리하고 명실상부한 '김정일 시대'를 열었다.[8] 김정일은 고난의 행군기간 선군정치를 통해 북한체제가 점차 안정화 되어가자 국가전략으로서 '강성대국'건설을 강조하였다.[9] 강성대국은 북한이 김정일 시대의 본격 개막을 앞둔 1998년 8월 22일 로동신문을 통해 공식 제기한 국가전략 목표이다. 북한은 2010년에 개정한 노동당 규약 전문에도 "조선로동당의 당면 목적은 공화국 북반구에서 사회주의 강성대국[10]을 건설하여 전국적 범위에서 민족해방, 민주주의 혁명과업을 수행하는 데 있으며, 최종목적은 온 사회주의를 주체사상화하여 인민대중의 자주성을 완전히 실현하는 데 있다"고 명시하고 있다. 북한의 강성대국은 '先 사상·군사건

---

8) 고유환, "북한의 권력구조 개편과 김정일 정권의 발전전략," 『국제정치논총』 38(3), 1999, p. 127.

9) 국가전략(National Strategy)이란 "한 국가가 정치, 경제, 대외관계, 안보, 사회, 문화 등 제분야에서 중장기적으로 추진해야 할 정책들에 대한 종합적이고 체계적인 계획과 구상"이라고 할 수 있다. 즉 국가가 가지고 있는 권력자원을 효율적으로 동원, 이용하여 그 국가가 추구하고자 하는 국가목표를 달성하기 위한 국가차원의 방책이 국가전략이다. 박영준, "국가전략과 군사전략," 전남대학교 세계한상문화연구단 국내 학술회의(2008), pp. 180-197.

10) 강성대국은 '국력이 강한 나라, 어떤 침략자도 감히 범접할 수 없는 무적의 나라'로 규정되며, '사상과 정치, 군사의 강국일 뿐 아니라 경제의 대국으로, 통일된 조국으로서 무한대한 국력을 가진 사회주의강국'건설논리로 구체화되었다. 이는 위기관리체제에서 주민들에게 낙관적인 미래를 제시하는 한편, 군사주의적 바탕 위에서 경제문제를 해결하겠다는 열망의 표현이다. "정론-강성대국", 『로동신문』, 1998.8.22; "위대한 당의 령도 따라 사회주의강성대국을 건설해나가자," 『로동신문』, 1998.9.9; 『로동신문』, 『조선인민군』, 『청년전위』, 1999.1.1. 사설 참조.

설', '後 경제건설'으로, 사상의 강국(주체사상, 우리식 사회주의, 붉은기 사상)으로 시작해서, 혁명의 기둥으로 군대를 튼튼히 세우고(선군정치, 총대철학, 군사중시, 혁명적 군인정신) 그 위력을 바탕으로 해서 경제건설(자립적 민족경제, 자력갱생)을 추진하는 것이다.[11] 이러한 강성대국은 첫째, 국내적 경제개혁전략, 둘째, 국제적 개방전략을 토대로 추진되었으며, 국방경제의 우선적인 발전을 바탕으로 일반경제를 동시에 발전시켜나 간다는 '선군경제노선'을 전략적으로 발전시켰다.[12]

북한은 김일성 사후 체제보위와 경제위기 극복을 위해 군사주의적 경향에 치우친 국가전략과 안보정책을 구현해 왔다. 이를 위해 북한군은 대외적으로는 자위 및 남조선 혁명과 해방을 통한 전 한반도의 적화통일이라는 당과 수령의 정치적 목적을 실현하기 위한 수단으로, 대내적으로는 당의 군대, 혁명의 군대, 수령의 군대로 통치자를 수호하는 역할로 활용하여 왔다.[13]

김정일 시대 안보정책은 외부의 군사적 개입을 억제하고 남한체제를 타도하며 정복할 수 있는 독자능력을 확보하는 데 우선적 노력을 기울였다. 외교적 확장을 통해 남한의 고립을 추진함은 물론 대외 관계개선과 교류협력을 통한 경제의 회생과 번영에도 관심을 기울였

---

11) "사상의 강국을 만드는 것부터 시작하여 군대를 혁명의 기둥으로 튼튼히 세우고 그 위력으로 경제건설의 눈부신 비약을 일으키는 것이 우리 장군님의 주체적인 강성대국건설방식이다." 『로동신문』, 1998.8.22.

12) 김동엽, "경제·핵무력 병진노선과 북한의 군사분야 변화," 『현대북한연구』 (2015) 18(2), p. 79.

13) 고창준, "북한 권력엘리트 변화양상과 경향분석," 앞의 논문, p. 150; 북한 헌법 60조에도 "국가는 군대와 인민을 정치사상적으로 무장시키는 기초 위에서 전군 간부화, 전군 현대화, 전민 무장화, 전국 요새화를 기본내용으로 하는 자위적 군사노선을 관철한다"라고 명문화되어 있다.

다.[14] 더불어 북한은 선군정치를 통해 군사적 강성대국을 추구하고 주변국과 관계증진을 통해 남한의 안보역량 약화에 초점을 두었다.

김정일 시대의 북한 국가전략의 기조는 유일영도체제의 확립으로, 이러한 수령의 유일영도체제를 지속하기 위해 수단적 의미로 북한은 사회주의국가 완성, 남북통일, 선군경제 등을 강조하여 왔다. 북한은 유일영도체제를 보존하고 대남 적화통일을 통한 유일지배체제의 확장과 완전한 승리를 목표로 하며, 경제적 번영을 통한 내부적 위협을 최소화 하는 것을 국가전략 사업으로 추진하여 왔다.

한편, 북한 안보정책의 핵심이라고 할 수 있는 선군정치에 대해 김정일은 "선군정치란 본질에 있어서 군사선행의 원칙에서 혁명과 건설에서 나서는 모든 문제를 풀어나가며 인민군대를 혁명의 기둥으로 내세우고 그에 의거하여 사회주의 위업전반을 밀고나가는 정치방식입니다."라고 강조하였다.[15]

제2절 김정일 시대의 군 권력기관과 엘리트 변화

북한 노동당 규약에 "조선인민군은 항일무장투쟁의 영광스러운 혁명전통을 계승한 조선로동당의 혁명적 무장력이다."라고 규정하고 있다.[16] 북한의 인민군은 일반 사회주의 국가에서 군대의 역할과 마찬가

---

14) 정영태, "북한의 국가전략과 핵정책," KRIS 창립 기념논문집(2007), pp. 77-122.
15) 김정일, 『우리당의 선군정치』(평양: 조선로동당출판사, 2006), p. 96.
16) 『조선로동당 규약』, 제1장 47조.

지로 당의 통제 하에서 대내외의 위협으로부터 정권을 보위하는 역할을 하여왔다.

김정일은 실질적으로 권력을 이양받기 시작한 1974년부터 권력엘리트에 대한 강력한 감시통제 장치를 마련하였고, 그 결과 1990년대 초 사회주의권 붕괴와 경제적 어려움에도 불구하고 엘리트와 내부의 커다란 동요 없이 독특한 사회주의 체제를 유지하여 왔다.

그러나 김일성 사후인 1994년 7월부터 경제 불안과 사회침체, 지속되는 구소련 및 동구유럽의 거센 자유화와 개혁의 바람에 불안을 느낀 김정일은 북한의 경제 위기상황에 대한 책임을 당에 전가하고 군을 전면에 내세우는 선군혁명영도로 이를 타계하고자 하였다. 이렇게 북한 체제 보위를 위해 시작된 선군정치는 기존 북한 권력체제의 정점에 있던 당의 위상을 상당히 축소시키고 그와 대등한 선상에 국방위원회를 위치시켰다. 즉, 김정일 시대에는 당의 영도체계가 아닌 당-군 간의 긴밀한 협조 또는 군부 엘리트 중심의 새로운 세력이 북한 사회전반을 이끄는 형태의 국가통제체제를 이루었다.

1995년을 기점으로 김정일은 군부 엘리트를 대동하고 군부대 현지지도와 군 관련 행사들을 강화하여 나갔으며, 1997년부터 '선군후로(先軍後勞)'[17] 라는 개념을 들고 나오면서 선군정치의 개막을 알렸다.[18]

---

17) "군사중시! 선군후로! 결사수호! 김정일 위원장동지께서 밝혀주신 이런 독창적인 사상, 전략적인 로선이 아니었더라면 우리는 걸음마다 시련을 이겨내며 사회주의 승리의 만세소리를 높이 올릴 수 없었을 것이다."『로동신문』, 1997.7.2.

18) 김정일은 1995년 1월 1일 다박솔 초소에서 "자신의 정치는 군사를 중시하는 정치이고 사회의 어느 집단보다도 인민군대를 선차적으로 강화하는 정치이다"고 강조했다. 전덕성,『선군정치에 대한 리해』(평양: 평양출판사, 2004), pp. 15-18;『로동신문』, 2014.8.17.

김정일의 새로운 통치방법으로써의 선군정치는 1998년 9월의 헌법 개정을 통해서 국방위원회의 위상을 대폭 강화시키고 자신이 국방위원장으로 재신임됨에 따라서 정식화되었다.

김정일이 선군정치를 추구하게 된 주된 이유는 구소련과 동구권의 붕괴와 몰락을 지켜보면서 그 원인을 '군의 비정치화, 비사상화'로 인식하였기 때문이었다.[19]

"쏘련방에서도 군대가 1991년 8월 사변 당시 사회주의 배신자들에게 징벌을 가할 데 관한 쏘련방 국가비상사태위원회의 명령을 거역하고 반대로 사회주의 배신자 옐찐의 반혁명의 도구로 전락되어 사회주의 붕괴를 촉진시켰다. ····· 이 나라들에서 군부가 흔들리지 않고 사회주의 배신자들에게 단호하고도 무자비한 총소리를 울렸다면 사태는 달리 되었을 것이다. 동유럽 사회주의 붕괴과정에서 총대가 흔들린 사실은 사회주의 위업 수행에서 군사문제를 올바로 해결하는 것이 가지는 중요성을 특별히 부각시켜 준다. 쏘련방이 세계적인 군사강국으로서의 군력을 갖고 있음에도 사회주의냐 자본주의냐 하는 준엄한 시기에 총소리 한방 울리지 못하고 사회주의를 지켜내지 못한 것은 군사를 정치와 완전히 분리시켜 군대를 비 정치화된 집단으로 ····· (생략)"[20]

그러나 이러한 군부 권력기관과 엘리트의 정치화가 곧 군의 정치적

---

19) "군대를 비사상화, 비정치화함으로써 총을 쥔 군대가 당이 변질되고 국가가 와해되는 것을 보고도 속수무책으로 나 앉아 혁명의 전취물을 지켜내지 못한 결과였다." 『로동신문』, 1998.3.1.
20) 정성장, "김정일의 선군정치: 논리와 정책적 함의," 『현대북한연구』 2001년 4권 2호, p. 87.

자율성과 독자적 세력화가 아닌, 당의 영도를 받아 군이 사회에 관여하는 개념으로 인식해야 한다.[21] 북한은 선군정치 하에서 군과 정치를 이원화할 수 없는 상황에서 북한군의 정치사회 참여를 정당화하고 있다.

"군대의 출현 자체가 정치의 산물이며 또한 군대가 어느 사회에서나 정치의 수단으로 존재하게 되는 것 만큼 군대를 정치의 중심에 놓는 것은 너무도 당연한 리치로 된다. 때문에 정치가 군대를 외면하고 군대를 비정치화, 비사상화 하는 것은 그 자체가 모순된 론리로 된다."[22]

선군정치의 본질적 특징은 '군사를 국가정치의 첫째가는 중대사로 나라의 흥망을 좌우하는 생명선으로 틀어쥐고 군사사업을 다른 모든 사업에 확고히 앞세움으로써 군력에 의거하여 나라의 자주권을 수호하고 전반적 국력을 비상히 강화해 나가는 정치'라고 할 수 있다.[23]

---

21) 소련군의 무기력함은 사회주의 군부에 대한 비교정치적 연구에서 지적되어 온 소련군의 일반적인 속성, 즉 혁명군(revolutionary army)이 아닌 직업군(professional army)으로서의 성격 때문이 아니었다. 오히려 그와는 반대로 당의 군대, 즉 혁명군으로서의 성격을 지탱하던 정치군관들이 당의 지시에 충실하고자 개혁을 지지함으로서 결정적인 시기에 군이 무력화 되는 역설이 발생했다는 주장도 있다. 안경모, "김정은 시대 북한 정치체제 변화에 대한 분석," 앞의 논문, p. 93.

22) 김철우, 『김정일 장군의 선군정치』(평양: 평양출판사, 2000), p. 32.

23) 김갑식, "권력구조와 엘리트"『현대북한학 강의』, 앞의 책, p. 75; 리철·심승건, 『위대한 령도자 김정일동지께서 밝히신 선군혁명령도에 관한 독창적 사상』(평양: 사회과학원출판사, 2002), pp. 79-80.

1. 김정일 시대의 군 권력기관 변화

1) 인민무력부의 변화

김정일의 직접적 지도와 통제 하에 군사행정업무를 집행하는 국방위원회 산하 군사기관이 인민무력부이다. 인민무력부는 북한군 창설 초기부터 서구국가의 국방장관과 달리 제한적이고 상징적인 역할을 주로 담당해 왔다.[24] 군의 군사작전과 부대지휘 등 전체 무력을 지휘권한보다는[25] 주로 대외적으로 군을 대표하는 군 의전 및 군사외교, 군사사법, 군수·재정 등 군정권을 행사해 왔다.

인민무력부는 1948년 북한 정권수립시 민족보위성으로 출범하여 1972년 12월 사회주의 헌법의 채택과 함께 인민무력부로 개칭되었다. 그 후 인민무력부는 1998년 9월 헌법 개정에서 각 부가 성으로 개칭됨에 따라 인민무력성으로 개칭되었으나, 2000년 9월 인민무력부라는 원래의 이름으로 환원되었으며, 2016년에는 인민무력성으로 다시 개칭되었다. 인민무력부는 1982년 4월 최고인민회의 제7기 제1차 회의 결정에 따라 정무원에서 분리되어 중앙인민위원회 직속기관으로 개편되었다. 그러나 1992년 헌법 개정으로 국방위원회가 중앙인민위원회와 동격으로 격상됨에 따라 인민무력부는 사실상 군사부문의 집행기구로서 국방위원회의 산하기관으로 존재하였으며, 2016년에는 국무위원회의 산하기관으로 변경되었다.

인민무력부의 주요부서는 인민군의 군수기획, 재정 및 보급 등 1년 예산을 편성하고 총괄하는 종합계획국과 군인소요품목 전문으로 기획

---

24) 고재홍, 『김정일 체제의 북한군 연구』(서울: 국가안보전략연구소, 2012), pp. 91-92.

25) 『국방일보』, 2012.7.3.

하고 할당하는 군수계획국, 모든 후방물자의 생산과 보관, 공급을 담당하는 후방총국, 전시 물자를 보관하고 관리하는 군수동원총국, 군사 전용 도로를 건설하고 관리하는 도로국, 군 지하시설, 방어시설, 군항 및 비행장 등 군사시설의 설계와 건설, 수리하는 군사건설국, 군내 모든 재정업무를 담당하는 재정국, 북한군 군관, 하사관, 간부의 정치와 군사교육을 총체적으로 담당하는 교육국, 군의 모든 장비를 개발하고 관리하는 장비국 등이 있다.[26]

대외적으로 군을 대표하기에 북한군 내부적으로 총참모부가 발행한 문건이라도 군 외부로 발송할 때는 인민무력부 명의를 사용한다. 인민무력부와 총참모부, 총정치국 3자 관계도 상호 업무상 최고지도자에게 직보하는 체계를 만들어 상하관계가 아닌 수평관계를 형성하고 있다. 즉, 군사적으로 인민무력부는 최고사령관과 총참모부의 명령과 지시를 수행하고, 정치적으로 인민군 당 위원회와 총정치국의 통제에 따른다.[27]

인민무력부 소속 군관들은 총참모부와 총정치국 군관들과 달리 인민무력부에서 관할하는 장철구[28] 후방군관학교, 김형직[29] 군의대학,

---

26) 이 외에도 운수관리국(508부대), 검수국, 측지국, 총무국, 피복국, 연료국, 600호 관리소(갱도관리), 501호 관리소(인민무력부 청사관리) 등이 있다. 이영훈, 『북한을 움직이는 힘, 군부의 패권경쟁』(파주: 살림, 2012), pp. 58-70.

27) 북한군은 인민무력부 소속 군관을 무력부 군관으로 호칭하고 있다. 북한군 내에서 간부 호칭을 정치군관, 참모군관, 무력부군관 혹은 행정군관 등으로 분리해 호칭하고 있다.

28) 장철구는 김일성 주석의 항일무장투쟁 시기에 식량을 마련하는 작식(作食)대원으로, 작식대원은 오늘날의 취사병에 해당한다.

29) 김일성의 부친 김형직(1894-1926)은 평안남도 대동에서 출생, 1908년 강반석과 결혼, 1911년에서 1913년까지 평양숭실학교에 재학했다. 이후

평양건설대학 출신들로서 군사학교 비참모병과를 졸업하고 인민무력부 직속 사업부서에 배속된다.

역대 인민무력부장으로는 최용건(1948.9~1957.9), 김광협(1957.9~1962.10), 김창봉(1962.10~1968.12), 최현(1968.12~1976.5) 등이 있다.

〈표 3-1〉 김정일 시대 인민무력부장 현황

이름	기간	주요경력	비고
오진우	1976.5.~1995.2.	총참모장, 민족보위부상	오일정 父
최광	1995.10.~1997.2.	공군사령관, 총참모장	
김일철	1998.9.~2009.2.	해군사령관, 국방위원회 부위원장	
김영춘	2009.2.~2012.4.	6군단장, 총참모장, 국방위원회 부위원장	

출처: 함택영, "핵무력과 경제건설의 딜레마," 『현대북한학 강의』(서울: 사회평론, 2013), p. 194; 김동엽, "선군시대 북한의 군사지도·지휘체계; 당·국가·군 관계를 중심으로," 북한대학원대학교 박사학위논문, 2013, p. 201 등 참고하여 재작성.

〈표 3-1〉에서 보듯이 김정일 시대 실제적으로 1대 인민무력부장은 최광이라고 할 수 있다. 최광은 빨치산 출신으로 공군사령관, 총참모장 등 군의 대표적 원로라고 할 수 있다. 그러나 북한 군내 3대 권력기관중 대표적 권력기관인 인민무력부의 위상은 최광의 등장과 함께 약화되었다고 볼 수 있다. 그동안 오진우 인민무력부장의 군부 내 영향

1916까지 기독교 계열의 명신학교 등에서 교편생활을 했다. 항일활동중 1917년 일제 경찰에 체포되어 투옥되었고, 이후 압록강 건너 맞은편 만주 린장(臨江)에 정착했다. 생계를 위하여 순천의원 한약사로 일하던 중 의문의 죽음으로 1926년(32세) 사망했다. 와다 하루끼 저, 이종석 옮김, 『김일성과 만주항일전쟁』(서울: 창작과 비평사, 1992), pp. 26-33.

력과 권위가 과도하여 김정일도 제어하기 곤란했다. 김정일과 전략적 동반자 관계를 설정하고 김정일에게 충성을 다한 오진우이지만 김정일이 군에 독자적인 명령과 절대적 영향력을 행사하는 데는 한계가 있었다.

권력에 민감한 김정일이 오진우의 사후 인민무력부의 권력 약화방안으로 총참모부와 총정치국에 힘을 실어 주었다. 특히 군을 통제하는 총정치국에 군내 신망이 두터우면서 빨치산 출신인 조명록을 임명하여 자연스럽게 인민무력부 뿐만 아니라 총참모부의 권력을 제어하는 견제와 균형 전략을 구사하였다. 이후 인민무력부장에 김일철이 등장하여 11년간(1998.9.~2009.2.) 직위를 수행하나 주석단 서열 등에서 총정치국 조명록의 영향력에 미치지 못했다.[30]

김일철은 1997년 2월 최광 인민무력부장의 사후 1년 반동안 김정일의 장고 후에 해군 출신으로는 최초로 1998년 9월 인민무력부장에 취임했다. 그는 1968년 미국 프에블로호 납북 사건시 북한 동해함대사령부 참모장으로 실무역할을 담당했으며, 김일성 사후에는 북한군 고위장성으로 최초로 김정일 주석에 대하여 충성 맹세를 하여 정치감각도 탁월한 것으로 알려졌다.[31]

김일철 이후에 인민무력부장에 임명된 김영춘은 김정일의 원로에 대한 대우 측면도 있겠지만, 김정은 후계체제 구축을 위한 군부 권력엘리트의 전략적 배치로 보여진다. 김영춘 또한 김정은 체제가 등장하자 바로 김정각 총정치국 제1부국장에게 자리를 이양했다.

---

30) 함택영, "핵무력과 경제건설의 딜레마," 『현대북한학 강의』(서울: 사회평론, 2013), p. 194.

31) 고재홍, 『김정일 체제의 북한군 연구』, 앞의 책, p. 92

2) 군 총정치국의 변화

북한군 총정치국은 북한군내 최고 정책결정기구 '인민군 당위원회'의 집행기구로서 당 중앙위원회 조직지도부의 직접적 통제 하에 군내 당 정치사업을 조직·지도하는 정치기구이다. 북한군 내 당위원회와 정치부는 동일 개념으로, 총정치국은 인민군 당위원회, 군단정치부는 군단 당위원회, 사단정치부는 사단 당위원회로 이해하는 것이 바람직하다.[32]

총정치국은 1950년 10월 21일 당중앙위원회 정치위원회에서 "인민 군대 내 조선노동당 단체를 조직할 데 대하여"라는 결정을 채택하여 입당 권한과 당적 기능을 강화하는 차원에서 설치됐다.[33]

총정치국 본부 총인원은 군관 350여 명과 하전사 50여 명으로 구성되어 있다. 군내 모든 참모·행정부서인 총참모부, 후방총국, 보위사령부, 해·공군사령부, 기술총국, 대외사업국 등에 정치부를 두어 군사간부들의 당 생활을 통제하고 있다. 그리고 총참모부 예하 군단급에서 소대에 이르기까지 정치부와 정치지도원을 두고 있다. 즉 군단·사단·연대급 부대들에 정치위원을 책임자로 정치부가 조직되어 있으며, 대대와 중대급, 그리고 특수부대의 소대급에 정치지도원을 두고 있다.[34]

---

32) 이영훈, 『북한을 움직이는 힘, 군부의 패권경쟁』, 앞의 책, pp. 24-25.

33) 북한은 1948년 2월 인민군을 창설하고, 9월 정권을 수립하면서, '민족보위성(인민무력부 전신) 문화훈련국'으로 군대에 대한 당의 정치적 지도를 보장하는 기구를 설치했다. 이어 1950년 군인들의 사상무장을 담당하기 위해 '민족보위성 문화훈련국'을 '조선인민군 총정치국'으로 개편했다.『김일성 저작집 6』(평양: 조선노동당출판사, 1980), pp. 147-152; "6.25 전쟁기 북한군 총정치국의 위상과 역할," 국방부 군사편찬연구소편, 『군사』 53호(국방부 군사편찬연구소, 2004.12.).

34) 통일부 통일교육원, 『2018 북한이해』(통일교육원, 2017), p. 91.

총정치국의 조직체계는 기존의 군사지휘체계와는 분리된 독자적인 정치지휘체계를 가지고 있으며, 필요시 군사지휘체계를 통제하기도 한다.[35] 각급 부대별 정치부 책임자인 정치위원들은 해당부대 당 위원회의 책임비서를 겸임하고 있다. 군사 간부의 승진에 영향을 미치는 근무평정표를 작성하고, 대학 진학과 비당원의 입당에 결정적 권한을 행사하며 군 지휘관의 명령 하달시 명령서에 서명해야 효력을 발생시키는 '연서권한'을 가지고 있다.[36](〈그림 3-1〉참조)

총정치국은 인민군내 당원들의 당 생활전반을 통제하는데 군관과 장령이 모두 당원이라는 사실은 당의 지도를 확실하게 한다. 총정치국은 군의 지휘계통과는 상이하게 당 중앙위원회 조직지도부의 지시와 통제를 받는다. 조직지도부내 담당과는 13과로 당의 주요 정책과 지시가 이를 통해 하달되고 총정치국은 군내전파 및 사상교육을 실시하는 것이다.

이처럼 인민군내 당 및 정치기관은 군사지휘계통의 지시를 받지 않고 당중앙위원회 직속의 개별 지휘계통을 유지하고 있는 반면, 군지휘관의 명령은 효력을 갖기 위해서 군내 정치기관 조직의 비준과 서명을 필요로 한다. 정치위원은 군 지휘관이 당 정책에 위배되는 명령을 하달할 경우 이를 저지시킬 권한을 가지고 있다. 무엇보다 북한군의 간부 임명권과 인사 이동권을 군 정치기관들이 장악하고 군을 통제하기 때문에 군 정치기관이 군 지휘관보다 다측면에서 우월적 권력을 행사하고 있다.[37]

---

35) 고재홍, 『김정일 체제의 북한군 연구』, 앞의 책, p. 31.
36) 이영훈, 『북한을 움직이는 힘, 군부의 패권경쟁』, 앞의 책, p. 26
37) 정영태, 『김정일의 군사권력 기반』(서울: 민족통일연구원, 1994), pp.

총정치국은 북한군 전체를 최고사령관 개인의 의지와 명령에 절대 복종하도록 북한군을 '수령의 군대화'하는 정치조직이다.[38] 김정일은 구소련과 동구권 사회주의 국가들이 붕괴하는데 외부세력에 의한 영향력의 작용보다, 결정적으로 군대가 체제수호를 소홀히 하고 시민들과 민주세력에 동조하여 정권사수 의지를 상실한 것으로 판단하였다. 그리하여 김정일은 군사력 강화도 중요하지만 군에 대한 당의 통제와 감시가 더욱 중요하다고 인식하여 군대를 효율적으로 감시하고 통제하는 총정치국의 역할과 기능을 더욱 강화하였다.

김정일은 군내 신망이 두터운 오진우, 리을설, 전병호 등과 함께 항일 빨치산 출신인 조명록 총정치국장을 선봉에 내세워 군을 적절히 관리하고 통제하면서 체제수호와 정권 유지의 선봉에서 활동하게 하였

17-18; 정성장, "김정일 시대 북한의 선군정치와 당·군 관계," 『국가전략』 제7권3호(성남: 세종연구소, 2001), p. 72.

38) 총정치국은 전군에 북한군을 최고사령관의 군대로 구현하는 전위 조직으로서 다음과 같은 역할을 수행한다. 첫째, 당원들과 군인들 속에서 당의 유일사상체계와 유일적 지도체계를 공고히 확립하고, 둘째, 군인들을 당과 수령을 위해 서슴없이 생명을 바칠 수 있는 총폭탄이 될 수 있도록 교양(교육)하며, 셋째, 모든 간부의 당 생활을 조직 지도함으로써 당 대열을 강화한다. 넷째, 군대 내 비당원들의 모임인 김일성사회주의청년동맹 조직을 지도함으로써 그들의 기능과 역할을 높이고, 다섯째, 당의 군사노선과 주체적 전략전술을 수행하기 위해 군사사업에 대한 정치적 지도를 강화한다. 여섯째, 인민군대 3대혁명 붉은기 쟁취운동, 오중흡 7연대칭호 쟁취운동을 적극 전개한다.; 오중흡(1910.7.10.-1939.12.17.)은 함경북도 온서운 남양면 세선리에서 빈농 오창민의 맏아들로 태어났다. 1930년대 후반 김일성과 항일 빨치산활동을 같이 하였으며, '수령결사옹위정신'을 발휘한 대표적인 인물이다. 북한은 당시 7연대를 지휘한 오중흡이 단두산 전투 등 수많은 전투에서 김일성을 보위하였다고 평가하고 있다. 『로동신문』, 2020.1.9; 북한은 인민군을 최고지도자의 친위결사대로 만들기 위해 1996년 1월부터 오중흡 7연대칭호 쟁취운동을 전개하였다.

다.[39] 이에 따라 조명록 총정치국장이 국방위원회 제1부위원장을 담당하는 등 김일성 시대에 비해 총정치국장의 위상이 한층 격상되었다.[40] 김정일 시대 제1대 총정치국장인 조명록[41] 차수는 1995년 10월 8일 인민군 총정치국장에 임명된 이후 2010년 11월 7일 사망할 때까지 총정치국장직을 무려 15년간 종신 유지하였다.[42](〈표 3-2참조〉)

---

39) 조명록은 공군 1사단장 시절 다량의 부식을 구입한 부인을 질책하며 "조종사 식당으로 보내라"고 한 사실이 알려져 조종사들을 감동시키는 등 명망이 높았다. 강명도, 『평양은 망명을 꿈꾼다』(서울: 중앙일보사, 1995), p. 155

40) 정성장, "김정은 정권의 당과 군부 파워 엘리트,"『김정은 정권의 대내전략과 대외관계』, 앞의 논문, p. 24.

41) 조명록은 김일성 부대의 전령병 출신으로 1945년 김일성의 북한 입북시 김정일의 보호를 담당했으며, 18년간 공군사령관 재임시 연료탱크를 줄여 폭탄 적재량 확충 전투기 개조사업을 대대적으로 추진하는 등 북한 공군의 전투력 강화에 기여하였고, 1993년 5월 미국의 영변공습 발언에 대응하여 MIG기 조종사와 함께 '자폭비행'혈서를 작성하는 등 대미 강경파로서 김정일의 신임을 얻었다. 고재홍, 『김정일 체제의 북한군 연구』, 앞의 책, p. 90.

42) 조명록은 2003년부터 고령과 병환으로 직무수행이 제한되었던 것으로 알려졌으며, 2007년부터는 김정각 총정치국 제1부국장이 총정치국장을 대리했다.

〈그림 3-1〉 총정치국 조직도

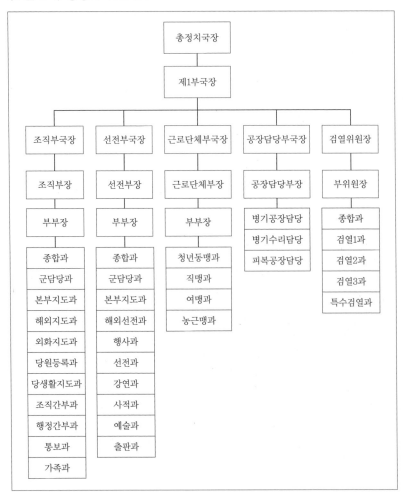

출처: 전 북한군 상좌 최주활, 소좌 이주철, 송백선의 증언; 이영훈, 『북한을 움직이는 힘, 군부의 패권경쟁』(파주: 살림, 2012), p. 31 등 종합하여 작성

《표 3-2》 김정일 시대 총정치국장 현황

이름	기간	주요경력	비고
오진우	1980.10.~1995.2.	총참모장, 인민무력부장	
조명록	1995.10.~2010.11.	공군사령관	

출처: 함택영, "핵무력과 경제건설의 딜레마," 『현대북한학 강의』(서울: 사회평론, 2013), p.
194; 김동엽, "선군시대 북한의 군사지도·지휘체계: 당·국가·군 관계를 중심으로," 북
한대학원대학교 박사학위논문, 2013, p. 201 등 참고하여 재작성.

3) 총참모부의 변화

북한군 총참모부는 최고사령관의 군령권을 실제적으로 집행하는 최
고 군사집행기관으로, 각 군종·병종 사령부의 군사전략 및 군사작전
의 종합계획 수립과 지휘관리를 통솔하고 있다. 총참모부는 10여개의
군단과 8개의 훈련소, 해군사령부와 항공·반항공사령부 등 작전부대
의 전·평시 작전 및 훈련계획을 세우고 집행하고 있다.[43] 북한군 총참
모부의 핵심조직은 작전국이다.[44] 작전국은 최고사령관과 총참모장,
인민무력부장의 군사작전 및 행정사업을 직접 보좌한다. 북한군의 군
사전략 및 작전계획 수립, 최고사령관의 군사명령과 지시 하달, 군단
급 부대의 작전 및 부대 전투계획수립, 군사훈련, 전투준비상황 감독,
갱도건설을 비롯한 각종 군사시설 건설지도 등을 실무적으로 장악·지
도하고 있다. 당 무력(군사력)인 평양방어사령부와 정권기관 무력인 조
선인민내무군의 전투훈련계획도 작전국에서 관할한다.

---

43) 총참모부는 평양시 서성구역에 인민무력부 청사의 10개동에 분산 배치되
  어있다. 이영훈, 『북한을 움직이는 힘, 군부의 패권경쟁』(파주: 살림, 2012),
  p. 36.
44) 김정일은 작전국장의 위상과 계급을 격상하고 직접 보고체계까지 구축하
  면서 총참모장과는 별도의 지휘라인을 완비하였다.

북한군 무력은 서방국가의 군대처럼 육·해·공군의 3군 병립체제가 아니라 무기체계별·기능별로 다양한 병종(병과별) 부대들이 인민무력부가 아니라 총참모부 예하에 편제된 통합군 체제이다.

북한군의 모든 정치·군사 부서들은 군사적으로는 총참모부의 명령과 지시에 복종하도록 되어있다. 김정일은 김일성 사후 선군정치를 추진하면서 인민무력부와 총정치국과 동일한 위치에서 총참모부에게 북한군에 대한 명령지휘권을 부여하였다.[45] 다만 각 부서의 고유 업무인 당 정치사업, 보위사업, 간부사업 등에 대해서는 총참모부라 할지라도 간섭할 수 없었다. 인민무력부와의 관계에 있어서 총참모부는 지휘체계상 상하관계가 아니며, 최고사령관으로부터 군사작전 및 지휘와 관련하여 직접 명령과 지시사항을 집행하였다.[46]

〈표 3-3〉에서 보듯이 김정일 시대에 1대 총참모장은 6군단장 출신의 김영춘으로, 그는 김정일 체제 시작부터 김정은 후계체제가 태동되는 1995년부터 2007년까지 12년간 총참모장직을 유지하였다. 북한군 내 김정일에 대한 충성도가 높기로 유명한 김영춘은 과거 김정일이 사냥시 장성우, 김명국 등과 함께 동행하는 등 김정일의 신망이 두터운 것으로 알려졌다.[47] 그는 오극렬 당 작전부장과 친분이 두터워 1988년 오극렬 총참모장 해임에 대해 불만을 토로한 것이 정치적으로 문제가

---

45) 이영훈, 『북한을 움직이는 힘, 군부의 패권경쟁』, 앞의 책, p. 39.

46) 상호견제라는 거대 통치시스템 속에서 특수기관들이 형편없는 총참모부 작전국과 병기국의 검열을 받고서 자신들의 지위를 새롭게 인식하게 되었고 "동무들은 나의 신임이 없으면 고깃덩어리와 같다"라고 말한 김정일의 진의를 이해하게 되었다고 한다. 이영훈, 『북한을 움직이는 힘, 군부의 패권경쟁』, 앞의 책, p. 40.

47) 북한문제조사연구소 편, 『북한 주요인물록』(1997.6), pp. 234-235.

되어 대좌로 강등되고 혁명화 교육을 수습한 적이 있었다.[48]

2007년 김영춘이 총참모장직에서 해임되고 김격식이 후임으로 선정되었는데, 김격식은 2009년 2월 리영호 평양방어사령관에게 직위를 물려 주었다.[49] 이후 4군단장으로 이동한 김격식은 김정은의 지휘 아래 군부 강경파로서 천안함 폭침도발사건과 연평도 도발사건을 기획한 장본인이 되었다.[50]

한편 김정일은 김정은 체제의 조기안정과 군부 통제를 위해 구군부들을 2007년부터 점차 좌천시키거나 한직으로 이동시켰다. 총정치국장인 조명록은 중병으로 무관하다고 판단하고 여기에서 제외시키지만, 총참모장인 김영춘을 2007년 4월에 김격식으로 교체하였다. 2009년 김일철 인민무력부장을 인민무력부 제1부부장이라는 신편제를 만들어 보직시키고 김영춘을 다시 인민무력부장에 임명시켰다. 이는 다분히 원로급에 대한 단기간의 예우차원으로 당시 당의 조직지도부장은 물론 국가안전보위부장도 공석이었고 실질적으로 김정일이 그 역할을 대행하다시피 하였다. 아울러 인민보안부장 주상성의 경우는 2010년 6월에 발생한 국경지대 중국인 사망사고에 대한 책임과 김정

---

48) 최주활, "조선인민군 총참모부 조직체계와 작전국의 임무와 역할,"『북한 조사연구』6권 1호(국가안보통일정책연구소, 2002), p. 37.

49) 군부에서 두각을 나타내지 않았던 리영호를 전격적으로 총참모장으로 발탁한 이유는 김정일이 1942년생 동갑으로 어릴 때부터 교분이 있었던 리영호가 군부를 대표해서 김정은 체제 확립에 적임자로 신뢰했기 때문이다. 리영호의 부친은 항일 빨치산으로 김일성 주치의를 맡았던 리봉수로, 북한 정권수립 이후 만경대혁명학원 원장을 역임했다. 그 덕분에 리영호는 김정일과 어릴 적부터 친교를 형성할 수 있었다.『동아일보』2012.7.17.

50) 김격식은 정통 군인으로 군내 존경하는 후배들이 많았다고 한다. 김정은 시대에 황병서 총정치국장, 박영식 인민무력부장 등 군부 정치기관 출신들이 야전군 출신보다 득세하는 현상이 나타났다.『중앙일보』, 2017.1.25.

은 체제에 적합한 군부 인사발탁으로 인해 해임되었고, 주상성을 대신하여 국방위원회 행정국장인 리명수가 발탁되었다.

리영호는 김정일이 뇌졸중으로 쓰러진 2008년 이후 초고속으로 승진했다. 2009년 2월 대장 진급과 동시에 인민군 총참모장에 올랐다. 김정은이 후계자로 내정된 직후였다. 김정은이 후계자로 공식 등장한 노동당 대표자회의가 열린 2010년 9월 28일에는 차수로 승진하면서 김정은과 함께 당 중앙군사위원회 부위원장과 정치국 상무위원에 입성했다.[51]

〈표 3-3〉 김정일 시대 총참모장 현황

이름	기간	주요경력	비고
최광	1988.2.~1995.12.	부총리, 인민무력부장	
김영춘	1995.12.~2007.4.	6군단장, 인민무력부장	
김격식	2007.4.~2009.2.	4군단장, 인민무력부장	
리영호	2009.2.~2012.7.	평양방어사령관, 정치국 상무위원	

출처: 함택영, "핵무력과 경제건설의 딜레마." 『현대북한학 강의』(서울: 사회평론, 2013), p. 194; 김동엽, "선군시대 북한의 군사지도·지휘체계: 당·국가·군 관계를 중심으로," 북한대학원대학교 박사학위논문, 2013, p. 201 등 참고하여 재작성.

4) 국가안전보위부의 변화

국가안전보위부는 1948년 9월 북한 지역의 정치범을 전문적으로 담당하는 내무성내 정치보위국을 모태로 한다. 1949년 8월 20일 정치보위부장 이창옥이 김강 등과 함께 황해남도 해주군에서 남한으로 탈출하면서 국가정치보위부의 대대적인 숙청 후 조직은 폐지되어 치안단

---

51) 『조선중앙통신』, 2010.9.28.

체인 사회안전부로 통합되었다. 북한은 1973년 5월 사회안전부(현 사회안전성) 내에서 정치범을 전문적으로 다루는 비밀사찰기관인 정치보위국을 분리하여 국가정치보위부(현 국가보위성)를 분리·독립시키고[52] 김일성 인척인 김병하를 임명하였다.[53] 김일성은 국가정치보위부를 통해 반체제파를 숙청하고 북한 주민이 반항할 수 없도록 북한 사회에 공포감을 조성하였다. 그러나 국가정치보위부의 심한 탄압과 과도한 사찰에 여론이 악화되자 김일성은 부장이었던 김병하에게 책임을 물어 숙청하였다. 국가정치보위부는 1982년 최고인민회의를 통해 정무원에서 분리되면서 국가보위부로 개칭되었으며, 부장에는 이진수가 임명됐지만 실상은 김일성의 후계자로 대두된 김정일이 모든 권한을 행사했다.

1993년에는 국가보위부에서 국가안전보위부로 변경되면서 국방위원회 산하에 소속되었고, 김정일이 직접 지휘·지도했으며, 실무는 국가안전보위부 제1부부장이 맡았다. 2000년대 중반 제1부부장을 맡은 우동측[54]은 2009년에 장성택과 함께 국방위원회 위원에 선정되었고, 2009년 상장으로 진급한 후, 1년만인 2010년에는 대장으로 진급하였다. 한편 김정일은 2009년 3~4월경 김정은을 국가안전보위부장에 임명해 자신을 대신해서 엘리트들을 감시하고, 김정일 사후에도 김정은이 엘리트들을 확고하게 장악할 수 있도록 했다. 그 과정에서 준군사

---

52) 현성일, 『북한의 국가전략과 파워엘리트』(서울: 선인, 2007), p. 126.

53) 김병하는 사회안전상(1969년 1월~1972년 12월), 사회안전부장(1972년 12월~1973년 3월), 국가정치보위부장(1973년 5월~1983년) 등의 요직을 맡았다. 『북한인명사전』(북한연구소·1996).

54) 우동측은 1942년 평안남도 평원군 출생으로, 김일성종합대학을 졸업하고 당 중앙위원회 지도원 등을 거쳐 국가안전보위부로 옮겨온 뒤, 국장과 부부장을 역임했다.

조직인 국가안전보위부의 우동측 제1부부장이 김정은의 국가안전보위
부를 통한 엘리트 장악에 핵심적인 역할을 수행했다. 2011년 12월 김
정일 사후 김정은이 집권하면서 우동측이 갑자기 해임되고 2012년 4
월 김원홍이 부장이 되었다.[55] 우동측의 해임사유는 건강상의 이유(뇌
출혈)로 알려졌다.(〈표 3-4〉참조)

국가안전보위부의 조직체계는 부장 아래 수명의 부부장이 있고, 산
하에 행정체계에 따라 도(직할시)·시(군) 보위부를 두고 리 단위에까지
보위부원이 상주하고 있으며 기관·기업소 등에도 보위부 요원을 파견
하고 있다. 국가안전보위부의 정확한 조직체계나 인적구성은 정보기
관의 속성상 비밀에 붙여지고 있다.[56]

〈표 3-4〉 김정일 시대 국가안전보위부장 현황

이름	기간	주요경력	비고
김영룡	1988.~1998.4.	김일성종합대학장, 국가보위부 부부장	자살
김정일	1998.9.~1999.4.	당 조직지도부장, 총비서, 국방위원장	

---

55) 김원홍은 1945년생, 2003년부터 2009년까지 보위사령부 사령관으로 정
   보업무에 종사해 왔으며, 2009년 2월 총정치국 조직부국장에 임명, 김정
   은의 군부대 시찰을 수행해 왔다. 윤진형, "김정은 시대 당중앙군사위원
   회와 국방위원회의 비교 연구,"『국제정치논총』제53집 2호(서울: 한국국
   제정치학회, 2013), p. 82.
56) 국가안전보위부는 북한 최고의 정보수사기관으로 사회안전성과 더불어
   대주민 사찰을 수행하고 있다. 국가안전보위부는 ① 최고지도자 비방사
   건 수사 및 정치범수용소 관리, ② 반국가 행위자 및 대간첩수사, ③ 공
   항·항만 등의 출입 통제 및 수출입품 검사와 밀수 단속, ④ 해외정보 수
   집·공작, ⑤ 호위사령부의 협조아래 최고지도자 등 고위간부 호위 등의
   임무를 맡고 있다.

이름	기간	주요경력	비고
장성택	1999.~2005.	당 청년부장, 행정부장, 국방위원회 부위원장	직무대리
우동측	2005.~2009.	국가안전보위부 제1부부장	직무대리
김정은	2009.~2012.4.	당중앙군사위원회 부위원장	

출처: 함택영, "핵무력과 경제건설의 딜레마," 『현대북한학 강의』(서울: 사회평론, 2013), p. 194; 김동엽, "선군시대 북한의 군사지도·지휘체계; 당·국가·군 관계를 중심으로," 북한대학원대학교 박사학위논문, 2013, p. 201 등 참고하여 재작성.

5) 인민보안부의 변화

인민보안부는 치안유지를 주임무로 하는 국가기관이다. 우리의 경찰청에 해당하며 인민무력부, 국가안전보위부와 함께 국방위원회 직속이다. 치안유지가 주목적이지만 주민을 대상으로 한 반국가행위, 반혁명분자 색출에도 관여하고 있다. 인민보안부는 경찰 기능을 가진 국가기관으로서 직제 상으로는 내각 소속이지만, 국방위원회 산하의 인민무력부와 국가안전보위부와 같은 북한 최고권력기관의 하나이다. 인민보안부의 기본 임무는 '사회의 안전질서를 유지하고 국가와 인민의 재산과 생명을 보호'하는 데 있지만, 가장 중요한 임무는 '우리식 사회주의'건설에 방해되는 요소를 적발·제거하며, 당 독재를 강화하고 전체 주민을 통제하는 데 있다. 그 외 반국가행위 및 반혁명행위 적발·처벌, 주민 개개인의 감시, 외국방문객 감시, 비밀문서 보관관리 등도 관리하고 있다.

북한은 해방 직후인 1945년 10월 10일 조선노동당 창건에 이어 10월 29일 치안 전담기구로서 정치보안국을 창설하였다. 정치보안국은 1948년 정권수립 이후 내무성 산하의 '국(局)'형태로 존재하다가 1951년 3월에 사회안전성으로 독립하였다. 1952년 10월 사회안전성은 내무성에 흡수되었다가 1962년 10월에 다시 사회안전성으로 분리되었다. 1972년 12월에는 사회주의헌법 개정으로 사회안전성에서 사회안전부로 개칭되었다가, 1998년 9월 5일 헌법 개정 후 다시 내각 산하의 사회안전성으로 바뀌었다. 이는 1994년 7월 김일성이 사망하고, 1990년대 후반 '고난의 행군' 시기에 극심한 경제난에 봉착, 사회적 혼란이 가중되자 인민 통제를 위해 국가안전보위부가 전면에 나섬으로써 사회안전부의 권한이 급격히 약화되었기 때문이다. 그리고 이 과정에서 사회안전부가 격하되어 사회안전성으로 명칭이 변경된 것이다.

사회안전성은 2000년에는 인민보안성으로 개명되었는데, 이후 형식상으로는 내각 소속이나 실제로는 인민무력부와 국가안전보위부와 함께 국방위원회의 지휘를 받아왔다. 2010년 4월에는 인민보안부로 명칭이 바뀌게 되는데, 이와 같이 인민보안성을 '부'로 격상시킨 이유는 화폐 개혁의 실패로 경제난이 더욱 심화되고 사회적 불안이 확산되고 있는 상황에서 주민통제 강화의 필요성 때문이었다.

〈표 3-5〉에서 보듯이 김정일 정권 등장이후 인민보안부장의 교체는 3회였다. 백학림 차수는 1985년부터 2003년 6월까지 인민보안상 직을 수행했으며, 이후 최룡수가 장성택의 후광을 입고 2003년 7월 인민보안상에 임명되었다. 그러나 최룡수는 임기를 1년도 채우지 못하고 2004년 4월에 발생한 용천역 폭발사건 책임과 든든한 후원자였던

---

57) 최룡수는 임명된 지 1년도 안돼 해임되었는데, 그의 해임은 북한내부의 권력투쟁으로 김정일 국방위원장의 매제인 장성택 조직지도부 제1부부장의 측근 제거와 관련 있다. 최룡수 인민보안상은 1990년대 행정부 부부장으로 재직하는 과정에서 이 분야를 총괄하는 장성택 제1부부장과 친분을 쌓았으며, 그를 인민보안상에 발탁한 인물도 장성택이었다. 장성택 제1부부장의 측근인 지재룡 당 국제부 부부장도 유사 시기에 지방의 한 노동자로 좌천되었다.『연합뉴스』, 2004.12.19.

장성택의 좌천으로 해임되고,[57] 그 자리에 주상성이 보직되었다.

2003년 북한 최고인민회의 상임위원회 정령에 의해 인민보안상으로 임명된 최룡수는 당 행정부 부부장(차관급) 출신으로 알려졌다. 항일빨치산 출신으로 1985년부터 인민보안상을 지낸 백학림의 후임으로 임명된 최룡수는 2003년 최고인민회의 제11기 1차회의에서 국방위원회 위원으로 선출되어 북한 권력의 세대교체를 대표하는 인물로 부각되기도 하였다. 그는 노동당 내에서 인민보안성-사법-검찰 등을 담당하였으며, 행정부에서 인민보안성을 관장한 전문가여서 발탁된 것으로 보였다.[58]

주상성은 김정은 후계구도 작업과 2010년 6월에 발생한 국경지대 중국인 사망사고[59]에 대한 책임으로 2011년 3월 해임되고 대신 국방위원회 리명수 행정국장이 보직되었으며, 그는 김정은 체제 등장 후 최부일로 교체되었다.

〈표 3-5〉 김정일 시대 인민보안부장 현황

이름	기간	주요경력	비고
백학림	1985.~2003.	인민무력부 부부장,	
최룡수	2003.~2004.	당 행정부부장	
주상성	2004.~2011.3.	4군단장	

---

58) 『세계일보』, 2003.7.8.

59) 2010년 전후로 북중 국경지대에서 밀무역 업자와 범죄자의 월경 등으로 문제가 연속 발생했다. 특히 2010년 6월 국경 무역을 위해 압록강을 월강하던 중국 단둥시 주민 3명이 북한 경비대의 발포로 사망했고, 이에 중국이 강력히 항의하며 책임자 처벌을 요구했다. 중국은 2011년 2월13일 멍젠주(孟建柱) 공안부장을 평양에 보내 김정일을 면담하고 국경 관리 철저를 요구했다. 『연합뉴스』, 2011.4.9.

이름	기간	주요경력	비고
리명수	2011.4.~2013.1.	3군단장, 총참모장, 최고사령부 제1부사령관	

출처: 함택영, "핵무력과 경제건설의 딜레마," 『현대북한학 강의』(서울: 사회평론, 2013), p. 194; 김동엽, "선군시대 북한의 군사지도·지휘체계; 당·국가·군 관계를 중심으로," 북한대학원대학교 박사학위논문, 2013, p. 201 등 참고하여 재작성.

2. 김정일 시대의 군 엘리트 변화

김일성 사망 전 김정일은 1990년 국방위원회 제1부위원장, 1991년 최고사령관, 1992년 공화국 원수, 1993년 국방위원장에 임명됨으로써 군대에 대해 실질적인 지휘권을 행사하고 군부 엘리트들을 통제하였다.[60] 하지만 김일성 사후 총제적인 위기 속에서 군사우선의 위기관리체제가 제도화됨으로써 당 기능 약화와 군부의 과대성장 현상이 발생했다. 김정일에 의한 군 중심의 직할통치체제인 '국방위원장체제'는 장기적으로 군부의 과대성장이 불가피했다.[61]

김정일 시대 활약한 군부 권력엘리트들을 살펴보면 다음과 같다. 최고의 권력기관인 국방위원회 위원으로 조명록과 김일철, 리용무, 김영춘, 리을설, 백학림, 전병호, 김철만 등이 있다. 또 당 중앙군사위원회

---

60) 김정일은 1991년 12월 24일 김일성 주석으로부터 인민군 최고사령관 지위 권한을 넘겨받았다. 구소련의 체제전환과 동구권의 몰락 상태에서 1991년 8월 구소련에서 군부 주도로 발생한 쿠데타가 옐친 등 민주세력에 의해 실패함에 따라 김일성은 김정일에게 최고사령관의 직위를 넘겨주었다. 1993년 4월 김정일이 김일성을 대신하여 국방위원장에 취임함으로써 북한의 군사력과 모든 정보기관을 장악하게 되었다. 국가안전보위부를 포함하여 총정치국 예하의 보위사령부와 편제상 정무원 소속의 사회안전부도 김정일이 직접 통제하게 되었다.

61) 고유환, "김정은 후계구축과 북한 리더십 변화; 군에서 당으로 권력이동," 앞의 논문, p. 185.

위원으로는 리을설, 이하일, 박기서, 조명록, 김명국, 김영춘, 이두익, 백학림, 리용철, 김익현, 김일철 등이 있다.

김정일의 혁명 1세대 군부 최측근을 살펴보면, 백학림[62], 리을설[63], 김철만[64], 주도일[65], 조명록[66] 등이 있다.[67] 이들은 항일 혁명투쟁 시

---

62) 1918년 남만주에서 출생한 백학림은 김일성과 함께 만주에서 항일 빨치산 활동을 한 혁명 1세대로, 김정일의 특별한 신임을 받았다. 빨치산 활동 당시 '고난의 행군'에 실제로 참여했으며, 김일성의 전령병으로 1937년 보천보전투에 참가했다. 6·25전쟁 당시 5사단 2연대장으로 참전했고, 1954년 3사단장으로 승진한 후 구소련 군사아카데미를 졸업했다. 1970년 노동당 중앙위원이 되었으며, 1980년 당내 최고기구인 정치국원, 중앙군사위원 등으로 선출되었다. 1985년 4월 대장 진급, 10월 사회안전부장으로 승진, 1992년 4월 차수로 진급했다. 1998년 9월 국방위원에 선출됨과 동시에 치안 총수인 인민보안상으로 재등용 되는 등 활발한 활동을 하다, 2006년 사망하였다.

63) 1921년 함경북도 성진에서 출생한 리을설은 김일성과 함께 만주에서 항일 빨치산 활동을 한 혁명 1세대로서 평생 김일성과 김정일의 경호를 담당하였다. 빨치산 활동 당시 김일성의 전령병이자 경위병이었으며, 김정숙이 죽은 후에는 어린 김정일을 돌봤다. 6·25전쟁 당시 4사단 참모장으로 참전했고 소련의 군사아카데미를 졸업했다. 1972년 상장으로 승진하면서 동시에 제5집단군 사령관이 되었다. 1982년 김일성과 김정일의 경호를 담당하는 호위총국 부국장을 맡았다. 1983년 잠시 평양방어사령관을 역임한 후 1984년 호위총국장으로 복귀했으며 이듬해 4월 대장으로 진급했다. 1990년 5월 국방위원회 위원으로 선출되었고, 1992년 4월에는 차수, 1995년 10월에는 원수 칭호를 받았으며, 2015년 사망하였다.

64) 1920년 양강도 응흥군 출생인 김철만은 김일성과 항일 빨치산 투쟁에 참가하였으며, 제2군단장, 당 중앙군사위원회 위원, 정치국 위원후보, 국방위원회 위원 등을 역임하고 2018년 사망하였다.

65) 1922년 간도 왕청에서 출생한 주도일은 15세 때부터 김일성 유격부대에서 김일성의 호위병·전령병으로 활동하였다. 1940년대 초반 구소련 군대 특수정찰병으로 두만강을 넘나들며 활동하였다. 광복 후 김일성을 호위하며 입국하였으며, 김일성호위부대 중대장 및 대대장을 거쳐 한국전쟁 당시 인민군 대대장으로 참전하였다. 1954년 구소련군사대학에 유학하였고, 1958년 졸업 후 귀국하여 연대장이 되었다. 1972년 집단군 사령관, 1978년 군사령관, 1980년 당중앙위원회 위원·중앙군사위원회 위원.

절부터 김일성을 보좌하고 김정일의 후견인 역할을 견지했기에 김정일과 친분이 두터운 인물이었다.[68] 이들은 김정일의 군부내 최대 지원세력으로서 후원자 역할을 하였다. 특히 리을설은 군부내 김일성의 유일사상체계 및 김정일의 유일지도체제를 확립한 일등공신으로 알려졌으며, 김정일의 군사 관련 지시에 소극적이거나 무시하는 군 엘리트에 대해서는 반당반혁명분자로 몰아 숙청하는 데 있어서 주도적 역할을 하였다.[69]

혁명2세대로는 김영춘, 김격식, 김두남, 김일철, 오룡방[70] 등의 당 중앙군사위원으로 이들은 만경대 혁명학원 출신이자 김정일의 동창으

1981년 인민무력부 부부장 겸 군사령관, 1985년 4월 인민군 대장, 1988년 12월 평양방어사령관, 1990년 5월 국방위원회 위원, 1992년 4월 차수(次帥)에 오르는 등 북한 군부의 실력자로 활동하다가 1994년 사망하였다.

66) 조명록은 김일성 주석의 소년 전령병을 했고 해방 후에는 구소련 공군학교에 유학했다. 이후 오극렬 공군사령관의 후임으로 1977년부터 1995년까지 18년간 공군사령관을 역임했으며, 이후 군 총정치국장으로 진출하여 차수로 승진하였다. 김정일 총서기 다음의 2인자로 군내부 1인자였으며, 2010년 9월 당 대표자회에서 당 정치국 상무위원으로 선출되었지만 2010년 11월 7일 심장병으로 82세 사망했다.

67) 鄭永泰, 『김정일의 軍事權力基盤』, 앞의 책, pp. 40-41.

68) 중앙일보사, 『김정일』(서울: 중앙일보사, 1994), pp. 214-215.

69) 鄭永泰, 『김정일의 軍事權力基盤』, 앞의 책, pp. 55-56.

70) 오룡방은 혁명 2세대로서 만경대혁명유자녀학원과 회령군관학교를 졸업한 후 조선인민군 내 핵심인물로 활약했다. 1982년 2월 최고인민회의 제7기 대의원에 당선된 이래 제8, 10기 대의원이 되었다. 4월 김일성의 70회 생일을 맞이하여 최고 영예인 김일성훈장을 받았다. 1986년 초 상장으로 진급하고, 2월 당 중앙위원으로 선출되었다. 1992년 5월 남북군사공동위원회 부위원장을 맡았고, 1994년 대장으로 진급하면서 인민무력부 부총참모장에 임명되었다. 10월 군 친선 참관단장으로 중국을 방문했다. 1996년 인민무력부 부부장, 1998년 인민무력성 부상에 올랐으나 2000년에 사망했다.

로 이들 역시 군부내 김정일의 든든한 지지기반이 되었다.[71] 김두남은 김영남 최고인민위원회 상임위원장의 동생으로 김정일에게 개인적으로 군사학을 가르친 인연으로 각별한 관계를 유지해 왔으며,[72] 비정규 무력 및 경보병 무력의 현대화를 적극 추진하여 김정일의 지시를 관철시켰다.[73] 특히 해군사령관인 김일철은 김일성 사후 "경애하는 최고사령관 동지를 충성과 효성으로 높이 받들고 김일성 대원수님께서 바라고 의도한 대로 해군력을 불패의 주체적 혁명무력으로 일당백의 강군으로 더욱 강화 발전시키기 위해 모든 힘을 다하겠다."고 다짐함으로써 군부에서는 가장 먼저 김정일에 대한 충성맹세를 한 것으로 알려졌다.[74]

김정일은 초기 유훈통치 기간에 김일성 이후 권력의 연속성과 정권의 안정성을 고려하여 김일성 시대의 군부 원로들을 우대하는 정책을 실시하였다. 정권 초기 김일성 시대의 오진우를 인민군 원수로, 최광, 백학림, 김광진, 이두익, 최인덕, 주도일, 김봉률 등을 차수로 예우하

---

71) 鄭永泰, 『김정일의 軍事權力基盤』, 앞의 책, p. 41.

72) 김두남은 평북출신으로 해방 전 화학공장 노동자로 근무하였고 해방 후 만경대혁명학원과 강건군관학교를 졸업하고 구소련 군사아카데미를 수료하였다. 그는 포병사령부 부사령관(1970.11)을 거쳐 1980년 10월 제6차 노동당 대회 때 당 중앙위원 겸 당 중앙위원회 군사위원에 올랐고 1982년 10월 중앙당 군사부장, 1985년 4월 대장 승진과 함께 김일성의 군사담당 서기(보좌관)로 자리를 옮겨 김 주석 사망(1994.7) 때까지 그를 보좌했다. 김일성 사후에는 그의 시신이 안치된 금수산기념궁전 관장으로 재직하면서 김정일의 군사보좌 역할도 수행한 것으로 알려졌으며 1999년부터 인민무력부 부부장직도 겸했다. 2006년 9월 북한 정권 58돌 경축 중앙보고대회에 참석한 후 공개활동이 없었다. 2009년 3월 12일 사망했다. 『연합뉴스』, 2009.3.12.

73) 중앙일보사, 『김정일』(서울: 중앙일보사, 1994), p. 222.

74) 鄭永泰, 『김정일의 軍事權力基盤』, 앞의 책, pp. 41-42.

였다. 또한 얼마 후에는 최광과 리을설을 원수로 진급시켰다.

그러나 김정일은 1994년 김일성 사후 1998년 헌법 개정을 통해 국방위원장에 취임할 때까지의 과도기 동안 군부 인사조치를 통해 대부분 기존 군 수뇌부를 교체하였다.[75] 1997년 10월 소위 심화조 사건의 여파 속에서 김정일은 북한 주민의 대규모 아사 책임을 물어 당 비서인 서관희를 공개 처형하였다. 선대인 김일성은 정적들을 권력투쟁 과정에서 숙청하였지만, 김정일은 사회주의 체제가 굳건한 상황에서 경제정책의 실패의 책임을 물어 주민들의 불만을 해소하기 위해 서관희를 미제의 앞잡이로 둔갑시켜 처형하였다. 이러한 심화조 사건의 후속조치로 1997년부터 2000년 사이에 많은 간부가 숙청 당하였다.[76] 이 사건으로 군 엘리트들도 다수 숙청되었고, 그 빈자리에는 신진 군부 엘리트들이 진출하여 선군정치를 이끌고 가게 되었다.[77]

김정일 시대의 군부 엘리트는 1990년대 중반 최광, 백학림과 리을설, 김두남 등의 시대를 지나 1990년대 말부터 본격적으로 야전군 출신의 김영춘, 김일철, 장성우, 원응희, 리용무, 리명수를 포함하여 총정치국의 조명록, 현철해, 박재경 등이 측근세력으로 활동했다. 군부 3대 권력기관장을 제외하면 총치국의 현철해와 박재경, 총참모부 리명수가 핵심인물로 활약했다. 이들은 각종행사와 현지지도에서 김정일 수행빈도가 증가하였고 총정치국과 총참모부에서도 핵심보직을 수

---

75) 김갑식, "김정일 시대 권력엘리트의 변화,"『통일과 평화』, 2호(2009년), pp. 127-130.
76) 서장원, "김정은 시대의 권력구조와 당·군·정 관계에 관한 연구: 수령제를 중심으로," 인하대학교 박사학위논문, 2016, pp. 101-103.
77) 김태구, "북한 정권의 군부 통제방식 연구," 앞의 논문, p. 120.

행하였다.[78]

2007년에 들어서면서 북한은 후계세습체제와 더불어 비대해진 군 권력엘리트의 세력약화를 시작하게 된다. 김영춘 총참모장의 보직 해임과 현철해 조직부국장과 박재경 선전부국장의 국방위원회 이동도 이루어지게 된다. 이어서 2009년에는 김일철 인민무력부장의 강등과 김정은의 당중앙군사위원회 부위원장과 대장 승진이 이어서 진행된다. 김정일 정권 말기의 군부 신진 권력엘리트의 등장은 김정은의 세습체제와 맞물려 진행되었다. 리영호, 김정각, 우동측, 최부일, 김원홍, 현영철 등이 이 시점에서 주목받으며 군부 핵심으로 부상하였다.

김정일 정권 초기 북한군부의 세대교체는 외부에서 추정하는 것처럼 대폭적 물갈이 형태로는 이뤄지지 않았다. 김정일이 전권을 장악했다고 해서 단기간에 김일성과 항일 빨치산활동을 같이했던 혁명1세대들을 교체하기는 곤란했고 당시 어려운 대내외 환경은 군부의 안정과 선군혁명영도가 필요했기 때문이었다.

북한정권이 김일성의 항일 빨치산투쟁이라는 군사적 권위에 통치기반을 두고 있기 때문에 군 원로들의 교체와 해임은 사실상 어려운 실정이었다. 북한군에는 최광, 백학림, 리을설, 리두익, 최인덕, 전문섭, 김철만, 이종산 등의 혁명 1세대가 버티고 있다. 그러나 이들 중 2~3명을 제외한 나머지는 원로의 예우를 받았지만 실권은 제2세대들이 행사하고 있어 사실상 핵심직위에서 퇴임한 상태나 다름없었다.[79]

김정일은 정권 내내 선군정치를 주도했던 3대 권력기관의 핵심인물인 조명록, 김영춘, 김일철을 적극 활용하였다. 집권 후반기에는 후계

---

78) 이민룡, 『김정일 체제의 북한군대 해부』, 앞의 책, p. 241.
79) 『서울신문』, 1995.3.13.

세습체제 완성을 위해 기존 군 권력시스템을 붕괴시키고 새로운 군 권력엘리트를 부상시킴으로써 정권의 안정과 체제보위를 완성하였는데 시기별(고난의 행군기, 국방위원장체제기)로 구분하여 군부 엘리트의 변화를 살펴보면 다음과 같다.

1) 유훈통치 및 고난의 행군기(1994년~1998년)

1995년 상반기까지 북한의 권력서열은 큰 변동이 없었다.[80] 군 원로의 일부 승진이 있었을 뿐이다. 그러다가 노동당 창건 50주년 기념일을 기점으로 새로운 현상이 나타났다. 김정일은 김일성 사망이후 당·정 분야 인사는 존속시킨 반면 군 인사만은 단행하였다. 노동당 창건 50주년 계기 1995년 10월 8일의 인사 개편에서 김정일은 인민무력부장에 오극렬 작전부장을 선택하지 않고 혁명원로인 최광[81] 총참모장을 원수로 승격시켜 발탁했다. 또 총참모장보다 서열상 아래였던 김광진 인민무력부 부부장을 총참모장보다 높은 서열인 인민무력부 제1부부장직을 신설해서 기용하고 호위사령관인 리을설에게 원수 칭호를 부여하는 등 1세대를 중용하였다.[82] 그리하여 군 인사에 따른 잡음과 갈등을 최소화하고 안정을 택하였다. 총참모장에는 김영춘을, 오진우가 겸직했던 총정치국장에는 공군사령관인 조명록, 당 군사부장에는 리

---

80) 김정일이 1991년 군 최고사령관이 된 이후 군부 엘리트를 장악하고 통제하기 위해 1992년 4월 23일 창군절 기념 60돌을 맞이하여 대규모 인사를 단행하게 되는데, 이는 인민군 창설 이후 최대 규모의 장령급 승진인사였다. 대장 16명, 상장 28명, 중장 96명, 소장 524명 등 총 664명의 장령급 인사들이 승진하였다. 『로동신문』, 1992.4.23.

81) 최광은 오진우 사망(1995.2.25.)후 공석상태를 유지하던 인민무력부장을 1995년 10월부터 1997년 2월 21일 사망 직전까지 수행했다.

82) 『로동신문』, 1995.10.8.

하일을 각각 차수로 승진 기용하여 군부 내 당일꾼보다 군사일꾼인 야전군 출신의 진급을 우선시하여 군의 단합과 안정을 도모하면서 김정일에 대한 충성을 유도하는 데 초점을 맞추었다.[83] 김정일은 정치 경제적으로 혼란한 시기에 군 원로 보상과 지원, 야전군 우대 등을 통해 군을 안정적으로 관리함으로써 군을 통해 불안한 사회와 체제를 통제하고 장악하였던 것이다.

〈표 3-6〉에서 보듯이 1996년 7월 8일 김일성 사망 2주기 추모행사에서는 군 원로 차수들의 권력서열이 당 비서들을 추월하는 분위기가 보이기 시작했다. 인민군 원수 리을설, 총정치국장 조명록, 총참모장 김영춘이 서열 11위에서 13위로 포진했다. 이는 북한 권력의 핵심인 당 정치위원과 후보위원 사이에 해당하는 높은 직위였다.[84] 또한 1995년 10월 10일 당 창건 50주년 기념행사에서 주석단 명단에 11명의 군부 인사들이 포함됨으로써 과거 김일성 생존 시의 각종 행사에 주석단 내 군부인사의 비율이 10%에 불과한 것을 감안하면 30%의 군부인사 비율은 매우 높은 것이었다.[85]

83) 김구섭, "김정일 유일지도체제의 지속가능성에 관한 연구," 『국방논단』제 40호, 1997년 겨울, p. 39.
84) 히라이 히사시, 백계문·이용빈 역, 『김정은 체제』(서울: 한울, 2011), p. 154.
85) 이형신, 『김정일 시대 북한군의 정치적 역할에 관한 연구』, 동국대 석사논문(2007), pp. 80-81.

〈표 3-6〉 북한 주요 행사시 군부 엘리트 서열 변화(40위내)

김일성 사망국가장의 위원회 (1994.7.9)	김일성 중앙추도대회 (1994.7.20)	김일성 중앙추모대회 (1994.10.16)	김일성 사망1주년 중앙추모대회 (1995.7.7.)	노동당 창건50주년 행사 (1995.10.10)	김일성 사망2주년 중앙추모대회 (1996.7.8.)
오진우 2위	오진우 2위	오진우 2위	최광 8위	최광 6위	최광 6위
최광 9위	최광 9위	최광 9위	김철만 13위	김철만 12위	리을설 11위
김철만 14위	김철만 15위	김철만 14위	리을설 19위	리을설 19위	조명록 12위
	리을설 22위	리을설 20위	백학림 20위	백학림 20위	김영춘 13위
	최인덕 23위	백학림 21위	김광진 21위	리두익 21위	김철만 14위
	백학림 24위	김봉률 22위	김익현 22위	김광진 22위	김광진 29위
	김봉률 25위	김광진 23위		김익현 23위	백학림 30위
	김광진 26위	김익현 24위		조명록 24위	김익현 31위
	김익현 27위			리하일 25위	리하일 32위
				김영춘 26위	

출처: 김구섭·차두현, 『북한의 권력구조와 권력엘리트』(서울: 한국국방연구원, 2004), pp. 146; 통일부, 정치군사분석(2009)자료 등 참고하여 재작성.

김일성 생전에 주석단에 등장 한 군부인물은 오진우, 최광, 김광진, 백학림 등 4명에 불과하였으나, 대규모 군 승진인사로 차수급 인물들이 대폭 증가함에 따라 주요행사 주석단 명단에 군부 인사들이 차지하는 비중이 증가하였다.

1997년 2월 21일 최광 사망[86]에 이은 인민무력부장 후임을 공석 상태로 두고서, 김광진 인민무력부 제1부부장 사망(1997.2.25.)에 따라 후임에 김일철 해군사령관을 임명하였다.[87] 김일철의 인사는 김영춘 6군

---

86) 최광 국가장의위원회 서열에서는 리을설 원수가 6위, 조명록 군 총정치국장 7위, 김영춘 군 총참모장 8위로 군부 권력엘리트의 서열이 국가부주석 다음에 위치해서 정치국 위원보다 높은 서열이 되었다.

87) 이후 김일철은 1998년 9월 인민무력부장과 국방위원회 부위원장으로 승

단장의 총참모장, 조명록 공군사령관의 총정치국장으로 승진 기용에 이은 군별 안배를 고려하고, 군권의 무게중심이 치우치는 것을 방지하면서 일인독주를 경계하는 견제와 균형에 중점을 두었다.[88]

1997년 4월 14일 '최고사령관 명령 제0088호'를 통해 대폭적인 승진인사가 단행되어 김일철, 전재선, 박기서, 이종산 대장이 차수로 승진 한 것을 비롯하여 총 123명의 장령급 승진이 이루어졌다.[89] 이 시기의 군부의 권력서열 상승은 군의 새로운 변화를 의미하는 것으로 이는 김일성 사망 후 군 최고지도자로서의 김정일의 위상과 권위를 확립하는 과정에서 체제안정과 군권 확립을 위해 불가피한 선택이었다. 김정일이 군부에 대하여 가장 신경을 쓴 부분이 군 원로들에 대한 지지와 신뢰를 확보하는 것이었다. 군부에 대해 환심을 사고자 김정일은 수차례에 걸쳐 군 승진인사를 단행하는데, 같은 시기 당이나 정무원의 인사가 문책성이거나 결원에 따른 보충인사에 국한되었던 것과는 매우 대조적이었다.[90] 이 시기 군 인사의 특징은 오진우 인민무력부장이 보유하고 있었던 군내의 막강한 권력과 영향력을 축소하기 위해 군부

진했다.

88) 1950년대 당권이 지나치게 비대해져서 1956년 8월 종파사건이 발생하고, 1960년대 후반 군권이 비대하여 군벌주의가 등장하기도 하였으며, 1970년대 보위부가 득세하여 김정일 후계체제를 위협한 경우도 있었는데, 이를 목도한 김정일은 권력기관간 상호견제 강화가 습관화되었다. 즉 당권이 비대하면 군부나 국가안전보위부 또는 인민보안부를 통해 견제하였고, 군권이 강화되면 당권을 통해 견제하였다. 전현준, "최근 북한 권력엘리트 변동 분석,"『통일정세분석 2008 - 03』(서울: 통일연구원, 2008), p. 3.

89) 김구섭·차두현,『북한의 권력구조와 권력엘리트』, 앞의 책, pp. 105-106.

90) 1995년 주요직책 변동자는 33명으로 이중 82%가 군부인물이었다.『내외통신』종합관 제58호(1995.10.1-12.31), pp. 31-33.

1인의 독재를 배제하고 권력기관간 균형과 견제를 우선했다는 점이다. 군의 정점에 인민무력부장 최광 원수, 그 아래에 군 총참모장 김영춘, 군 정치국장에 조명록, 당 군사부장에 리하일 차수의 3각 구도로 1인 원수-3인 차수의 3각 구도를 형성하였으며, 군부 내에서 상하관계가 원만한 김광진 차수를 인민무력부 제1부부장으로 승격시켜 중간에서 완충역할을 수행하도록 하였다.[91] 이러한 인사를 통해 혁명 1세대를 존속하면서도 2세대의 실무배치로 여전히 노·장·청의 안정적 3합 구조를 유지하였다.

김일성 시대 군부 엘리트의 세력은 1995년 2월 오진우가 사망할 때까지 지속되다가 비로소 오진우의 사망을 계기로 핵심간부들의 교체가 이루어진다. 전체적인 핵심엘리트 구성 비율에서 대폭적인 변화 없이 노·장·청의 배합 원칙이 지켜졌고, 당성과 충성심은 여전히 중요한 기준이 되었으며 최측근들의 산실인 만경대혁명학원 출신자들의 비율과 친인척의 비율 또한 1994년에 비해서 큰 변화가 없었다. 그러나 군 엘리트의 비율이 당·정에 비해 많이 확대되었고, 혁명 1세대는 오히려 증가하는 경향을 보였다. 따라서 세대 교체의 차원에서 본다면 변한 게 없다는 결과가 된다. 특히 군 엘리트의 부상과 위상 강화는 큰 특징이 되었는데 이들은 주석단 진입은 물론 상위 서열을 차지함으로써 선군정치 시대를 대변하였다.

그리고 김정일은 유훈통치기간 중 김일성 시대 군 원로 호의와는 별개로 군부 세력에 대한 견제와 제거에 심혈을 기울였다. 그는 김일성을 경호하던 1호위사령부 해체, 6군단 사건을 계기로 군에 불만 품은 군관 색출 등 김일성 잔족세력을 제거함으로써 권력안정과 유지에 노

---

91) 김구섭·차두현, 『북한의 권력구조와 권력엘리트』, 앞의 책, pp. 138-140.

력했다. 김일성 세력 제거작업은 김정일 세력 확장과 함께 이루어졌는데, 리용철, 장성택, 김양건 같은 당 엘리트와 조명록, 김영춘, 현철해, 박재경, 리명수, 박기서, 전재선, 장성우, 원응희 같은 군 엘리트를 발탁하여 자신의 권력 기반을 강화하였다. 인민무력부장 최광이 1997년 2월 사망한 이후 김정일이 곧바로 후임을 결정하지 않고 인민무력부장직을 공석으로 했다가, 1998년 9월에 인민무력부 제1부부장인 김일철을 임명한 것은 주요직위에 대한 인선과정에 신중했다고 할수 있다.

혁명 1세대에서 2세대로의 세대교체는 1세대의 자연사 등으로 인해 자연스럽게 발생한 것이고 김정일 시대로의 전환과정에서 발생할 수있는 흐름이라고 한다면, 선군정치로 대표되는 군 엘리트의 부상은 확연히 드러날 정도로 많은 변화를 보였다. 특히 〈표 3-7〉주석단 서열을 보면 군 엘리트의 위상 제고를 확인할 수 있다.

〈표 3-7〉 주석단내 군부 권력엘리트 서열변화

구분	김일성 사망3주기 ('97.7.8)	김정일 56회생일 ('98.2.16)	김일성 사망5주기 ('99.7.8)	당창건 55돌 ('00.10.10)	국방위원장 추대3주년 ('01.4.9)	김일성 90회생일 ('02.4.15)
1	김정일	김정일	김정일	김정일	김정일	김정일
2	이종옥	이종옥	김영남	김영남	김영남	김영남
3	박성철	박성철	조명록	조명록	조명록	조명록
4	김영주	김병식	홍성남	박성철	홍성남	홍성남
5	김병식	김영남	리을설	김영주	김영춘	김영춘
6	강성산	계응태	전병호	홍성남	김일철	김일철
7	김영남	전병호	한성룡	리을설	전병호	리을설
8	계응태	한성룡	김철만	김영춘	연형묵	백학림
9	전병호	리을설	백학림	김일철	리을설	전병호

구분	김일성 사망3주기 ('97.7.8)	김정일 56회생일 ('98.2.16)	김일성 사망5주기 ('99.7.8)	당창건 55돌 ('00.10.10)	국방위원장 추대3주년 ('01.4.9)	김일성 90회생일 ('02.4.15)
10	리을설	조명록	김영춘	전병호	양형섭	한성룡
11	조명록	김영춘	김일철	계응태	백학림	계응태
12	김영춘	양형섭	이용무	김철만	이용무	김철만
13	한성룡	최태복	최태복	최태복	김철만	최태복
14	양형섭	김철만	양형섭	양형섭	최영림	양형섭
15	최태복	홍성남	최영림	최영림	유미영	최영림
16	김철만	최영림	김국태	김국태	승상섭	김국태
17	홍성남	홍석형	김기남	김중린	최태복	정하철
18	최영림	김국태	김중린	김용순	이일환	김중린
19	홍석형	김기남	김용순	이용무	박순희	김기남
20	김기남	김중린	김익현	김익현		김용순
21	김중린	김용순	이종산	조창덕		이용무
22	김용순	전문섭	김용연	곽범기		김익현
23	김복신	백학림	리하일	리하일		리하일
24	백학림	리하일	박기서	박기서		조창덕
25	전문섭	김일철	조창덕	이종산		곽범기
26	김국태	김익현	곽범기	김용현		김윤혁
27	김윤혁		김윤혁	김영대		전재선
28	장철		윤기복			
29	윤기복		김영대			
30	리하일		유미영			
31	김일철		오형진			
32	김익현					

출처: 김구섭·차두현, 『북한의 권력구조와 권력엘리트』(서울: 한국국방연구원, 2004), pp. 146; 방정배, "북한 선군정치하의 당·군 관계," 영남대 박사학위 논문(2005), p. 54 등 참고하여 재작성. * 굵은 글씨(고딕체): 군부출신

주석단의 서열이 권력 서열과 정확히 일치하지는 않는다. 주석단 서

열은 당 및 국가의 존재를 과시하기 위한 일종의 의식서열로 국가 권위의 상징적 기능을 하기 때문이다.[92]

아울러 김정일의 현지지도[93] 수행 빈도수에서도 김정일의 군부 관심과 군부 엘리트의 부상을 추정할 수 있다. 1995~1998년까지의 김정일의 현지지도 수행 인물을 조사하면 상위 20명 중 16명이 군 장령이고, 수행인물의 1위부터 5위가 군간부로 현철해−박재경−조명록−김영춘−김하규 순이다. 제반 면에서 어려운 시기에 군대를 틀어쥐고 군을 선도에 내세우는 정치를 해야 한다는 그의 권력관이 반영된 결과이다.[94]

김정일 정권 초기인 1990년대 후반에 군 엘리트 변화에서는 '6군단 사건'과 '심화조 사건'이 특기할 만한 사건으로, 김정일은 두 사건을 통해 군부 길들이기와 정리를 통해 확고한 통제권를 확보하였다. 1995년 6군단 사건은 일부 부대 정치장교들의 단순한 비리사건에 불과했지만, 일부 군부 엘리트들이 안기부 간첩으로 몰려 처형되었고, 전국의 모든 부대에 대해 지휘관 사상 검열을 단행되었으며, 군부대의 외화벌

---

92) 이대근, "조선인민군의 정치적 역할과 한계: 김정일 시대의 당·군 관계를 중심으로," 고려대학교 대학원 박사학위 논문(2000), p. 117.

93) 김정일의 군부대 현지지도는 1994년 3월부터 1995년 2월까지 7회였지만, 1995년 3월부터 1996년 2월까지 16회로 증가하였고, 1996년 3월부터 1997년 2월까지는 39회로 대폭 증가하였다. 1997년 3월부터 1998년 2월까지 57회, 1998년 3월부터 1999년 2월까지는 51회를 현지지도했다. 김갑식, 『김정일 정권의 권력구조』(파주: 한국학술정보, 2005), p. 136; 이종국, "김정일 체제의 수령제와 당·정·군 관계," 『현대북한체제론』(서울: 을유문화사, 2000), p. 248.

94) "김정일 장군께서는 총대에서 정권도 나오고 제도도 나온다, 총대가 강해야 당도 위력하고 사회주의제도도 든든하다고 하시면서 혁명을 하자면 군사를 중시해야 한다고 하시었다." 조성박, 『세계를 매혹시키는 김정일 정치』(평양: 평양출판사, 1999), p. 93.

이도 중단 되었다. '심화조 사건'은 다수 권력 엘리트들이 숙청된 사건이었다.[95] 이 사건으로 인해 다수 고위간부들이 숙청되는데 이후 1998년의 대폭적인 엘리트 변화에 결정적인 역할을 하기도 했다. 이 사건은 1990년대 후반 경제불만 억제와 김정일의 권력공고화 과정에서 빚어진 대규모 숙청작업이라 할 수 있다.[96]

2) 국방위원장체제 시기(1998년~2011년)

1998년 9월 5일 최고인민회의 제10기 1차 회의에서 개정된 헌법에서 국방위원회의 위상 강화가 나타났다. 국방위원회는 국가최고기관으로 격상되었으며, 국방위원장은 '국가의 최고 직책'으로 일체의 무력을 지휘통솔하고 국방사업 전반을 지도한다고 규정하였다.[97] 국방위원

---

95) '심화조 사건'은 1997년부터 2000년까지 김정일이 고난의 행군시기 체제 동요와 김일성시대 고위간부들을 척결하기 위해 사회안전성(인민보안성)의 비밀경찰인 심화조를 동원하여 다수의 불순세력을 제거한 사상혁명사건이었다.

96) '심화조'는 주민등록 요해를 심화한다는 의미이다. 북한 주민에게는 각각 세 개의 경력카드가 있다. 인사사업을 위한 당위원회 보관용 간부문건으로 불리는 주민등록 요해 문건, 국가안전보위부에서 정치적 동향과 과거 언행을 기록한 사상검토 차원의 주민등록 요해 문건, 사회안전성에서 사돈의 12촌까지 기록한 족보집 같은 주민등록 요해 문건이다. 이 세 문건은 북한 주민을 일생 감시하고 구속하며, 문건의 평가 여부에 따라 출세 여부가 결정된다.

97) 1992년 헌법에는 국방위원회가 국가주권의 최고 군사지도기관(제111조)으로만 명시되어 있지만, 1998년 개정된 헌법에는 국가주권의 최고 군사지도기관이며 전반적 국방관리기관(제100조)으로 변경되었다. 국방위원장의 권한에 대해서도 '일체 무력을 지휘통솔한다'에서 '일체 무력을 지휘통솔하며 국방사업 전반을 지도한다'로 수정되었다. 『북한연감 2004』(서울: 연합뉴스, 2003), p. 165; 김갑식, "권력구조와 엘리트"『현대북한학강의』, 앞의 책, p. 75.

회의 위상강화는 국가안전보위부가 직속기관이 되어 김정일 체제 유지의 첨병 역할을 하고 있다는 점에서도 나타난다. 내각의 인민보안성 또한 내각의 소속으로 되어 있지만 실상은 국방위원회의 소속이라고 할 수 있다. 역대 인민보안상 모두가 국방위원회 위원이었고 인민보안상인 주상성 또한 위원이었다. 그동안 국방위원회는 상부구조만 있고 하부구조가 없는 상태였으나, 이제 명실상부한 최고통치기구로 자리매김하였다. 국방위원회가 개최되면 당, 군, 경제, 외교, 대남 등 각 분야의 실무전문가들 수백명이 포진하는 상설조직으로 변화하였다. 국방위원회 산하에 상무국이라는 기구를 새로 조직하여 당·군·정 각 기관들을 검열하거나 국방위원회의 행정업무를 맡아보도록 하는 등 전반적인 면에서 국방위원회의 활동이 늘어났다.

북한은 1998년 7월 26일 최고인민회의 제10기 대의원 선거를 통해 대의원의 약 64%(687명중 449명)를 교체하였다. 이는 제9기 때의 31.4%(687명중 214명)의 교체에 비하면 엄청난 변화이다. 당 민방위부장인 김익현 차수, 1군단장 전재선 차수, 총정치국 조직부국장 현철해 대장, 총정치국 선전부국장 박재경 대장, 인민무력부 부부장 김정각 대장, 판문점 대표부 이찬복 중장, 총참모부 정찰부부장 김영철 소장 등이 최고인민회의 대의원으로 선출되었다. 이들은 김정일의 최측근 군 인물로 김정일은 이들을 통해서 군부를 확실히 장악하고 전 사회 동원체제 강화를 도모하였다.

아울러 군부에도 세대교체를 통해 김정일 친위체제 구축이 이루어졌다. 김정일이 최고인민회의 제10기 제1차 회의[98]에서 국방위원장에 재

---

98) 1998년 9월 5일 최고인민회의 제10기 1차 회의에서 1992년 이래 헌법 개정이 이루어졌다. 국가주석제가 폐지되고 김정일 총비서는 국가 최고직책으로 규정된 '국방위원장'에 취임하였다. 주석제 폐지로 김일성은 '영원

추대된 후, 김정일의 제의에 의하여 최고인민회의는 국방위원회 제1부위원장에 조명록, 부위원장엔 김일철과 리용무, 위원에는 김영춘, 연형묵, 리을설, 백학림, 전병호, 김철만을 선출하였다.[99](〈표 3-8〉참조)

〈표 3-8〉 최고인민회의 10기 1차 국방위원 현황(1998년)

국방위원 변경 전	국방위원 변경 후
위원장: 김정일 제1부위원장: 오진우(사망) 부위원장: 최광(사망) 위원: 리을설, 전병호, 김철만, 　　　리하일(탈락), 김광진(사망), 　　　주도일(사망), 김봉률(사망)	위원장: 김정일 제1부위원장: 조명록 부위원장: 김일철, 리용무 위원: 리을설, 전병호, 김철만, 　　　김영춘, 백학림, 연형묵.
평가: 군수공업전문가 전병호, 김철만 외 연형묵 자강도 책임비서 보강	

출처: 윤진형, "김정은 시대 당중앙군사위원회와 국방위원회의 비교 연구"『국제정치논총』
　　　제53집 2호(서울: 한국국제정치학회, 2013), p. 82-86 참고하여 재작성

2002년 4월 25일 평양의 김일성 광장에서 개최된 인민군 창건 70주년 행사[100]에서는 군부 권력엘리트의 서열이 더욱 상승되었다. 조명록 국방위 제1부위원장이 김영남 총리에 이어서 3위, 김영춘 총참모장이

한 국가주석'으로 남았다.

99) 히라이 히사시, 백계문·이용빈 역,『김정은 체제』, 앞의 책, p. 168.

100) 북한은 1948년 2월 8일 인민군을 창건하고 '건군절'로 기념해 왔지만, 1978년부터 항일유격대 창설일인 '1932년 4월 25일'을 인민군 창건일로 기념했다. 2018년 1월 당중앙위원회 정치국 결정서를 통해 인민군 창건일을 1948년 2월 8일로 다시 변경했다. 2018년 2월 8일 조선인민군창건 70돌 경축 열병식에서 김정은은 2월 8일을 조선인민군의 창건일이라 하고, 4월 25일을 조선인민혁명군의 창건일이라고 말했다. "조선인민군창건 일흔돐에 즈음하여: 조선인민군창건 70돐경축 열병식에서 한 축하연설 주체 107(2018)년 2월 8일," 조선로동당출판사 주체107(2018), p. 2.

7위, 김일철 인민무력부장이 8위, 리을설 호위사령관이 9위, 이어서 전병호 10위, 김철만 14위, 리용무 23위, 김익현 24위, 리하일 25위, 전재선 29위, 장성우 30위 등 군부 권력엘리트들이 핵심 권력층에 대거 진입하였다.

2003년 9월 3일 최고인민회의 제11기 1차 회의가 개최되어 제2기 국방위원회 인사를 단행하였다.(〈표 3-9〉참조) 부위원장에 연형묵[101] 정치국 후보를 선정한 것은 제2경제 군수공업분야에 탁월한 실적을 발휘해 온 그를 발탁하여 군수공업을 발전시키면서 경제적 위기를 해소하려는 차원으로 보인다. 리을설(82세)과 백학림(85세), 김철만(83세)은 고령으로 탈락하였고, 김철만 대신 군수공업을 전담하는 제2경제위원회 당 책임비서인 백세봉(65세)[102]이 선출되었다. 신임 최룡수 인민보안상은 치안, 경찰 등 공안기관에서 근무해 온 당 행정부부장 출신으로 장성택 계열이다.

---

101) 연형묵(1931-2005)은 만경대혁명학원졸업 후, 체코(프라하공업대학 기계공학과)에서 유학했다. 군수공업분야에서 전문가로 인정받았으며, 자강도 책임비서로 군수산업 발전에 크게 기여하였다.

102) 백세봉(1938-)은 오랫동안 군수공업분야에서 근무했다. 그전에는 거의 활동이 없었으나, 2003년 국방위원회 위원이 되면서 언론에 공개되었다. 2012년 광명성 3호 발사 성공으로 주규창과 함께 상장으로 승진했다. 전정환 외, 『김정은 시대의 북한인물 따라가 보기』(서울: 선인, 2018), p. 210.

〈표 3-9〉 최고인민회의 제11기 1차 국방위원 현황(2003년)

위원장	제1부위원장	부위원장	위원
김정일 (총비서)	조명록 (총정치국장)	연형묵 (정치국 위원후보, 자강도 책임비서) 리용무(차수) *탈락: 김일철	김영춘(총참모장) 김일철(인민무력부장) 전병호(당 비서) 최룡수(인민보안상) 백세봉(제2경제위원회 책임비서) *탈락: 백학림, 김철만, 리을설
평가: 군수공업분야 강화(연형묵 부위원장으로 발탁)			

출처: 윤진형, "김정은 시대 당중앙군사위원회와 비교 연구" 『국제정치논총』 제53집 2호(서울: 한국국제정치학회, 2013), p, 82-86. 참고하여 재작성.

북한은 2003년에 제12군단장을 비롯해 인민군 군단장들을 40대~50대로, 사단과 여단장들은 30대~40대로 대폭 교체했다.[103] 이어서 2004년에 주상성 4군단장을 인민보안상에 임명하였다.

2005년 4월 11일 개최된 최고인민회의 제11기 3차회의 주석단 서열을 보면, 총 12명중 군부인사 4명(조명록, 김영춘, 김일철, 리용무)이 자리를 차지하고 있었고, 국방위원도 2명(전병호, 연형묵)이 배치되었다. 더욱이 2009년 7월 8일 김일성 사망 15주년 중앙추모대회에서는 주석단 서열 11위내 군 인사가 7명(전병호 국방위원 포함)이나 포함되었다.

2007년도에 국방위원회, 인민무력부, 총참모부, 총정치국 등 인민군 핵심부서의 최고위급 엘리트에 대한 인사를 단행하는데, 이는 2005년 10월 연형묵 국방위원회 부위원장의 사망과 조명록 국방위원회 제1부위원장 겸 인민군 총정치국장의 와병으로 인한 공백, 국방위

---

103) 『연합뉴스』, 2004.6.6.

원회의 조직 강화, 인민군 내부의 세대교체 등의 요인이 복합적으로 작용하였기 때문이다. 김정일은 2005년을 기점으로 하여 서서히 후계체제에 대해 고민하기 시작했다고 보여진다. 후계자의 조기 권력장악 및 진입 편이성을 고려하여 비대해진 기존 군부 권력엘리트의 권력을 상쇄시키기 위해 공안기관의 실세인 장성택을 동원하여 군부를 압박하고 후계체제를 준비하게 되었다. 그러한 차원에서 2007년의 군부 인사는 주목할 만하며 신진 군부 엘리트가 등장하는 계기도 되었다.

2007년 군부 인사를 보면 우선 국방위원회의 조직 강화가 두드러지고 있다.(〈표 3-10〉참조) 현철해 대장, 리명수 대장 등 군부 엘리트들이 보강되면서 국방위원회가 북한 최고 정책결정기구로 실질적인 기능과 역할을 수행하기 시작했다.[104] 이에 따라 국방위원회가 군부 엘리트 뿐만아니라 노동당이나 외무성, 각종 경제기구 등에서도 인원을 충원함으로써 명실공이 북한 최고의 정책결정기관으로 거듭날 수 있었다. 물론 노동당 중앙군사위원회의 당적 지도를 받는 형식은 유지하였다.[105]

〈표 3-10〉 국방위원회 조직(2007년)

이름	직책	겸직
김정일	위원장	당 총비서, 당 정치국 상무위원, 당 중앙군사위원장, 인민군 최고사령관
조명록	제1부위원장	인민군 총정치국장, 당 중앙군사위원
리용무	부위원장	–
김영춘	부위원장	정찰총국장

---

104) 2006년 김정일의 공개활동 수행인물은 현철해, 박재경, 리명수가 각각 41회로 가장 많으며, 이어서 김영춘이 9회, 김일철이 7회로 나타났다. 『연합뉴스』, 2007.4.25.

105) 전현준, 『최근 북한 권력엘리트 변동분석』(서울: 통일연구원, 2008), p. 27.

이름	직책	겸직
김일철	위원	인민무력부장
전병호	위원	당정치국 위원, 당 군수공업담당 비서
백세봉	위원	제2경제위원장
평가: 현철해 상무부국장, 리명수 행정국장 등 보강		

출처: 전현준, 『최근 북한 권력엘리트 변동분석』(서울: 통일연구원, 2008), p. 14. 참고하여 재작성.

〈표 3-11〉에서 보듯이 세부 인사내용을 살펴보면, 김영춘 총참모장 이 국방위원회 부위원장으로 이동하면서 총참모장에 2군단장 김격식 대장이 임명되었다. 인민군 총정치국의 현철해 대장과 부국장 박재경 대장이 각각 국방위원회 상무부국장과 인민무력부 대외사업담당 부부 장으로 보직되었다. 아울러 김기선 대장과 정태근 중장이 후임으로 결 정되었으며, 리명수 작전국장이 국방위원회 행정국장으로 이동하였 다.[106] 후임에는 1990년대 초반 작전국장을 역임한 김명국 제108기계 화군단장이 임명되었다. 조명록 차수의 병환으로 실질적 총정치국장 임무를 수행하는 자리에는 김정각 제820전차군단장이 내정되었다.

〈표 3-11〉 2007년 군 권력엘리트 인사 변동

성명	이전 직책	변동 직책	변동 시점
백학림	사회안전부장(인민보안상)	사망	2006.10.
김영춘	총참모장	국방위원회 부위원장	2007.4.
현철해	총정치국 조직담당 부국장	국방위원회 상무부국장	2007.

---

106) 전현준, 『최근 북한 권력엘리트 변동분석』, 위의 책, p. 14; 『연합뉴스』, 2007.4.25.

성명	이전 직책	변동 직책	변동 시점
박재경	총정치국 선전담당 부국장	인민무력부 대외사업담당 부국장	2007.
김정각	제820전차군단장	총정치국 제1부국장	2007.
정태근	제3군단 정치위원	총정치국 선전담당 부국장	2007.
김격식	제2군단장	총참모장	2007.4.
김명국	제108기계화군단장	총참모부 작전국장	2007.4.
리명수	총참모부 작전국장	국방위원회 행정국장	2007.
여춘석	인민무력부 부부장	김일성군사종합대학장	2008.
정명도	서해함대사령관	해군사령관	2007.12.
김윤심	해군사령관	–	2007.12.
김기선	인민무력부 간부국장	총정치국 조직담당 부국장	2007.

출처: 전현준, 『최근 북한 권력엘리트 변동분석』(서울: 통일연구원, 2008), p. 14.

2009년 최고인민회의 제12기 1차 회의에서 개정된 헌법에서는 국방위원장의 권한이 더욱 확대되었다. 국방위원장은 '국가의 전반 사업을 지도한다. 외국과의 중요 조약을 비준 또는 폐기한다. 특사권을 행사한다' 등의 규정을 추가하였다.[107] 김정일 정권의 2007년 이후 변화의 특징은 세대교체이다. 김정일은 자신의 고령화, 체력저하와 군부 세력화 등을 고려하여 점차 후계체제를 위한 권력체계를 구상하면서 부자세습을 준비하게 된다. 또한 2002년 '7.1 경제관리 개선조치'[108]이후 박봉주 내각에서 나타난 사회 해이현상과 주민 이탈현상을 바로잡고

---

107) 전지명, 『김정은 시대 북한의 미래』(서울: 삼영사, 2015), p. 266; 김태구, "북한 정권의 군부 통제방식 연구," 앞의 논문, p. 124.

108) 7.1 경제관리개선조치는 북한이 2002년 7월 1일 발표한 가격 및 임금현실화, 공장·기업소의 경영 자율성 확대, 근로자에 대한 물질적 인센티브 강화 등의 조치를 의미한다. 이 조치는 기존의 계획경제 틀 내에서 시장경제 기능을 일부 도입한 것이라고 할 수 있다. 기존의 계획과 공급 시스템에 기반을 둔 북한의 사회주의 가격 제정원칙과 국정가격으로는 치

기존의 사회주의 통제경제로 회귀하고자 하는 움직임도 강화하였다. 그것은 김영춘 총참모장의 국방위원회 부위원장으로의 이동이 상징하고 있는 바와 같이 새로운 군부세력의 투입과 구군부 권력약화를 통한 안정적 후계체제의 여건조성과 기반확립이었다. 2007년은 주석단 서열에서 혁명 1·2 세대가 많이 사라졌다. 이러한 현상은 세대교체 의미로 김정일은 신규세력의 진입을 통해 권력을 강화하는 기회로 조성하였다. 주석단에 나타나는 핵심엘리트들의 면면을 살펴보면 당 정치국원이나 당 비서국 비서, 당 부장에 구분없이 김정일의 선호 기준과 방식으로 간부 충원정책이 시행됨을 알 수 있다. 즉 측근정치로 대표되는 통치방식에서 유추되듯이 현지지도와 측근연회 참석 군부 엘리트들이 대거 주석단에 등장하였다.

2009년 2월 11일 국방위원장과 당 중앙군사위원장의 명으로 김영춘 국방위원회 부위원장을 인민무력부장으로, 리영호 평양방위사령관을 군 총참모장으로, 2월 19일에는 국방위원회 부위원장에 오극렬 당 작전부장을 임명했다.[109](〈표 3-12〉참조)

솟는 인플레를 감당할 수 없었고, 더 이상 국가의 재정적 통제와 자원배분 기능이 제 역할을 할 수 없는 상황이 되었다. 2001년 10월 3일 김정일은 당·경제기관 일꾼들과의 담화를 통해 변화하는 현실에 맞게 경제관리방법을 개선할 것을 지시하였다. 김정일의 지시를 계기로 북한은 2002년 7월 1일 가격과 임금 인상안 등을 발표하였는데, 이것이 7.1 조치이다.

109) 오극렬은 1967년 공군사령관, 1979년에 40대의 젊은 나이로 군 총참모장 겸 당정치국 위원후보, 1980년 당 정치국 위원, 당 중앙군사위원회 위원에 오른 유능한 군인이었으나, 오진우 인민무력부장과 군 건설방향을 놓고 대립하다 1988년 2월에 총참모장에 해임된 뒤 1989월부터 당 작전부장직을 수행해 왔다.『조선중앙통신』, 2009.11.20.

〈표 3-12〉 국방위원회 조직(2009년)

이름	직책	겸직
김정일	위원장	당 총비서, 당 정치국 상무위원, 당 중앙군사위원장, 인민군 최고사령관
조명록	제1부위원장	인민군 총정치국장, 당 중앙군사위원
리용무	부위원장	-
김영춘	부위원장	인민무력부장
오극렬	부위원장	당 작전부장
김일철	위원	인민무력부 제1부부장
전병호	위원	당정치국 위원, 당 군수공업담당 비서
백세봉	위원	제2경제위원장
장성택	위원	당 행정부장
주상성	위원	인민보안상
우동측	위원	국가안전보위부 제1부부장
주규창	위원	당 군수공업부 제1부부장
김정각	위원	총정치국 제1부국장
평가: 후계세습체제 조성(장성택), 군수공업분야 강화(주규창)		

출처: 전지명, 『김정은 시대 북한의 미래』(서울: 삼영사, 2015), p. 279; 윤진형, "김정은 시대 당중앙군사위원회와 국방위원회의 비교 연구," 『국제정치논총』 제53집 2호(서울: 한국국제정치학회, 2013), p, 86 등 참조.

2010년 최고인민회의 제12기 3차 회의에서 장성택을 국방위원회 부위원장으로 선임하였으며, 김일철을 모든 직책에서 해임함으로써, 김일철은 국방위원회의 위원 자격을 상실하였다.(〈표 3-13〉참조)

〈표 3-13〉 국방위원회 조직(2010년)

이름	직책	겸직
김정일	위원장	당 총비서, 당 정치국 상무위원, 당 중앙군사위원장, 인민군 최고사령관
리용무	부위원장	–
김영춘	부위원장	인민무력부장
오극렬	부위원장	당 작전부장
장성택	부위원장	당 행정부장
전병호	위원	당정치국 위원, 당 군수공업담당 비서
백세봉	위원	제2경제위원장
주상성	위원	인민보안상
우동측	위원	국가안전보위부 제1부부장
주규창	위원	당 군수공업부 제1부부장
김정각	위원	총정치국 제1부국장
평가: 후계세습체제 견고화(장성택 부위원장 이동), 조명록 사망		

출처: 전지명, 『김정은 시대 북한의 미래』(서울: 삼영사, 2015), p. 279; 윤진형, "김정은 시대 당중앙군사위원회와 국방위원회의 비교 연구"『국제정치논총』제53집 2호(서울: 한국국제정치학회, 2013), p. 86 등 참조.

북한군의 전통적인 군 원로그룹은 당 중앙군사위원회, 당 중앙위원회 전문부서인 조직·선전·군수공업의 부장 및 부부장과 국방위원회 위원을 의미한다. 이들 대부분은 70세 이상의 고령이지만 김정일을 수행하며 다수 군부대 현지지도에 수행했던 인물들이다. 반면 군부 신진소장파 그룹은 대부분이 중장에서 상장의 50대~60대 초반 군부 인물들이다. 이들은 그동안 실무적 위치로 김정일의 현지지도에 수행하지 않았다는 특징이 있다. 군 서열상 주도세력에 진입하지 못했던 신진소장파는 권력승계기를 이용하여 젊은 후계자에게 접근함으로써 군 원로그룹에 대응해 신진 주도세력으로 등장하였다.

대표적인 사례가 군 서열을 파괴한 승진인사에서 볼 수 있다. 김정일의 북한군 내 서열 파괴 사례는 2009년 2월 총참모장으로 승진한 리영호와 작전국장으로 보직된 김명국이 대표적이라 할 수 있다. 김명국 대장이 1990년대 초반 당 중앙군사위원 겸 작전국장이었을 당시 리영호는 김명국 휘하에 소장으로 작전국에 있는 한 부서의 부국장급이었다. 리영호는 김명국이 대장으로 승진을 앞둔 1992년 4월 북한군의 직책 조정없이 664명의 소장 진급자 중의 일인에 지나지 않았다.[110] 그럼에도 2010년 리영호는 김정은 후계체제의 군부 후견인으로서 총참모장이자 차수로서, 작전국장인 김명국의 직속상관이다. 권력 승계기가 아니면 있을 수 없는 일이다.(〈표 3-14〉참조)

〈표 3-14〉 군부 승진인사(2010. 9.)

계급	이름	직책
대장 → 차수(1명)	리영호	군 총참모장
상장 → 대장(6명)	김경희	당 경공업부장
	김정은	당 중앙군사위원회 부위원장
	최룡해	황해북도 당 책임비서
	현영철	8군단장, 평안북도 담당
	최부일	군 총참모부 부총참모장
	김경옥	당 조직지도부 제1부부장, 군담당
중장 → 상장(1명)	류경	국가안전보위부
소장 → 중장(6명)	노홍세	
	이두성	
	전경학	
	김국룡	

---

110) 『로동신문』, 1992.4.23.

계급	이름	직책
소장 → 중장(6명)	황병서	당 조직지도부 부부장, 군담당
	오일정	당 군사부장
대좌 → 소장(27명)	조경준 외	
평가: 후계세습체제 구축(김경희 등 대장 및 리영호 차수 부여), 최룡해·황병서·현영철·최부일 권력 핵심 진입		

출처: 『연합뉴스』 2011.10.24; 히라이 히사시, 백계문·이용빈 역, 『김정은 체제』(서울: 한울, 2011), p. 36. 참고하여 재작성.

이 같은 서열파괴형 승진사례는 전 보위사령관 원응희 대장과 총정치국 부국장 박재경 대장 등 김정일 측근의 몇몇 인물뿐이다. 리영호 총참모장과 더불어 지난 20여 년 동안 남북군사회담을 담당했던 김영철의 정찰총국장 임명이나, 국가안전보위부 우동측의 대장 승진 등은 지난 20여 년간 김정일의 북한군 승진인사 행태에서 전혀 사례가 없었다는 점에서 권력승계기 발생현상이라 볼 수 있다.

군 서열파괴는 2010년 9월 제3차 당대표자회[111]를 계기로 극명하게 나타났다. 오극렬, 김영춘으로 대표되는 군 원로급들이 대거 후퇴하고 신진 소장파가 약진했다. 이는 후계체제 구축을 둘러싸고 군 원로그룹과 신군부 세력간 주도권 투쟁이 발생할 여지를 남겼다. 2009년 7월 8일 김일성 사망 15주년 중앙추도대회 서열에서 오극렬은 7위, 김철만 18위, 리을설 19위 였으나, 1년이 지난 2010년 10월 10일 당 창건 65주

---

111) 제3차 당대표자회는 2010년 9월 28일 평양에서 개최되었다. 총 참석자는 1,653명이었으며 주요 의제는 ① 김정일 당 총비서 추대, ② 당 중앙지도기관 선거, ③ 당 규약 개정 등이다. 이날 김정은이 당중앙군사위원회 부위원장 및 당중앙위원회 위원으로 선출되었다. 정영태, "김정은 세습후계체제의 특성과 대내외 정책 전망,"『전략연구』통권 제52호 (2011. 7), p. 16.

년 서열을 보면 오극렬이 31위, 리을설이 32위, 김철만이 33위로 항일 혁명 원로 투사들의 실질적인 퇴장으로 볼 수 있다.[112]

제3절 김정일 시대의 군 권력기관과 엘리트 특징

선군정치 하에서 군의 변화는 다양한 특징과 양상을 노정하고 있다. 군부 권력기관과 엘리트의 위상은 여러 측면에서 김일성 시대와는 상이하게 표출되고 있다. 이러한 현상은 자연스럽게 군부의 영향력이 정치력 확대와 경제적 이권 확보 등으로 현시되는 측면 이외에도 군의 변화가 당–국가체제 아래 제한적일 수밖에 없다는 측면도 보여주고 있다.

1. 국방위원회의 위상 강화

김일성 사후의 대내외적 위기상황에서 고난의 행군을 극복하기 위한 권력구축 결과로 국방위원회 중심의 권력구조가 탄생하였다. 1990년 대 중반 김정일은 국방위원회의 임무와 권한을 확대·강화하는 법적장 치(1998년 수정헌법)를 마련하고 스스로 국방위원장으로 재추대되면서 그의 군사지도권 중심의 권력기반을 구축하였다. 1998년 9월 5일 개정된 헌법에서 국방위원회가 기존의 최고군사지도기관에 더하여 전반적인 국방관리기관이라는 사실을 규정함으로써 국방위원회의 임무와 권

---

112) 『조선중앙통신』, 2010.10.10.

한을 대폭 확대·강화하였다. 헌법(101조)에 "국방위원장은 일체 무력을 지휘 통솔하며 국방사업 전반을 지도한다"고 규정하여 국방위원회 위원장의 권한이 "나라의 정치, 군사, 경제력량의 총체를 지휘통솔하며 나라의 방위력과 전반적 국력을 발전시키는 사업을 조직령도하는 국가의 최고직책"이라고 밝혔다.[113] 사실상 국방위원회가 국가최고기관이며 최고지도권을 가지고 있는 국방위원장이 실질적인 국가수반으로 자리매김하였다.[114]

국방위원회는 1972년 채택된 사회주의 헌법에 의해 중앙인민위원회 산하 여러 부문별 위원회의 하나로 발족하였고 주석이 국방위원장직을 겸직하도록 되어 있었다. 그러나 1990년 5월 최고인민회의 제9기 1차 회의에서 김정일의 국방위원회 제1부위원장 임명과 함께 국방위원회는 중앙인민위원회의 상위 기관으로 격상되었다. 김정일 정권 출범 이전까지만 해도 국방위원회는 최고 지도기관으로서의 지위를 보유하지 못했지만 선군정치가 유훈통치시기의 주요 통치 방식으로 부상하면서 김정일은 자연스럽게 국방위원장을 사용하였다.[115] 김정일이 국가주석직을 폐지하고 국방위원장직으로 북한을 견인하고 지도하겠다는 것은 군을 중시하고 선봉에 세운다는 의미라고 할 수 있다.[116]

김정일은 통치는 하되 책임지지 않는 정치방식으로 국방위원장 체제를 통해 주석제가 가지고 있는 각종 부담과 불편함, 책임감 등을 회

---

113) 통일부, 『2000 북한개요』, p. 620.
114) 『조선중앙통신』, 1998.9.5; 『로동신문』, 1998.9.6.
115) 김갑식, "권력구조와 엘리트"『현대북한학 강의』, 앞의 책, pp. 76-77; 현성일, 『북한의 국가전략과 파워엘리트』(서울: 선인, 2007), pp. 275-280.
116) 김구섭·차두현, 『북한의 권력구조와 권력엘리트』, 앞의 책, p. 155.

피하면서 권력은 오히려 강화하였다. 즉 경제는 권한이 강화된 내각에 전적으로 위임하고 대외 공식적 활동은 최고인민회의 상임위원장에게 맡기면서 김정일은 국방위원장으로서 군사와 안보 문제만을 전담함으로서 지도자의 권위와 카리스마를 확보하였다.

북한 권력기관과 핵심 단체, 경제적 사업소에 대한 군부 엘리트의 진출은 자연스럽게 북한 최고 권력기관으로 등장한 국방위원회의 지위와 위상을 반영하는 지표였다.[117]

2. 군 권력기관의 영향력 강화

김정일 시대 군부 권력기관의 영향력은 선군정치로 인해 확대되고 강화되었다. 먼저, 군부 권력기관의 영향력 확대는 주석단 서열에서 확인할 수 있다. 주요행사의 주석단 서열에서 군부 엘리트가 차지하는 비중이 두드러지게 증가하였다. 김일성 생존 시 주석단 서열에 군부 인사는 오진우와 최광 정도만이 10위권 내에서 존재했다. 그러나 김일성 사후 대거 상위권에 진출하였다. 김일성 사망 시와 사망 1주기의 주석단 서열이 대체로 1990년대 초반의 권력 서열의 연장선상에서 나타났다면 1996년 사망 2주기 이후의 권력서열은 군부 엘리트의 강화된 정치적 영향력을 간접적으로 표상하는 것이었다.[118]

즉, 1990년대 초반까지 주석단의 서열 20위권 내에 진입한 군부 인사는 3~4명 선이었는데 1996년과 1997년의 주석단 서열에서는 5~6명 선에 이르렀다. 특히 〈표 3-15〉에서 보듯이 군 총참모장이나 총정치

117) 이교덕 외, "김정은 체제의 권력엘리트 연구," 앞의 논문, pp. 273-274.
118) 김구섭·차두현, 『북한의 권력구조와 권력엘리트』, 앞의 책, pp. 104-106.

국장 등이 이례적으로 정치국 후보위원보다 상위의 서열로 발표되는 경우도 나타났다.

김일성 사망 당시 북한 권력순위 12위내에 오진우(2위), 최광(9위)등 2명만이 존재했으나, 선군정치시기를 거치면서 군부의 권력엘리트의 정치적 위상이 확대되어 2005년 최고인민회의 제11기 3차회의에서는 조명록, 김영춘, 김일철, 리용무 등 4명이 배치되었으며, 2009년 김일성 사망 15주년 중앙추모대회에서는 조명록 등을 포함한 군부 인사가 무려 7명이나 포함되었다. 군 관련 엘리트의 점유율이 6년 사이에 2배 정도로 증가하였으며,[119] 군 관련 엘리트들이 국방위원 및 차수라는 직위로 주석단에 대거 등장하였다. 이처럼 주석단에서 군부 엘리트의 비율이 약 30%에 이르는 시기는 선군정치 시기 이외에 1960년대 후반기였다.[120]

---

119) 1996년 김일성 사망 2주기 주석단 순위 30위 이내에 군 관련 엘리트는 최광(인민무력부장, 6위), 리을설(호위사령관, 11위), 조명록(총정치국장, 12위), 김영춘(총참모장, 13위), 김철만(제2경제위원장, 14위), 김광진(인민무력부 제1부부장, 29위), 백학림(인민보안상, 30위) 등 7명이었다. 2002년 군 창건 70주년 기념 열병식 때 30위 이내에 든 군 관련 엘리트는 조명록(3위), 김영춘(5위), 김일철(인민무력부장, 6위), 리을설(7위), 백학림(인민보안상, 8위), 김철만(13위), 이용무(차수, 22위), 김익현(차수, 23위), 리하일(차수, 24위), 전재선(1군단장, 28위), 장성우(3군단장, 29위), 박기서(차수, 30위) 등 12명 이었다.

120) 이대근, 『북한 군부는 왜 쿠데타를 하지 않나』, 앞의 책, pp. 193-196.

〈표 3-15〉 김정일 시대 주석단 구성 변화(1994~2000년)

1994. 9. 9.		1996. 7. 8.		1998. 9.		2000.	
부주석	정치국정위원	부주석	정치국정위원	최고인민회의 상임위원장		최고인민회의 상임위원장	
총리		인민무력부장		국방위 제1부위원장		국방위 제1부위원장	
부총리		부총리		총리		총리	
총참모장		당비서		최고인민회의 상임위 명예부위원장		원수	
당비서		원수		원수 / 당비서		당비서	
제2경제위원장	정치국후보위원	원수		국방위원	군수뇌부	국방위원	
당비서							
부총리		총정치국장					
최고인민회의 의장							
국가계획위원장		총참모장					
조선인민군 차수		제2경제위원장	정치국후보위원	당비서	정치국후보위원	당비서	정치국후보위원
		당비서					
		최고인민회의 의장		최고인민회의 의장		최고인민회의 의장	
		부총리					
		국가계획위원장		중앙검찰소장		중앙검찰소장	
당비서		당비서		당비서		당비서	
부총리		부총리		조선인민군 차수		당직보유 차수	
국가기관책임일꾼		국가기관책임일꾼		부총리		부총리	

1994. 9. 9.	1996. 7. 8.	1998. 9.	2000.
각 정당대표	조선인민군 차수	국가기관 및 각 정당대표	최고인민회의 상임위 서기장
			비당직 차수
			각 정당대표

출처: 이대근, 『북한 군부는 왜 쿠데타를 하지 않나』(서울: 한울아카데미, 2003), p. 200.

한편, 강화된 권력과 영향력은 김정일에 의해 권력기관 간 권력 분점이 형성되고 정착되었다고 볼 수 있다. 권력기관의 세부 위상을 살펴보면, 김정일에 의해 가장 신임을 받은 조명록이 수장으로 있던 총정치국의 위상이 상대적으로 높았고, 다음으로 총참모부, 인민무력부 순이라고 할 수 있다.[121] 군부의 최고 실세였던 오진우 인민무력부장 겸 총정치국장이 사망한 이후 김정일은 인민무력부에서 총정치국과 총참모부를 완전히 분리 독립시키고 이들 기관을 인민무력부의 상위 기관으로 격상시켰다. 그리고 총정치국은 군대의 정치와 사찰, 인사를, 총참모부는 군사작전과 훈련을, 인민무력부는 행정과 군수지원을 전문하도록 역할을 세분화하고 3개 기관을 자신이 직접 통제하고 관리하는 직할통치 시스템으로 변경하였다.[122] 또한 인민무력부내 상대적 독자성을 보유하던 보위사령부를 총정치국 산하에 두었다. 즉 김정일은 군사적 문제는 총참모부를 통해, 군 정치문제는 총정치국을 통

---

121) 정성장, "북한 군사국방지도 체계를 둘러싼 혼란과 과제," 『정세와 정책』, 2011년 8월호, p. 15; 정영태 등 공저, "북한의 부문별 조직실태 및 조직문화 변화 종합연구: 당·정·군 및 경제·사회부문 기간조직 내의 당기관 실태를 중심으로," 『KINU연구총서 11-04』(서울: 통일연구원, 2011), p. 197.

122) 이승열, 『북한 엘리트 집단의 권력투쟁과 당조직지도부의 생존전략』, 앞의 책, pp. 45-46.

해, 그리고 정보와 방첩문제는 보위사령부를 통해서 북한군을 수평적으로 지휘하고 통제하였다.[123] 김정일은 군의 권력이 집중되었던 인민무력부의 권한을 축소하고 총정치국과 총참모부에 힘을 실어 줌으로써 군의 3대 권력기관간 형평과 균형, 견제의 시스템을 작동시켰다.

3. 직할통치의 측근세력 부상 및 야전군 강화

김일성 사후 김정일 시대로 접어들면서 당을 통한 정치과정은 생략되고 죽은 김일성 주석의 권위를 빌은 유훈통치(遺訓統治)와 선군정치에 의한 김정일의 직할통치가 시작되었다.[124] 김정일이 내세운 선군정치는 마르크스주의 혁명이론에서 볼 수 없는 선군후로(先軍後路)의 사상으로 김일성 주석의 사망과 사회주의권의 붕괴 이후 체제 위기의 심화에 따라 군을 앞세워 체제결속을 도모하기 위한 것이었다.

김정일은 김일성 주석이 내놓고 일관하게 견지한 총대중시, 군사중시사상과 노선이 당 선군정치의 기초이며 출발점이라고 주장하면서 선군정치에 대해서 다음과 같이 밝혔다.[125]

"우리 당의 선군혁명령도, 선군정치는 군사를 제일국사로 내세우고 인민군
대의 혁명적 기질과 전투력에 의거하여 조국과 혁명, 사회주의를 보위하고

---

123) 정영태, 『북한의 국방위원장 통치제제의 특성과 정책전망』(서울: 통일연구원, 2000), p. 49.
124) 고유환, "김정은 후계구축과 북한 리더십 변화; 군에서 당으로 권력이동," 앞의 논문, pp. 183-184.
125) 김정일, "선군혁명로선은 우리 시대의 위대한 혁명로선이며 우리 혁명의 백전백승의 기치이다,"(조선로동당 중앙위원회 책임일군들과한 담화, 2003년 1월 29일).

전반적 사회주의건설을 힘있게 다그쳐나가는 혁명영도방식이며 사회주의 정치방식입니다. 선군정치에서는 군사가 첫째이고 군대가 혁명의 핵심부대, 주력군이며 군대를 강화하는 것이 기본입니다. 인민군대를 무적필승의 혁명 무력으로 강화하여 조국의 안전과 혁명의 전취물을 사수하며 인민군대를 핵심으로 주력으로 하여 혁명의 주체를 튼튼히 꾸리고 사회주의 건설의 모든 사업을 혁명적으로 전투적으로 벌려나가는데 선군정치의 본질적 특성이 있습니다."

김정일의 직할통치는 김일성 사후 기존의 당 중심의 정치로부터 군부 중심의 직할정치로 변화하였다. 김일성 사후 선군정치가 주요 통치 방식으로 변하면서 군부 엘리트의 약진이 두드러졌다. 김일철, 리명수, 김명국, 현철해, 박재경, 장성우 등이 기존 조명록, 김영춘, 김하규, 원응희 등 기존 고위층과 함께 김정일 측근의 군부 엘리트로 자리매김 하였다.

선군정치 하에서 군부 엘리트는 직할통치의 가장 핵심적인 지위를 차지하고 세력을 과시하였다. 군부 엘리트들은 김정일의 군부대 시찰은 물론 경제와 민간부문에 대한 현지지도에도 참여하였는데, 이는 김정일이 군부의 의견을 반영하고 중시하였음을 보여준다 하겠다. 핵시험 등 핵전략을 추진함에 있어서도 주변국의 부정적인 영향을 전혀 고려하지 않고 강행한 것은 이러한 군부 엘리트의 입장이 일정 부분 반영된 결과라고 보아야 할 것이다.[126)]

김정일 시대를 구분하여 직할통치의 측근을 살펴보면, 먼저 유훈통치 기간 중에는 최광, 김철만, 리하일, 리을설, 김광진 등 주로 혁명 1세

---

126) 현성일, 『북한의 국가전략과 파워엘리트』(서울: 선인, 2007), pp. 409-410.

대 군부 엘리트들이 주요보직과 상위 당 서열을 유지했다. 이어서 1990년 후반부터 2000년대 중반까지는 김정일의 선군정치를 주도적으로 추진한 조명록과 김영춘, 김일철, 리용무, 현철해, 박재경, 리명수 등 군 권력엘리트들이 주요 보직과 상위 당 서열을 유지했다. 김정일의 후계자 문제가 가시화되는 2000년대 후반에는 리영호, 김격식, 김정각, 우동측, 김원홍 등의 신진 군부 엘리트가 부상하였다.

김정일은 직할통치를 함에 있어서 일부 측근들을 활용하여 체제안정과 권력을 행사하였다. 사실 어느 국가 사회에서든지 지배자의 주위에는 그의 신임을 받고 정책결정에 영향을 미치는 측근세력이 존재하기 마련이다. 이러한 측근 세력들은 권력자의 지근거리에서 지배자의 통치와 정책에 지대한 영향력을 미친다. 북한 김정일 측근세력의 경우에도 예외는 아니다.

김정일은 1990년대 초반부터 소련과 동구권의 몰락으로 인한 외부적 어려운 환경과 경제·식량난, 자연재해 등의 내부질서 혼란으로 사회 통제기능을 상실한 상태에서 무력집단인 군을 동원하여 사회 안정과 체제유지를 확보하였다. 이처럼 군 본연의 기능을 넘어서 사회질서의 통제까지 담당하면서 군부의 위상은 당연히 상승할 수밖에 없었고 군을 지휘하는 군부 엘리트의 영향력과 권위 또한 높아질 수밖에 없었다.

김정일은 군부 권력엘리트를 포함한 비공식 측근집단을 통해 정권의 안정은 물론 후계체제의 구축과 공고화를 도모하였다.[127] 대부분의 국가정책이 당 정치국과 같은 공식정책 결정기구를 통해 이루어진 김일성 시대와는 달리 김정일 시대에 이르러서는 공식서열과 공식정책 결정 과정이 점차 무력화 되었으며, 측근에 의거하는 정치가 실질적인 정치 행태로 부상하였다. 특히 측근정치의 대표적인 사례가 김정일이 주최하는 측근들을 위한 비공식 연회였다.

김정일은 후계자 내정 이전에는 주로 자기 사람으로 회유하기 위해 연회를 했으나, 후계자 내정 이후부터는 주로 측근들을 관리하고 세력을 확대하기 위해 이용되었다. 김정일이 주최하는 측근연회는 후계자 체제 공고화 이후에 참가하는 인원도 증가하였고 참석자 구성도 다양해졌다. 후계체제 시기에 측근연회의 참석은 곧 김정일의 정치적 신임을 표시하고 측근의 징표로 간주 되었다. 김정일의 이러한 측근연회는 피로연 내지 단합모임 위주 보다는 실질적인 정책결정기구의 역할을 하는 정치의 성격을 내포하고 있었다.[128]

빨치산 군 원로를 비롯하여 정통 야전군 엘리트는 김정일에 의해 김일성 사후 초기 체제보위에 적극 활용되었다. 특히 김정일은 혁명 1세대의 군 원로와 2세대의 야전군 엘리트 핵심세력을 권력 주변에 배치하여 체제 공고화와 안정화에 기여토록 하였다. 김정일은 1995년 2월에 리하일 대장과 김명국 대장을, 3월에는 혁명 1세대 김광진 차수, 김봉률 차수와 혁명 2세대 박기서 대장을 당 중앙군사위원에 기용했다. 이는 김정일이 당 중앙군사위원회를 빨치산 세대와 혁명 2세대로 구성하여 안정적인 세대교체를 기도하였다고 보여진다.[129]

오진우 이후 최고 군 원로였던 최광 총참모장은 1995년 10월 8일

---

127) 현성일은 정책의 수립과 실행에서 권력자의 의도와 리더십이 절대적 영향력을 차지하는 북한의 경우에 빗대어 측근정치를 '권력자가 공식적 통치기구나 정책결정기구보다 비공식적 측근집단에 의거하여 실시하는 정치'라고 정의하고 있다. 현성일, 『북한의 국가전략과 파워엘리트』, 위의 책, p. 220.

128) 황장엽, 『어둠의 편이 된 햇볕은 어둠을 밝힐 수 없다』(서울: 월간조선사, 2001), p. 97.

129) 히라이 히사시, 백계문·이용빈 역, 『김정은 체제』, 앞의 책, pp. 146-147.

인민무력부장에 임명되었다. 당 중앙위원회와 국방위원회는 같은 날 최광 총참모장과 리을설 호위사령관 두 차수에게 원수의 칭호를 부여하고 조명록 공군사령관과 리하일, 김영춘 각 대장에게 차수의 칭호를 부여했다. 또한 김하규, 현철해, 김병률 등 3명에게 대장, 김기련 등 5명에게 상장, 김형룡 등 4명에게 중장의 칭호를 부여했다. 1995년 10월 13일에는 김영춘이 군 총참모장에, 김광진 인민무력부 부부장이 제1부 부장에, 조명록 공군사령관이 군 총정치국장에 취임했다.

선군정치시대 최고의 군사지도기관인 국방위원회에 군수공업분야 위원과 장성택 등 2~3명을 제외하고 대부분 야전군 권력엘리트들이 포진하였다. 야전군 권력엘리트는 국방위원회의 핵심세력으로 고난의 행군부터 정권말기까지 활동하였다.(〈표 3-16〉참조)

〈표 3-16〉 국방위원회 야전군 권력엘리트 현황

연도	위원장	1부위원장	부위원장	위원
1995	김정일		최광	전병호, 김철만, 리하일, 리을설, 김광진
1997	김정일			전병호, 김철만, 리하일, 리을설
1998	김정일	조명록	김일철 리용무	김영춘, **연형묵**, 리을설, 백학림, **전병호**, 김철만
2003	김정일	조명록	**연형묵** 리용무	김영춘, 김일철, **전병호**, 최룡수, **백세봉**
2005	김정일	조명록	리용무	김영춘, 김일철, **전병호**, **백세봉**
2007	김정일	조명록	김영춘 리용무	김일철, **전병호**, **백세봉**
2009	김정일	조명록	김영춘 리용무 오극렬	**전병호**, 김일철, **백세봉**, 장성택, 주상성, 우동측, **주규창**, 김정각

연도	위원장	1부위원장	부위원장	위원
2010	김정일		김영춘 리용무 오극렬 장성택	전병호, 백세봉, 주상성, 우동측, 주규창, 김정각
평가: 군수공업 전문가, 장성택 외 모두 야전군 권력엘리트				

출처: 통일연구원, 『김정일 현지지도 동향 1994-2011』(서울: 통일연구원, 2011); 이수원, "북한 당중앙군사위원회와 국방위원회 연구," 동국대학교 박사학위논문, 2017, pp. 123-124; 『로동신문』, 『연합뉴스』 등 참고 재작성.

또한, 김정일 현지지도에서 야전군 권력엘리트의 수행이 증가하였다. 김일성 사후 김정일의 군 관련 행사나 군 현지지도의 참가빈도가 증가하였다는 점이 군 위상 강화와 영향력의 제고 현상이라고 볼 수 있다. 현지지도에 수행빈도수를 살펴보면 군 권력엘리트의 부상을 확연히 알 수 있다. 1995년~1998년 김정일의 현지지도 수행 인물 상위 20명 중에 16명이 군부 엘리트이고 그중에서 1~5위가 현철해-박재경-조명록-김영춘-김하규[130] 순이다.(〈표 3-17〉참조)

〈표 3-17〉 김정일 공개활동중 군행사 참가현황

연도	1994	1995	1996	1997	1998	1999	2000	2001
총 횟수	21	35	52	59	70	69	95	146
군 관련 횟수	1	20	35	40	49	41	22	56
비율(%)	47	57	74	67	70	59	23	38

출처: 김구섭·차두현, 『북한의 권력구조와 권력엘리트』(서울: 한국국방연구원, 2004), pp. 60-61.

---

130) 김하규는 1936년생으로 김철주포병종합군사학교, 김일성군사종합대학을 졸업했다. 1986년 인민군 중장, 1987년 4.25훈련소 참모장을 지냈고, 1991년 인민군 포병사령관에 기용됐다. 1992년 10월 상장, 1995년

4. 군 엘리트 당·정 진출 및 각종 이권사업 참여

김정일은 선군정치를 추진하면서 당의 지위와 역할에 변화를 주었다. 당의 빈자리에 군부 엘리트들을 대체하였으며, 이는 당의 지위와 역할이 상대적으로 약화되는 결과를 초래하였다.[131] 군부엘리트의 세력 확대는 당 출신들이 맡았던 핵심 요직까지 진행되면서 당과 군 엘리트의 일체화가 진행되었으며 그 방향 또한 당 중심이 아닌 군 중심의 엘리트 일체화로 귀결되었다.

김정일은 군부 엘리트들과 친화적 근거리에서[132] 이들을 적극적으로 활용하여 체제를 유지하였다. 그는 기존 핵심 보직인 당 조직지도부와 비서국, 그리고 서기실까지 군부 엘리트를 중용하여 보직하고 정권 내내 이들에 의한 선군정치를 주도하였다.

군부 권력엘리트의 세력 확대는 당·정을 구분하지 않았다. 군의 권력기관이 사회를 선도하는 중심에 있었으며, 사회의 안정과 질서 유지의 기능을 요구받게 되었다. 군부 엘리트의 세력 확대는 단순히 군부 득세가 아닌 기존 당 출신들이 맡았던 조직지도부, 비서국, 서기실의 핵심보직까지 이루어졌다.[133] 김정일은 총정치국 출신인 황병서를 조직지도부 부부장에 보직하여 리용철의 사망으로 공백인 군 담당을 맡겼고, 군단장 출신인 김경옥도 발탁하여 이제강 조직지도부 부부장 후

10월 대장으로 고속승진하며 김정일의 공식행사에 자주 동행하는 등 1990년대 현철해 총정치국 조직부국장과 군부 실세들과 함께 북한군부의 핵심인물이었다.

131) 이승열, 『북한 엘리트 집단의 권력투쟁과 당조직지도부의 생존전략』, 앞의 책, p. 42.

132) 『시사저널』 1506호, 2018.8.28.

133) 이승열, 『북한 엘리트 집단의 권력투쟁과 당조직지도부의 생존전략』, 앞의 책, p. 39.

임에 보직했다. 기존의 당 조직지도부 중심의 인사정책이 선군정치의 전면화와 함께 대부분 군으로 이동되었다.[134]

김정일 시대의 군부 엘리트는 군 기관 뿐 아니라 당과 공안을 비롯한 권력기관의 주요 요직들에도 적극 진출하였다. 강동윤 제425 기계화군단장이 조직지도부 부부장으로 발탁된 것이 대표적 예라 할 수 있다.[135] 리용철 당 조직지도부 제1부부장 역시 군 작전국장 출신이다.

국가안전보위부와 인민보안부의 주요 직위도 대부분 군 출신들로 채워졌다.[136] 군부 엘리트들이 이렇게 당과 공안기관의 주요 보직에 기용된 것은 고난의 행군[137]기간 민간출신 정치엘리트들이 위기상황에서 무기력한 모습을 보인 것과 달리 군부 엘리트들은 충성심을 바탕으로 위기를 극복하는 혁명적 군인정신을 보여주었기 때문 이었다

또한 군부는 다수의 경제적 이권기관을 흡수하여 부를 축적하였다. 김정일 정권 초기에 북한이 내부질서 혼란과 경제난, 대외관계 봉착 등으로 자체 사회 통제기능을 상실한 상태에서 합법적 무력집단인 군이 동원되어 사회 안정과 유지 및 경제 재건의 기능을 요구받게 되었다. 이처럼 군 본연의 기능을 넘어서 사회질서 유지와 경제활동에 참여함으로써 군부의 위상은 당연히 상승할 수밖에 없었고 군을 지휘하

---

134) 이승열, 『북한 엘리트 집단의 권력투쟁과 당조직지도부의 생존전략』, 위의 책, p. 40.

135) 『조선중앙통신』, 2007.1.15.

136) 『연합뉴스』, 2007.1.16.

137) '고난의 행군'은 1938년 12월부터 1939년 3월말까지 100여 일간 중국 지린성과 압록강 일대에서 일본군의 토벌을 피하기 위한 김일성이 이끄는 항일혁명군 주력 부대의 힘든 행군을 말한다. 김일성의 영도로 이 행군이 승리로 마무리되었고, 조국광복의 새로운 국면이 마련된 역사적인 계기가 되었다. 윤현철, 『고난의 행군을 락원의 행군으로』(평양: 평양출판사, 2002), p, 11.

는 군부 권력엘리트의 영향력과 위상은 높아 질 수밖에 없었다. 선군
정치 시절 군부 무역회사는 그동안 내각에 소속되어 있던 기업 중에서
이익을 창출하는 기업을 자기산하로 편입시켰다.[138] 보위사령부를 비
롯한 주요 군 권력기관이 득세하면서 당 기관과 사회기관까지 관장하
는 등 다른 기관의 업무영역을 침해하기도 했다.

5. 군 권력엘리트 간 상호견제와 충성 경쟁

김정일이 북한 내 정치권력 엘리트의 파벌형성을 경계하고 차단하
는데 주력하였듯이[139] 군부 엘리트의 정치적 성장을 차단하기 위해 군
주요 기관들끼리 상호 견제토록 하고 특정 군부 엘리트에게 과다하게
권한을 집중하지 않도록 분산정책을 구사하였다. 김정일은 군사분야
정책결정에 있어서 모든 중요사안의 정보가 수령에게 집중되는 특이
한 체제를 만들고 수령이 독자 결정하는 지도 스타일을 유지했던 것이
다.[140] 중국의 집단지도체제와 상이하게 여타 권력엘리트들 간의 사적
의사소통과 기관별 협조체계는 허용되지 않았으며 오히려 이러한 행

---

138) 박영자, "김정은 제체의 통치행위와 지배연합," 앞의 논문, pp. 156-157.
139) 김정일은 당내 파벌이 수령의 유일지배체제와 후계자의 유일지도체제를
    불가능하게 하는 것으로 인식하고 파벌형성 차단을 위해 1973년 당의
    유일사상체계 확립 10대원칙 9조 7항에서 "~친척, 동향, 동창, 친우,
    사제관계와 같은 정실, 안면관계에 의하여 간부문제를 처리하는 행위에
    대해 묵과하지 말고 강하게 투쟁해야 한다"고 제도적으로 명시하였다.
    또한 김정일은 간부들이 사돈관계로 얽히는 것을 경계하고, 당과 정부기
    관에 형제, 부부, 부자가 같은 기관에 근무하는 것을 금지시켰다. 현성
    일, 『북한의 국가전략과 파워엘리트』(서울: 선인, 2007), pp. 180-181.
140) 이수원, "북한 당중앙군사위원회와 국방위원회 연구," 동국대 박사학위
    논문, 2017, p. 103.

위는 반종파·혁명주의로 처벌을 받았다.[141]

〈그림 3-2〉에서 보듯이 김정일은 노동당, 인민군, 내각, 공안기구 등을 별도로 장악하고 정보를 취합하면서도 이들 사이에서 정보의 흐름이나 핵심적 사안에 대한 협의를 금지시켰다. 아울러 각 기구의 최고지휘관에게 전권을 주거나 문제를 처리토록 하지 않고 그 하위 관료나 참모들이 지시하고 보고하는 관계를 유지하도록 하였다. 김정일은 모든 권력을 자신에게 집중시키고 당·군·정을 각각 분리시켜 직접 통치하길 원했다.

즉, 그는 주요 군사기관에 혁명 1세대들을 최고위층에 두고 원로대우를 하면서 자신의 측근인 실질적 1인자를 제2선에 포진시켜 조직을 장악하였다. 일종의 김정일식 분할통치술로, 1997년 2월 21일에 사망한 최광 인민무력부장 후임에 1998년 9월 김일철을 임명하면서 군 수뇌부는 군에 대한 당적 통제를 장악하고 있는 총정치국장 조명록과 군령권을 행사하는 총참모장 김영춘의 3인으로 구성하여 권력의 균형을 도모하였다. 군 수뇌부 3인중 그 누구도 독점적이고 우월한 군사적 영향력을 행사 할 수 없는 3인 균형체제를 구축한 것이다.[142]

특히, 김정일은 군부 권력엘리트들을 견제하고 통제하기 위해 '위세 부리는 간부들은 투쟁의 대상'이라고 경고하면서 '군대내 각급 부대의 집체적 지도기관인 당위원회를 도입한 것은 군 간부들이 개별적으로 영향력을 행사하는 것을 차단하기 위한 것'이라면서 군벌의 성장을 경

---

141) 서장원, "김정은 시대의 권력구조와 당·군·정 관계에 관한 연구: 수령제를 중심으로," 앞의 논문, p. 122.
142) 이형신, 『김정일 시대 북한군의 정치적 역할에 관한 연구』, 동국대 석사 논문(2007), pp. 90-91.

계하였다.[143]

　김정일의 이와 같은 군 간부 통제정책은 '유일사상체계확립의 10대 원칙'에 의거하여 군부의 정치적 활동을 극도로 제약해 왔으며, 김일성-김정일 체제하 30여년에 걸쳐 군 엘리트들은 생존처세술로서 자신의 정치적 역량을 스스로 자제하여 왔다.

〈그림 3-2〉 북한 권력기관의 상호견제 구도

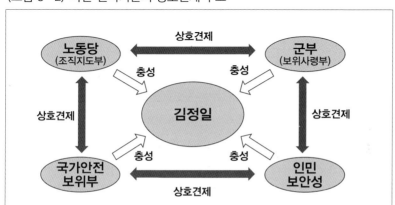

출처: 전현준, 『최근 북한 권력엘리트 변동분석』(서울: 통일연구원, 2008), P. 4

　김정일은 어느 한곳의 권력기관에 힘이 집중되는 것을 방지하고자 대내외적 상황을 고려하여 권력기관 간 상호견제와 경쟁을 집권 내내 지속하였다.[144] 따라서 김정일 시기의 북한의 군부는 구소련과 동구권

---

143) 김일성과 김정일은 "군벌관료주의는 개별적 사람들이 독판을 치고 당중앙위원회의 지도와 통제를 거부하는 행위"라면서 군간부의 개별적 영향력 증대를 군벌관료주의로 규정하였다. 김정일, "인민군내 당조직과 정치기관들의 역할을 높일데 대하여(1969.1.19.)," 『김정일 선집』 제1권, p. 418.

144) 전현준, 『최근 북한 권력엘리트 변동분석』(서울: 통일연구원, 2008), p. 4.

의 붕괴에 따른 이데올로기 혼란과 경제적 곤란기에 김정일의 선군정
치에 편승하여 나름의 위치와 위상을 제고하고 자율성을 구가하였지
만 이러한 군부의 영향력이 수령체제하의 당-국가의 시스템 내에서
제한적으로 작동하였다고 보여진다.

김정일 시대의 군부 엘리트 간 근무조직이나 지연, 학연, 혈연 등을
중심으로 파벌형성이나 세력화 움직임은 특별히 보이지 않는다. 수령
지배 체제 아래서 체제보위기관과 보안기관의 감시와 감찰로 인해 군
부 엘리트 상호간의 목적적 조직화 내지 세력화는 사실상 어려운 형편
이었다. 당과 군, 그리고 공안기관 간 중요 사안에 대해서 원칙적으로
정보교류와 협력을 제한하고 차단하였다.[145] 아울러 주요 권력기관의
책임자에게 전권을 부여하기보다는 부기관장과 참모에게 별도의 보고
체계를 구축하여 해당 권력기관장과 권력기관을 관리하고 통제하는
시스템을 유지하였다. 김정일은 집권기간 동안 총정치국의 조명록을
대신해 현철해와 박재경을, 총참모부의 김영춘을 대신해 리명수와 김
명국을 수시로 호출하고 현지지도에 동참시키면서 군부 권력엘리트들
을 관리하였다.

선군정치로 인해 비대해진 군부 통제를 위해 김정일은 총정치국을
통해 군을 장악하고 당의 영도를 강화하였다.[146] 총정치국은 연대급 이

---

145) 서장원, "김정은 시대의 권력구조와 당·군·정 관계에 관한 연구: 수령
    제를 중심으로," 앞의 논문, pp. 122-123.
146) 총정치국은 중앙당 조직지도부의 지도 밑에서 군부에 대한 당적 생활지
    도와 군 인사 등 핵심권력을 행사하면서 조직지도부의 영향력 아래 있었
    다. 김정일은 선군정치 하에서 총정치국 등 특정 군 권력기관이 누구도
    견제 받지 않는 무소불위의 권력집단으로 진화하는 것을 차단하기 위해
    군내 영향력 제어와 적절한 통제를 강화하였다. 이교덕 외, "김정은 체
    제의 권력엘리트 연구," 앞의 논문, pp. 261-262.

상 부대에 정치위원(그 이하는 정치지도원)을 파견하여 부대를 통일적으로 지도하고 통제할 뿐 아니라 군사작전과 군사행정, 간부 임명 및 인사이동 등 모든 문제에 대해 부대를 통제하였다.[147]

　김정일 시대에 와서 군의 위상과 역할이 강화되면서 군총정치국장인 조명록이 중앙당 비서들보다 권력실세로 부각된 것도 군대의 위상을 반영한 것이라 할 수 있다. 군대 당 조직의 최고기관인 총정치국이 획일적으로 과거처럼 중앙당의 통제를 받는 것이 아니라 국방위원회의 직접적인 통제를 받으면서 군에 대한 통제를 시행하였다. 이는 김정일이 자신이 이미 유일체제를 구축한 상태에서 당중앙위원회의 조직지도부에 군의 정치적 통제권한을 집중하는 것은 또 다른 제2 권력자의 생성을 초래할 수 있기 때문에 김정일은 선군정치를 앞세워 군 권력을 중앙당의 직접적인 통제로부터 분리시켰다. 그리하여 김정일이 직접 군을 통제하는 방식을 선택했고, 가장 신뢰하는 조명록 차수를 통해 총정치국을 통제하고 관리하였다. 즉 군 권력과 당 중앙의 권력을 수평 위치시켜 상호보완의 권력구조를 구축하였다고 볼 수 있다.[148]

　군부 엘리트들의 생존과 권력은 김정일의 군부 견제와 균형정치에 부합하여 그의 신뢰와 인정을 통해 직위를 보존하는 방법 밖에 없었다. 따라서 군부 엘리트들은 수령에 대한 충성심을 바탕으로 조직관리와 전문성에 충실하지 않을 수 없었다. 대부분의 군 권력기관의 엘리트들은 김정일의 군 권력기관에 대한 견제로 충성경쟁과 사업에서의 인정을 획득하기 위한 정책 기관별 보고서에 집중할 수밖에 없었다.

---

147) 정영태, 『북한의 국방위원장 통치제제의 특성과 정책전망』(서울: 통일연구원, 2000), pp. 51-55.
148) 정영태, 『북한의 국방위원장 통치제제의 특성과 정책전망』, 위의 책, p. 57.

특히 핵 정책에 관여하고 있는 공식 기관들의 협의와 협력은 거의 존재하지 않았다. 핵 개발과 생산, 실험 등을 담당하는 당 군수공업부와 원자력공업총국, 핵무기의 보관과 실전배치 및 운영을 담당하는 인민무력부 및 노동당 작전부, 핵외교를 담당하는 외무성 등의 경우 정책 협의나 합의 등은 미미한 수준이었다. 핵 관련 정책과정은 각 기관이 상호종속 관계가 아니라 수평적 관계에서 각각 김정일에 직속되어 충성 경쟁의 도구로 작동하는 데 그쳤다.[149]

---

149) 현성일, 『북한의 국가전략과 파워엘리트』(서울: 선인, 2007), pp. 421–422.

제4장

김정은 시대의 군 권력기관과 엘리트

"신생군주는 자신의 권력을 유지하기 위해 종종 신의 없이, 무자비하게, 비인도적으로 행동하고 종교의 계율을 무시할 필요가 있다."(마키아벨리)

"인민군대의 총적 방향은 오직 하나 우리당이 가리키는 한 방향으로 총구를 내대고 곧 바로 나가는 것입니다."(김정은)

"군대가 너무 돈 맛을 들였다."(김정은)

제1절 김정은 시대의 안보환경과 정책

1. 북한의 대내외 안보환경

주변국의 정치안보환경은 김정일 시대만큼이나 복잡하고 상호이해와 갈등이 충돌하고 있는 상황이다.[1] 주변국의 상황을 살펴보면 먼저 미국은 가능한 국제개입을 자제하고 국내적 문제에 치중하고 있는 형편이다. 미국이 직면한 현실은 동맹정책에서 가능한 국제적인 분쟁상황에 직접적 개입을 유보하고 있다. 이런 점에서 보면 미국은 남북관계의 악화로 인한 한반도 정세의 불안정 상황을 매우 우려하고 있다.[2]

중국은 개혁·개방정책이 본격화된 이후 고도 경제 성장을 지속하기 위해 북한을 비롯한 주변국 환경의 안정적 관리에 심혈을 기울여 왔다.[3] 한반도의 불안정 정세는 동북아 전체의 긴장고조로 연계되어 중국의 경제성장 우선정책에 제한요인으로 작동할 수 있기에 중국의 대한반도 정책의 기조는 안정성 유지와 현상태 관리에 초점이 있다. 그러나 북한의 핵무력 전략에 중국 지휘부는 한반도 정세 안정화를 위해

---

1) 김정은 시대 한반도 중심의 동북아 안보 위기는 대체로 ① 북한의 핵무기 및 미사일 개발을 위한 행동, ② 미국을 중심으로 한 국제사회의 대북 압박 및 제재, ③ 공격적 수사의 교환과 군사적 시위·충돌, ④ 안보 위기의 최고조 도달, ⑤ 북한과 미국을 포함한 관련국들의 협상과 타협, ⑥ 합의의 일시적 이행과 중단, 그리고 파기, ⑦ 북한의 새로운 무기개발 행동, ⑧ 새로운 안보위기의 발생 등과 같은 방식으로 전개되고 있다. 박순성, "한반도-동북아 안보위기와 시민사회 평화운동," 『북한학연구』 제13권 제2호 (2017), pp. 106-107.
2) 전동진, "김정일 사망이후 남북한관계 전망," 『통일전략』, 2012. 12(2), pp. 99-132.
3) Bates Gill and Yanzhong Huang, "Sources and Limits of Chinese 'Soft Power'," *Survival*, vol. 48, no. 2(Summer, 2006), pp. 18-23.

대북 전략적 개입정책을 점차 확대하고 있다[4]

남한은 김정은 정권초기 북한의 핵무기 실험과 수시 미사일 발사, 군사분계선 목침지뢰 도발사건을 감행한 상황에서 북한과의 평화와 화해의 모드 설정은 어려웠다. 그러나 문재인 정권의 출범이후 대화와 협력을 중시하는 문재인 대통령의 평화와 공존, 경제와 번영의 '신한반도 평화체제'추진으로[5] 우호적 협력 분위기가 조성되고 있지만, 여전히 남북간 대립과 갈등의 불안정 상태가 지속되고 있는 실정이다.

한편, 김정은은 북한의 국제적 고립과 미국을 비롯한 유엔의 경제제재에도 불구하고 김정은 자신의 권력구축에 치중하는 경향을 보이고 있으며 '자강력 제일주의'와[6] '정면돌파전'을[7] 통해 난관을 극복하려

---

4) 정천구, "중국의 대외정책과 남북한 통일문제," 『통일전략』, 제10권 제2호 (2010.8.30), pp. 193-219.

5) '신한반도 체제'는 남북이 경제협력을 통해 한반도에 평화를 정착시키고 상호번영을 추구한다는 것이다. 문재인 대통령이 2017년 7월 독일 베를린에서 발표한 '베를린 구상'이 집권 전반기 외교안보정책의 로드맵이었다면 '신한반도 체제'는 집권 후반기 외교안보의 골격이다. 문재인 대통령은 2019년 3월 1일 기념행사에서 신한반도 체제를 최초 언급했다.

6) 북한은 2015년 12월 자강력이라는 표현을 처음 사용하기 시작하였으며, 김정은이 2016년 신년사에서 자강력 제일주의를 언급하면서 북한의 혁명과 건설의 원칙으로 자리 잡았다. 북한에서 자강력 제일주의는 스스로의 힘으로 현재의 상황을 돌파해 나가는 정신을 의미한다. 김정은은 제7차 노동당 대회 사업총화보고에서 자강력 제일주의에 대해 자체의 힘과 기술, 자원에 의거하여 주체적 역량을 강화하고 자기의 앞길을 개척해 나가는 혁명정신으로 규정했다. 『로동신문』, 2016.1.1.

7) 북한은 당 제7기 제5차 전원회의(2019.12.29.)에서 김정은의 '정면돌파전' 필요성(현 정세하 우리 혁명의 전진발전을 가로막는 주되는 장애물은 적대세력들의 反北 압살책동)과 의의를 강조한 가운데 '현시기 초미의 과업은 경제건설'이라며 '전체 인민들의 자력갱생 위력으로 적들의 제재봉쇄 책동을 총파탄시키기 위한 정면돌파전 수행'을 독려하였다. 『조선중앙통신』, 2020.1.5; 『노동신문』, 2020.1.5.

하고 있다. 김정은 정권은 체제유지를 위해 무리하게 북한의 정치·경제·사회적 개방에 앞장서지 않을 것이다. 북한은 체제안정의 위험을 감수하면서까지 문호를 개방하지는 않을 것이다.[8]

2. 김정은 시대의 국가전략과 안보정책

김정은은 대외안보 환경상황에 적합한 정권안보와 체제보위를 확보하기 위해 국가전략과 안보정책을 수립하고 추진하여 왔다.[9] 그의 국가전략과 안보정책은 김정은의 신년사, 제7차 당대회, 당중앙위원회 및 당중앙군사위원회 각종 지시 등에 드러난 노작을 통해서 확인 할 수 있다.

기본적으로 김정은 정권은 유일지배체제 존속과 체제 정통성을 유지하기 위하여 당을 중심으로 하는 주체역량 강화, 사회주의적 경제성장을 통한 '강성국가 건설'전략을 수립하고 있다.[10]

제7차 당대회를 통해 개정된 조선노동당 규약은 "조선노동당의 당면 목적은 공화국 북반부에서 '사회주의강성국가'[11]를 건설하며 전국적

---

8) 김정일은 자본주의 황색바람을 차단하는데 급급했지만 스위스에서 유년시절 자유스러운 문화와 자본주의를 체험한 김정은의 경우 집권초기에 자본주의를 선별적 수용하는 자세로 개혁과 개방에 나섰다. 고유환, "김정은 체제의 발전전략과 효율성 위기," 앞의 논문, p. 92.

9) 김동엽, "김정은 시대 북한의 군사 분야 변화와 전망,"『경제와 사회』, 2019.6. p. 77.

10) 홍석훈, "김정은 정권의 신대외전략 분석,"『정치정보연구』18(2), 2015, pp. 59-83.

11) 사회주의강성국가라는 표현은 김정일이 사망한 직후인 2012년 신년 공동사설부터 나타나기 시작했다. 리정화,『사회주의 강성국가 건설』(평양: 외국문출판사, 2014).

범위에서 민족해방민주주의 혁명의 과업을 수행하는 데 있으며 최종 목적은 온 사회를 김일성-김정일주의화 하여 인민대중의 자주성을 완전히 실현하는 데 있다"고 강조했다. 이는 김정은의 강성국가 건설에 대한 의지를 표명한 것이라 할 수 있다[12] 김정은은 김정일의 사회주의 강성대국 건설과 차별화를 두어서 강성국가 건설을 목표로 하고 있으며, 경제강국과 문명강국 건설을 핵심 내용으로 제시하고 인민생활 향상을 강하게 내세우고 있다. 이를 위해 북한은 '경제·핵무력 병진노선'을 김정은 시대의 국가전략으로 채택한 가운데,[13] 2013년부터 본격적으로 경제 발전 및 인민생활 회생에 주력하였다.

또한 북한은 제7차 당대회를 통해 김정은 시대 1단계 국가 과제는 2020년까지 6대 국가비전과 발전전략이라고 강조했다. 6개 국가비전은 ① 온 사회의 김일성-김정일주의화 ② 과학기술 강국 건설 ③ 경제강국 건설 ④ 문명강국 건설 ⑤ 자주적 통일 ⑥ 세계의 자주화가 포함된다.[14]

2012년 4월 개정한 헌법 서문에서 김정일에 대해 "우리 조국을 불패의 정치사상 강국, 핵보유국, 무적의 군사강국으로 전변(轉變)시키시었으며 사회주의 강국건설의 휘황한 대통로를 열어놓으셨다"고 기록하고 있다. 그동안 김정은은 핵무력 건설과 대남 군사력 강화를 위한

---

12) 조선노동당 규약은 2016년 5월 9일 당 제7차 대회에서 개정되었다.

13) 김정은은 2013년 3월 노동당 전원회의에서 '경제·핵 병진노선'은 제안하였고, 2018년 4월 경제건설 집중 노선을 제시했다. "당중앙위원회 2013년 3월 전원회의 정신을 높이 받들고 경제건설과 핵무력건설로선을 철저히 관철하자", 『로동신문』, 2013.4.1.

14) 박영자 외, 『김정은 시대 북한의 국가기구와 국가성』(서울: 통일연구원, 2018), pp. 229-238.

안보정책을 추진해왔는데,[15] 2015년 2월 22일 당 중앙군사위원회에서 김정은은 '인민군대의 기구 체계를 정간화(정리해 간소화하는 것)하며, 임의의 시각에 최고사령부의 전략적 기도를 실현할 수 있게 기구 체계를 개편하기 위한 방향'을 제시했다.[16] 최고사령부의 지휘 하에 북한군이 효율적으로 전면전을 수행할 수 있도록 군사기구의 개편을 밝히고 있다.

김정은 시대 북한군의 군사 노선은 김정일이 2016년 신년사에서 밝힌 '군력강화의 4대 전략적 노선과 3대과업'에 주목할 필요가 있다.[17] 이는 2014년 4월 26일 당중앙군사위원회 확대회의에서 결정되었을 가능성이 높은데, 4대 전략적 노선은 ① 정치사상 강군화, ② 도덕 강군화, ③ 전법 강군화, ④ 다병종 강군화이며, 3대 과업은 ① 사상무장의 강조, 무기성능 강화 ② 과학기술의 발전, ③ 실질적 훈련 등으로 볼 수 있다.[18]

---

15) 1945년 헌법제정 이후 6번째 수정 만에 핵보유국이란 표현이 삽입되었다. 북한은 2019년 8월 최고인민회의 제14기 2차 회의에서 헌법을 개정하면서 이 조항을 그대로 유지시켰다. 『연합뉴스』, 2019.9.21.

16) "조선로동당 중앙군사위원회 위원장이신 경애하는 김정은 동지의 지도밑에 조선로동당 중앙군사위원회 확대회의가 진행되였다." 『로동신문』, 2015.2.23

17) "신년사 김정은", 『로동신문』, 2016.1.1.

18) 김동엽, "김정은 시대 북한의 군사 분야 변화와 전망," 앞의 논문, pp. 96-98.

제2절 김정은 시대의 군 권력기관과 엘리트 변화

김정일 시대 수령의 국가영도체제가 국방위원장의 직할영도체제였다면, 김정은 시대는 김일성 시대처럼 수령이 당 조직을 통해 국가기구를 영도하는 체제로 규정할 수 있다. 북한은 2010년 9월 28일 당대표자회를 계기로 후계자를 공식화하고 당규약을 개정함으로써 당의 위상과 역할을 전면적으로 회복시켰다.[19]

김정은은 군대를 당의 통제 하에 두면서 미래지향적 첨단·과학화된 군을 건설함으로써 전승을 위한 본래의 기능을 완벽히 수행하는 조직과 기관을 요구하고 있다. 이를 위해 그는 구군부 엘리트중 형식주의와 관료주의에 편승해 자리보전에만 급급하는 간부들을 도태시키고, 충성심을 바탕으로 전문성과 혁신성으로 무장한 신군부 위주로 군을 구성하고 개혁해 나가고 있다. 김정일이 군 엘리트의 발탁과 대우의 기준이 연공서열이었다면 김정은의 기준은 전문성과 열정(능력)이라고 할 수 있다.

김정은은 권력집단화된 군을 제압하기 위해 과감히 당을 선택하였다.[20] 군부 권력엘리트의 척결은 집권 초기부터 지속 시행되고 있으며, 이에 따라 군부의 위상은 계속 하락하고 있다.[21] 2019년말 기준으

---

19) 김정은의 후계자 부각은 2009년 1월로 2008년 김정일이 뇌졸중을 앓으면서 김정은의 후계문제를 서둘렀다. 김정일이 '후계 교시'를 내린 것은 2009년 1월 8일 김정은 생일날로 알려졌다. 고유환, "김정은 후계구축과 북한 리더십 변화; 군에서 당으로 권력이동," 앞의 논문, pp. 185-187.

20) 고유환, "새로운 권력구도 개편이 북한체제에 미치는 영향,"『국가안보전략연구소 학술회의』(서울; 2012), p. 10; 김갑식, "북한군부의 세대교체와 향후 전망,"『이슈와 논점』제496호(2012.7.20), p. 2.

21) 정성장, "김정은 정권의 당과 군부 파워 엘리트,"『김정은 정권의 대내전략과 대외관계』, 앞의 논문, p. 3.

로 김정은이 총참모장을 6번, 인민무력상[22]을 7번이나 교체한 것만 보아도 군에 대한 쇄신요구와 더불어 철저한 통제를 한다는 것을 엿볼 수 있다.(《그림 4-1》참조)

〈그림 4-1〉 북한군 군사지휘기구도

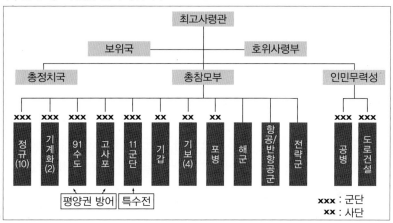

출처: 국방부, 『국방백서』, 2018, p. 22.

---

22) 북한은 2016년 7월 2일 평양시 군민경축대회 보고에서 박영식을 인민무력상으로 호명하였다. 인민무력성은 1948년 민족보위성으로 출범하여 1972년 인민무력부로 개칭된 후 1986년 중앙인민위원회 직속으로 변경되었으며, 1998년 국방위원회 직속 인민무력성으로 바뀌었다가 2000년에 인민무력부로 재변경 되었고, 2016년 6월 29일 인민무력성으로 개편되었다.

1. 김정은 시대의 군 권력기관 변화

1) 인민무력성[23]

김정은 정권 출범 이후 김정은은 당을 통해 북한 군 권력기관의 영향력 약화에 주력하여 왔다. 북한군의 3대 권력기관인 총정치국, 총참모부, 인민무력성 중에 가장 부침이 많은 기관은 군사외교와 후방사업을 담당하는 인민무력성이었다. 김정은은 강성대국의 건설을 위해 핵무력 완성과 다른 한 축인 경제강국 건설을 위해 군대의 효율적 투입과 적정한 관리가 필요함을 강조하면서 인민무력성의 기능과 역할을 강조하였다. 이러한 중대한 임무를 적절히 수행하고 강력히 추진할 수 있도록 인민무력성에게 많은 요구를 하였고, 김정은은 실제 집권 초기부터 다양한 과업지시로 이를 검증하여 왔다. 인민무력상이 2012년부터 2019년까지 8년 동안 무려 7차례나 교체된 것은 이를 잘 설명해주고 있다 하겠다.

김정은은 김정일 사후에 새롭게 시작되는 정권 초기에 그동안 자신을 보필하고 세습체제에 많은 공을 세운 군 권력엘리트 위주로 권력기관에 보직했다.(〈표 4-1〉참조) 먼저 인민무력부장에는 2012년 4월 김정일 시대 군부의 간판이었던 김영춘에서 김정각으로 교체하는데 이는 김정각이 총정치국에서 김정은이 정권을 잡기 전까지 군 주요 엘리트의 동향 보고와 감시를 철저히 하였기에 군의 안정화에 기여한 공로로 보인다. 김정각이 1998년부터 2007년까지 인민무력부에서 직무를 수행한 경력도 참고가 되었을 것으로 추정된다.

이후 2012년 11월에는 김정각에서 김격식으로, 2013년 5월에는 김

---

23) 김정일 시대의 인민무력부는 김정은 집권 후 제6차 당대회 이후 2016년 7월경 인민무력성으로 격하되어 개칭되었다.

격식에서 장정남으로, 2014년 6월 장정남에서 현영철로, 2015년 5월
에는 현영철에서 박영식으로, 2018년 6월에는 박영식에서 노광철로
교체되었으며, 다시 2019년 12월 인민무력성 군사건설국장 출신의 김
정관으로 변경되었다.

인민무력상의 잦은 교체는 다양한 요인인 작용했던 것으로 분석된
다.[24] 이러한 교체 배경을 간략히 살펴보면 김영춘은 당시 나이 76세
고령이라서 2선으로 후퇴하였으며, 김정각은 조직 장악과 리더십이
부족하여 김격식에게 인민무력부장을 물려주고 김일성종합대학 총장
으로 자리를 옮겼다. 김격식은 현영철 총참모장 숙청에 따라 총참모장
으로 옮겼으며, 장정남은 리더십이 부족하여 5군단장으로 강등되었
다. 그나마 3년을 버티던 박영식도 2018년 6월에 북미정상회담을 앞
두고 유화적 군부 엘리트의 배치에 따라 노광철로 교체되었다. 노광철
은 2019년 12월말에 원산갈마해안관광지구와 평양 인근 양덕온천문화
휴양지의 대규모 건설사업을 성공적으로 수행한 김정관에게 자리를
물려주었다.[25]

〈표 4-1〉 김정은 시대 인민무력상 현황

이름	기간	주요경력	비고
김영춘	2009.2~2012.4.	9군단장, 총참모장, 국방위원회 부위원장	김정일 사망: 2011.12.17.

---

24) 『연합뉴스』, 2014.7.29.

25) 김정은은 자신이 태어난 원산별장에 대해 깊은 애착을 가지고 취임 초부
터 원산 갈마해안관광지구에 대해 대규모 휴양시설과 해수욕장을 개발했
다. 아울러 평양 인근에 양덕온천문화휴양지에 대해서도 수시 방문하여
건설사업을 챙길 정도로 애착을 보였다. 『로동신문』, 2018.8.17; 『조선중
앙방송』, 2019.12.8.

이름	기간	주요경력	비고
김정각	2012.4.~2012.10.	총정치국장	
김격식	2012.10.~2013.5.	4군단장, 총참모장	연평해전, 연평도발사건 주역
장정남	2013.5.~2014.6.	1군단장, 5군단장	강등과 복권 반복
현영철	2014.6.~2015.5.	8군단장, 총참모장	'15년 처형
박영식	2015.5.~2018.2.	총정치국 조직부국장	
노광철	2018.2.~2019.12.	총참모부 부총참모장	군수공업 전문가
김정관	2019.12.~	인민무력성 군사건설국장	삼지연군 건설 등

출처: 함택영, "핵무력과 경제건설의 딜레마," 『현대북한학 강의』(서울: 사회평론, 2013), p. 194.; 김동엽, "선군시대 북한의 군사지도·지휘체계; 당·국가·군 관계를 중심으로," 북한대학원대학교 박사학위논문, 2013, p. 201.; 이영훈, 『북한을 움직이는 힘, 군부의 패권경쟁』(파주: 살림, 2012); 통일부, 『2020년 북한 주요 인물정보』(서울: 통일부, 2020). 등 참고하여 재작성.

특히 장정남의 경우는 인민무력부장으로 부침이 많았다. 비교적 젊은 장정남 인민무력부장은 재임시기인 2014년 2월 초에 대장에서 상장으로 강등 됐다가 3월에 대장으로 복귀했으나, 다시 3개월 만에는 인민무력부장 직책에서 해임되어 상장으로 강등되었다. 최전방 1군단장 출신인 장정남은 2013년 5월 인민무력부장이 되면서 중장(별 2개)에서 상장으로 진급했었고, 같은 해 8월 25일 김정은 국방위원회 제1위원장이 주재한 노동당 중앙군사위원회 확대회의에서 한 계급 또 승진해서 대장으로 진급했다. 결국 장정남은 1년이 조금 넘은 사이에 중장 → 상장 → 대장 → 상장 → 대장 → 상장으로 부침을 반복하면서 다섯 번의 계급 강등과 복권을 겪었다.[26]

이러한 장정남의 행보는 인민무력부장 해임 이후에 확인되지 않다

---

26) 『조선중앙통신』, 2014.7.29; 『연합뉴스』, 2014.7.29.

가 2014년 7월 29일에 조선중앙통신 홈페이지에 게재된 김정은 제1위
원장의 '전승절'(정전협정 체결일) 기념 공훈국가합창단 공연 관람 사진
을 확인한 결과로, 종전 대장이던 장정남이 상장(별 3개) 계급장을 부
착하고서 군단장들과 나란히 관람석에 앉은 모습이 포착됐다.

관람석에서 황병서 총정치국장, 리영길 총참모장, 현영철 인민무력
부장, 변인선 총참모부 작전국장, 서홍찬 인민무력부 제1부부장 등은
김정은과 나란히 앉았고 그 뒷줄에는 총참모부 부총참모장급 인물들
이, 세 번째 줄에는 일선 군단장들이 자리했다. 장정남은 세 번째 줄에
김상룡 2군단장, 리성국 4군단장 등과 함께 앉아 있어 인민무력부장
이전에 군단장을 지냈던 1군단이나 현영철이 몸담았던 5군단을 맡았
을 것으로 추정되었다.

한편, 현영철 인민무력부장의 경우도 2012년 7월 숙청된 리영호의
후임으로 총참모장에 올랐다가 1년도 안 된 2013년 5월 5군단장으로
좌천이 됐다. 다시 1년 만에 인민무력부장에 올라서 김정은 제1위원장
곁으로 돌아왔다. 그렇지만 2015년 6월 현영철은 김정은에 대한 불경
과 체제비판 등의 이유로 처형 되었다. 김격식은 2009년 총참모장에
서 4군단장으로 좌천 되었지만, 김정은 체제 들어서 중앙무대로 복귀
해 인민무력부장과 총참모장을 모두 지냈다.

박영식은 당시 총정치국 조직부국장 출신으로 현영철을 대신해 인
민무력부장직을 맡았으며, 2018년 6월 인민무력성 제1부장 겸 제2경
제위원장인 노광철에게 물려주었다.[27] 김정은은 트럼프와 북미정상회

---

27) 노광철은 2014년 11월 7일 최룡해 당시 당중앙위원회 정치국 상무위원
   겸 당비서가 김정은의 특사자격으로 러시아를 방문할 때 부총참모장으로
   동행한 바 있다. 이성춘, "북한체제 군부 핵심요직 변화–김정은 시대를
   중심으로," 『공공사회 연구7(2)』(한국공공사회학회, 2017.5.), p. 51.

담을 앞두고 화해 분위기를 조성하고자 2018년 5월 총정치국장 김정
각을 교체한데 이어서 6월에는 총참모장인 리명수와 인민무력부장 박
영식을 교체하였다.

2) 총정치국

김정은 체제하에서도 여전히 북한군의 3대 핵심 군사기관 중에서
영향력이 큰 조직은 총정치국이다. 군 총정치국은 조직과 선전사업을
담당하고 군 간부들의 인사권을 좌지우지하기 때문이다. 군의 주요 기
관들도 최종적으로는 총정치국의 통제를 받을 정도로 그 위상과 권한
이 북한군내에서는 상당하다고 할 수 있다. 총정치국은 군을 직접 통
제하는 노동당의 집행기구로 군대 내의 각급 정치기관을 통해 당이 군
을 감시하는 기능을 모든 제대에서 수행하고 있다. 국무위원회의 예하
조직으로 당과 국무위원회의 동시 지휘를 받지만 현실적으로 당과 국
무위원회는 김정은이 직접 통제하기 때문에 총정치국은 김정은의 단
독 지시를 받는다고 볼 수 있다.

총정치국의 부서 조직은 조직부, 선전부, 청년사업부, 교육부, 공장
당사업부, 검열위원회 등이 있으며, 북한군의 정치사상교육에서부터
대남 공작업무까지 다양한 업무를 수행하고 있다. 이중에서 군에 대한
정치사업 전반을 책임지는 총정치국 총괄부서 성격의 조직부와 정치
사상교육을 담당하는 선전부가 핵심조직이라 할 수 있다.

김정각은 총정치국의 실세인 제1부국장으로서 2007년부터 조명록
이 건강 악화로 총정치국장의 임무를 제대로 수행하지 못하자 총정치
국장 대리 성격의 제1부국장으로 군부 엘리트에게 영향력을 발휘했다.
특히 2008년 이후부터 김정각은 김정은에게 군 장성 동향을 대면보고
해 온 것으로 알려졌다. 김정은이 후계자로 결정된 후에는 군부 장악

에 적극 기여하면서 김정은의 신임아래 2009년 4월 국방위원회 위원에 선출되었고 군부 실세로 부상하였다. 김정은이 2009년 1월부터 비공식적으로 후계자 지위를 획득하면서 군부 권력엘리트들의 호위와 관심을 받게 되는데 당시 총정치국의 실세인 김정각의 경우, 군의 권력 엘리트들의 동향과 일거수일투족을 수시로 보고하면서 김정은의 신뢰를 받았다고 볼 수 있다. 이러한 후계자 김정은에 대한 보위와 충성으로 그는 비교적 용이하게 국방위원회 위원과 김정일 사후에 인민무력부장에 임명되었다.[28] 그는 직위를 이용하여 군내에 있을지 모를 김정은 반대세력을 색출하고 감시하는 역할도 담당했다.

2012년 4월 제4차 당대표자회에서 김정은은 군 출신이 아닌 당 출신의 최룡해[29]를 총정치국장에 임명하였다.(〈표 4-2〉참조) 최룡해는 인민군 차수, 총정치국장, 당정치국 상무위원, 당 중앙군사위원회 부위원장, 국방위원으로 선출됨으로써 리영호 총참모장보다 국방위원이라는 국가기관 직책을 하나 더 가지게 되었다. 이는 민간당료 출신을 군부 정치기관의 수장으로 임명하여 리영호 중심의 야전군부를 견제하고자 한 것으로, 지나치게 비대해진 군부 엘리트에 대해 당의 통제를 강화하고 군부 엘리트의 세대교체를 의미한다고 볼 수 있다. 사실상 군부 엘리트에 대한 감시와 통제를 담당하는 총정치국 출신들이 주요 군 권력기관의 수장에 임명됨으로써 군에 대한 당의 장악력을 높였다고 할 수 있다. 김정각 총정치국 제1부국장은 인민무력부장으로, 김원

---

28) 『조선중앙방송』, 2012. 4. 10.

29) 최룡해는 1950년생, 민족보위상을 역임한 최현의 아들로서 김일성 종합대학을 졸업한 정치경제 전문가이다. 청년동맹 중앙위원회 제1비서, 황해북도 당 책임비서, 당중앙위원회 근로단체담당 비서 등을 거친 당 출신의 엘리트이다.

홍 총정치국 조직부국장은 국가안전보위부장으로, 그리고 총정치국 출신의 현철해 국방위원회 상무부국장은 인민무력부 후방총국장으로 임명되었기 때문이다.[30]

그러나 최룡해는 2014년에 당뇨 증세가 악화되어 정치국장에 해임된 이후[31] 당 중앙위원회 근로단체담당 비서를 맡게 되었고, 후임에는 조직지도부 출신의 1949년생인 황병서가 총정치국장에 임명되었다.[32]

황병서는 당 조직지도부 출신으로 2010년 9월 중장으로 진급한 후 약 7개월만인 2011년 4월 상장으로 고속 승진했으며, 2014년 4월 대장으로 진급한 지 1개월도 되지 않아 최룡해의 후임인 총정치국장에 임명되면서 차수계급으로 승진했다. 2014년 9월에 개최된 최고인민회의 제13기 2차 회의에서는 국방위원회 부위원장직도 승계하였다. 그리고 2015년 2월에 개최된 당중앙위원회 정치국 확대회의에서 정치국 상무위원직에 선출되면서 그 위상도 높아졌다.

한편, 우리 국가정보원은 2018년 2월 5일 국회 정보위원회 업무보고에서 "북한은 2017년 10월부터 3개월간 당 조직지도부의 주도로 총정치국에 대한 검열이 진행됐다"면서 "검열결과 황병서는 총정치국장에서 해임됐고 현재 고급당학교에서 사상교육을 받는 것으로 추정된다"고 밝혔다. 이로 인해 "총정치국 제1부국장 김원홍은 해임 및 출당

---

30) 김갑식, "북한 군부의 세대교체와 향후 전망," 『이슈와 논점』 제496호, 2012.7.20, p. 13.

31) 최룡해의 해임은 건강설 보다는 군부장악 실패가 주요한 사유로 추정된다. 민간인인 최룡해가 조기 군부 장악에 실패하자, 김정은이 군내 여론 전환과 군부 안정화 차원에서 최룡해 총정치국장을 건강을 핑계로 교체했다.

32) 최진욱 외, "김정은 정권의 정책전망: 정권초기의 권력구조와 리더십에 대한 분석을 중심으로," 『KINU연구총서』 12-12호(통일연구원, 2012), p. 57.

처분을 받았고 부국장 염철성과 조남진은 강등 후 혁명화 교육을 받는 등 다수 간부가 해임 또는 처형됐다"면서 "황병서 후임으로는 전 인민무력부장인 김정각이, 조직부국장에 손철주, 선전부국장에는 이두성이 각각 임명된 것으로 보인다"고 보고했다. 국정원은 2017년 11월 국회 정보위원회 업무보고 시 "최룡해의 주관 하에 당 조직지도부가 총정치국의 불순한 태도를 문제 삼아 군 총정치국에 대한 검열을 진행 중으로 총정치국 검열은 20년 만에 처음이다"고 밝힌 바 있다. 최룡해 등 조직지도부의 위상 및 역할 강화는 황병서와 총정치국의 약화로 보여진다. 이러한 사건은 군부 외화벌이 독점사업과 수산 이권사업 등 경제적 이권과 관련하여 당과 군의 권력기관간의 갈등 속에 예견되었다.[33]

황병서 정치국장의 해임으로 공석이 된 자리는 김정각 김일성군사종합대학장이 2018년 2월 보직된 것으로 확인되었다. 그러나 김정각은 5월경 다시 해임되었고, 후임에 총정치국 출신으로 지난 5년간 평양시 당 책임비서였던 김수길이 선정되었다. 북한 조선중앙통신은 김정은의 원산 갈마 해안관광지구 현장지도에 육군 대장 김수길 총정치국장이 수행했다고 밝히고 있다.[34]

---

33) 선군정치 이후 전체 외화 수입의 약 70% 이상을 벌어들이는 군부 무역경제에 대한 조직지도부, 국가안전보위부 등의 도전이 치열해졌다. 이승열, 『북한 엘리트 집단의 권력투쟁과 당조직지도부의 생존전략』, 앞의 책, p. 75.
34) 『로동신문』, 2018.5.26.

〈표 4-2〉 김정은 시대 총정치국장 현황

이름	기간	주요경력	비고
최룡해	2012.4.~ 2014.4.	사로청 위원장, 당 근로단체담당 비서, 조직지도부장	최현 子
황병서	2014.4.~ 2018.2.	조직지도부 부부장	
김정각	2018.2.~ 2018.5.	인민무력부 제1부부장, 총정치국 제1부국장, 인민무력부장, 김일성종합군사대학장	총정치국장 대리(2009 ~2012)
김수길	2018.5.~	총정치국 조직부국장, 평양시 당위원장	

출처: 함택영, "핵무력과 경제건설의 딜레마," 『현대북한학 강의』(서울: 사회평론, 2013), p. 194; 김동엽, "선군시대 북한의 군사지도·지휘체계; 당·국가·군 관계를 중심으로," 북한대학원대학교 박사학위논문, 2013, p. 201; 이영훈, 『북한을 움직이는 힘, 군부의 패권경쟁』(파주: 살림, 2012); 통일부, 『2020년 북한 주요 인물정보』(서울: 통일부, 2020). 등 참고하여 재작성.

3) 총참모부

김정은이 군 개혁과 변화를 인민무력부와 유사하게 강조한 기관이 총참모부로 보인다. 김정은은 집권이후 2019년말까지 군 총참모장을 6차례나 교체하고, 화력지휘국장 박정천을 포함해서 전후방 지휘관을 수시 교체하고 강등하며 숙청했기 때문이다.(〈표 4-3〉참조)

김정은은 2012년 7월 군대 이권사업의 당으로 귀속지시에 항명한 리영호를 숙청하고 후임에 정통 야전군 출신인 8군단장 현영철을 임명하였다. 군부 내에서 신망이 두터웠던 인민군내 실세인 리영호 총참모장의 해임은 김정은의 통치스타일에 미적응한 군부 권력엘리트의 단면을 보여주고 있다. 리영호는 김정은의 당 우선 시스템을 이해하지 못하고 군의 통제에 불만을 제기하는 등 과거 선군정치 시절의 군부

행태를 노출함으로써 숙청되었다. 그는 민간인 최룡해가 군복을 입고 군 총정치국장 직무를 수행하는데 불만뿐만 아니라 군 경제활동의 내각 이관조치에 불평을 토로하다 공안기관 보고로 하차했을 개연성이 높다. 김정은의 통치스타일이 군에 의존하고 중시하는 선군정치보다는 당-국가 시스템 아래 군을 통제하고 관리하는 유형으로, 이러한 리영호의 숙청은 과대성장한 군에 대한 군살빼기와 세대교체의 신호탄이라고 볼 수 있다. 리영호 총참모장의 해임에 대해 중국 환구시보(環球時報)는 "리영호 해임이 북한의 선군정치 변화의 신호탄"이라는 해석을 제시하기도 하였다.[35]

리영호에 이어 군 총참모장의 지위를 계승한 현영철도 2012년 10월 10일 노동당 창건 67주년 행사에서 3개월 만에 차수에서 대장으로 강등 되었다. 그는 평양의 정치군인과는 달리 정통 야전군 출신으로 북한과 중국의 국경수비를 담당하는 8군단장 출신이었다. 그러나 현영철은 총참모장에 보직된 지 10개월 만에 군내 각종 비리와 사고에 대한 책임을 지고 물러났으며, 이 자리를 김격식 인민무력부장이 승계하였다. 2013년 8월 김격식은 쿠바방문 시(6월) 음주 실수 및 뇌물수수 혐의로 해임되고, 당시 총참모부 작전국장인 리영길로 교체되었다.[36] 리영길은 개인 우상화 등으로 2016년 2월에 강원도지역 군단장으로 좌천되었으며, 리명수가 군 총참모장으로 부임하게 되었다. 2018년 6월 리명수는 김정은의 북미정상회담 준비과정에서 강성인사로 분류되어

---

35) 김갑식, "북한 군부의 세대교체와 향후 전망," 『이슈와 논점』 제496호, 2012.7.20, p. 15.

36) 리영길은 2002년 김일성 90회 생일을 기해 군 인사개편에서 중장으로 진급하였고, 2010년 당 중앙위원회 정치국 위원에 선출되었다.

총참모장에서 하차되고 온건한 리영길이 복권하게 되었다.[37] 리영길은 2019년 9월 미사일 개발과 신형방사포 성능 개량에 다대한 공적을 쌓은 화력지휘국장 박정천에게 총참모장 자리를 물려주었다.

〈표 4-3〉 김정은 시대 총참모장 현황

이름	기간	주요경력	비고
리영호	2009.2.~2012.7.	평양방어사령관, 정치국 상무위원	
현영철	2012.7.~2013.5.	인민무력부장, 8군단장	2015년 처형
김격식	2013.5.~2013.10.	4군단장, 인민무력부장	2015년 사망
리영길	2013.10.~2016.2	총참모부 작전국장	
리명수	2016.2.~2018.6.	인민보안부장, 총참모부 작전국장	
리영길	2018.6.~2019.9.	총참모부 작전국장	
박정천	2019.9.~	총참모부 화력지휘국장, 포병사령관	

출처: 함택영, "핵무력과 경제건설의 딜레마," 『현대북한학 강의』(서울: 사회평론, 2013), p. 194; 김동엽, "선군시대 북한의 군사지도·지휘체계; 당·국가·군 관계를 중심으로," 북한대학원대학교 박사학위논문, 2013, p. 201; 이영훈, 『북한을 움직이는 힘, 군부의 패권경쟁』(파주: 살림, 2012); 통일부, 『2020년 북한 주요 인물정보』(서울: 통일부, 2020). 등 참고하여 재작성.

4) 국가보위성

국가보위성은 북한 군부의 5대 핵심기구중 김정은 집권 이후 기관장의 변동이 가장 적었던 기관으로 이는 최고지도자의 신뢰와 조직의 기능적 성격에 기인한다고 보여진다.[38] 국가보위성은 그전 국가안전보

---

37) 리영길은 강건군관학교 출신으로 군내 작전계통에 근무했다. 총참모부 작전국 부국장, 제3군단장 등을 역임한 작전계통의 전형적인 야전군 지휘관이다. 2013년 2월경 5군단장에서 총참모부 작전국장으로 이동하여 북한군 작전을 총지휘하였다

38) 정성장, "김정은 시대 북한군 핵심 요직의 파워 엘리트 변동 평가," 『세종 정책 브리핑 2015-4』, 2015.9.25, p. 2.

위부가 제7차 당대회 개최 이후 개명된 조직이다. 김원홍 국가보위상은 2003년 7월부터 보위사령관직을 수행하다가 2009년 2월에 총정치국 조직부국장에 임명되었다. 장성택 당 행정부장의 후원을 입은 김원홍은 2009년 4월 14일에 인민군 대장으로 승진한데 이어 2010년 9월 28일 개최된 제3차 당대표자회에서 당중앙군사위원회 위원직에도 임명되었다.[39] 당 중앙군사위원회에서 김경옥 조직지도부 군사담당 제1부부장 바로 다음에 호명된 것은 그의 위상을 반영한다 하겠다. 또한 그는 제3차 당대표자회에서 김정은의 우측에 앉아 핵심측근으로 주목을 받기도 하였다. 이후 2012년 4월 제4차 당대표자회 개최 직전에 국가안전보위부장으로 임명되었다.

김정일 집권시기에는 김정일이 국가안전보위부를 직접 관리하고 통제하면서 사실상 대행체제를 유지하였다. 국가안전보위부는 우동측이 2005년부터 장성택 이후 대리로 업무를 수행하였다.

김정은이 후계자로 내정된 2009년에 국가안전보위부 제1부부장인 우동측은 조직 내에서 핵심적 역할을 수행했다. 물론 김정은이 권력을 완전히 장악하기 전까지 우동측이 후계자 김정은에게 절대의 충성과 고급정보를 제공했음은 의심의 여지가 없다. 그러나 우동측은 김정은 체제가 공식 출범한 2012년 4월 태양절인 김일성 생일을 앞두고 숙청된 것으로 보이고, 이후 그는 뇌출혈로 인한 전신마비 증세를 보인 것으로 알려졌다.[40]

그간 우동측이 국가안전보위부장의 대리 업무를 약 6년 이상 유지하였기에 이를 대신해 김원홍이 국가안전보위부장에 임명된 것은 김

39)『조선중앙통신』, 2010.9.28.
40)『연합뉴스』, 2013.2.1.

정은의 대단한 신임을 획득했다고 볼 수 있다. 이후 약 5년간 김원홍이 군부의 주요 엘리트와는 상이하게 해임이나 강등과 무관한 것은 그의 충성심과 리더십, 능력을 보여주는 것으로 평가된다. 그러나 이러한 김원홍도 양강도 반당·반혁명세력 조사 관련 가혹한 고문 및 허위보고로 낙마하여 노동화 교육을 받아야 했다.[41] 이후 국가보위성은 당 중앙군사위원회 위원 겸 정치국 후보위원인 정경택이 2017년 1월부터 책임자가 되어서 임무를 수행하고 있다.(〈표 4-4〉참조)

정경택은 자강도 출신으로 현재 50대 후반의 비교적 젊은 나이로, 김일성의 경제참모로 근무했던 정준택 전 부총리의 아들로 알려졌다. 정경택은 김책공군대학을 졸업한 공군 출신으로 조명록 전 총정치국장의 큰 후원을 받았다고 한다. 정경택은 '황주비행장'이라 불리는 공군사령부 3사단 정치위원을 역임했다. 공군 핵심부대 정치위원은 어느 중앙무대 간부들과 비교해도 결코 뒤지지 않은 자리로 더욱 황주비행장은 북한 최신 전투기인 미그 29기가 운영되는 정예비행부대다. 이러한 황주비행장을 김정일도 자주 방문했고, 그때마다 수행한 조명록 차수가 정경택을 추천했다고 한다.[42]

---

41) 2017년 4월경 김원홍은 총정치국 조직담당 제1부국장으로 복직했다. 김원홍의 복직으로 총정치국은 황병서 총정치국장-김원홍 조직담당 제1부국장-조남진 조직부국장 - 염철성 선전부국장으로 구성되었다. 『조선중앙TV』, 2017.4.14; 이후 총정치국의 반당혐의에 대한 당의 조직지도부 검열이 2017년 10월부터 약 4개월간 진행되었고, 그 결과 김원홍은 출당 및 해임되었고, 황병서 총정치국장은 권력에서 밀려났다.

42) 정경택의 부친은 정준택(1911-1973)으로, 함경남도 출신이며 경성공업고등학교를 졸업하고 화학공장 기사로 근무하였다. 북한 정권수립이후 화학공업상, 국가계획위원회 위원장, 내각 부총리 등을 역임하였다. 그는 북한 정권 초기시절부터 김일성의 충직한 심복으로 알려졌다. 지주집안이라는 오점에도 불구하고 김일성의 테크노크라트로 일하며 북한 공업화와 계획경제를 실현하는데 기여했다.

정경택은 총정치국 기관당위원회 책임비서를 거쳐 2016년 7월 국가보위성 정치국 조직부국장을 역임했다. 이는 과거 박영식 인민무력부장이 총정치국 조직부국장을 거쳐 승진한 것과 비슷한 케이스다. 즉 군 정치간부가 행정 책임간부로 등용되는 사례로, 과거와 상이한 김정은 시대의 인사 경향과 추세로 보인다.

〈표 4-4〉 김정은 시대 국가보위상 현황

이름	기간	주요경력	비고
김원홍	2012.4~2017.1.	보위부사령관, 총정치국 조직담당부국장	
정경택	2017.1.~	국가보위성 조직담당부국장	정준택 전 부총리 子

출처: 이영훈, 『북한을 움직이는 힘, 군부의 패권경쟁』(파주: 살림, 2012); 통일부, 『2020년 북한 주요 인물정보』(서울: 통일부, 2020). 등 참고하여 재작성.

5) 인민보안성(사회안전성)[43]

우리의 경찰청과 유사 역할을 하며, 북한주민을 직접 감시하고 통제하는 인민보안성의 기관장은 김정은 시대에 세 차례 변동이 있었다.[44](〈표 4-5〉참조) 북한에서 국가보위성과 함께 양대 공안기구로 통하는 인민보안성은 2004년부터 주상성이 지휘해 왔다. 그는 2009년에 북한의 최고권력기구인 국방위원회 위원직에 올랐으며, 2010년 9월에는 김정은 후계체제 하에서 당 정치국 위원에 임명되었으나, 2011년

---

43) 인민보안성은 당 중앙군사위원회 제7기 4차 확대회의에서 사회안전성으로 변경되었다. 『로동신문』, 2020.5.24.

44) 정성장, "김정은 시대 북한군 핵심 요직의 파워 엘리트 변동 평가," 『세종정책 브리핑 2015-4』, 2015.9.25, p. 3.

3월과 4월에 인민보안부장과 최고인민회의 법제위원장에서 전격 해임되었다.[45] 이후 김정일의 공개활동에 자주 수행했던 리명수 국방위원회 행정국장이 2011년 4월 7일 국방위원회 결정으로 인민보안부장에 임명되었다. 리명수는 2012년 4월 11일 제4차 당대표자회에서 당중앙위원회 정치국 위원과 당 중앙군사위원회 위원에 보선되었고, 4월 13일 개최된 최고인민회의 제12기 5차 회의에서 국방위원회 위원에 선출되었으나, 2013년 2월에 인민보안부장에서 해임되었다. 최부일 총참모부 제1부총참모장 겸 작전국장이 후임자로 임명되었다.

북한은 제7차 당대회에 이어서 최고인민회의 제13기 제4차 회의를 통해 '인민보안부'를 '인민보안성'으로 개편하였다.[46] 북한 조선중앙TV는 7월 8일 김일성 사망 22주기를 맞아 각계 간부들이 동상을 참배한 소식을 전하며 최부일 인민보안부장의 참배 모습에 '인민보안성에서'라는 흰색 글씨 자막을 표기하고 있다. 한편, 최부일은 2019년 12월 당 7기 5차 전원회의에서 소환되어 김정호에게 인민보안상 직위를 인계하고 당 군사부장으로 이동했다.

〈표 4-5〉 김정은 시대 인민보안상(사회안전상) 현황

이름	기간	주요 경력	비고
리명수	2011.4.~ 2013.1.	3군단장, 총참모장, 최고사령부 제1부사령관	

---

45) 공안기관의 수장인 주상성의 해임은 국경 경비실책을 중국이 문제 삼아 항의한데 기인한 것으로 추정된다. 『연합뉴스』, 2011.4.9.

46) 2016년 6월 29일 개최된 최고인민회의 제13기 제4차 회의에서는 국방위원회를 국무위원회로, 최고재판소를 중앙재판소로 변경하고, 조직문제 등을 토의하였다. 『조선중앙통신』, 2016.6.30.

이름	기간	주요 경력	비고
최부일	2013.2.~ 2019.12.	9군단장, 총참모부 부참모장, 당 군사부장	
김정호	2019.12.~	인민보안성 부부장	사회안전상 변경 (2020.5.이후)

출처: 이영훈, 『북한을 움직이는 힘, 군부의 패권경쟁』(파주: 살림, 2012); 통일부, 『2020년 북한 주요 인물정보』(서울: 통일부, 2020). 등 참고하여 재작성.

2. 김정은 시대의 군 엘리트 변화

김정은 정권초기 군 권력엘리트와 당 권력엘리트간의 충돌 후, 제7차 당대회를 전후해서는 신진 권력엘리트의 권력이동 부침이 심했다.

먼저 김정은 정권 초기에 당에서 영향력을 행사하던 장성택 중심의 공안부 체제보위 세력과 리영호를 중심으로 한 정통군부 엘리트 사이의 권력투쟁에서 발생했다.[47] 체제보위 세력은 주로 국방위원회를 중심으로 구성되었고, 정통군부 엘리트는 당 중앙군사위원회를 중심으로 구성되었다. 김정은 정권 초기 권력이 취약한 김정은의 체제하에서 상호간 권력 투쟁과 경쟁은 불가피하였다.(〈그림 4-2〉참조)

---

47) 안경모, "김정은 시대 북한 정치체제 변화에 대한 분석," 앞의 논문, p. 90; 최대석·장인숙 편저, 『북한의 시장화와 정치사회 균열』(서울: 선인, 2015), p. 101.

〈그림 4-2〉 북한 엘리트의 충성경쟁 구도

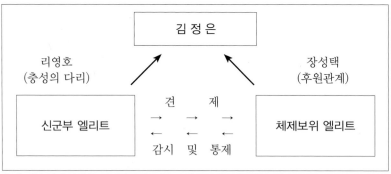

출처: 이승열, "김정은 체제하에서 북한 수령체제의 전환 방향: 엘리트의 정책선택을 중심
으로," 북한연구학회 정기동계학술회의, 2012.12, p. 230.

이처럼 북한 엘리트 간 경쟁구도를 형성하게 된 것은 김정일이 의중
으로 보여진다. 김정일은 김정은이 충분한 후계준비 없이 권력의 전면
에 나설 가능성이 높다고 판단하고 나름의 안전장치를 이와 같이 마련
하였다. 이를 위해 김정일은 김정은의 후견인으로 장성택의 정치적 위
상을 제고하기 위해 2010년 6월 최고인민회의 제12기 3차 회의에서
장성택 당 행정부장을 국방위원회 부위원장에 임명하였다. 장성택이
당의 행정부장이라는 강력한 권한 이외 국방위원회에서도 군에 대한
영향력을 행사할 수 있도록 사전작업을 한 것이다. 아울러 김정일은
장성택의 권력을 강화해 주기 위해 정적관계에 있던 이제강 조직지도
부 제1부부장을 제거하였고, 2011년 1월 국가안전보위부에서 장성택
을 견제하던 류경 부부장도 숙청하였다.[48]
한편으로 김정일은 장성택의 세력을 견제하기 위해 군부 권력엘리
트를 활용하였다. 첫째, 리영호를 총참모장으로 임명하여 장성택의 독

---

48) 최대석·장인숙 편저, 『북한의 시장화와 정치사회 균열』, 앞의 책, p. 167.

주를 견제하면서 군부의 충성을 유도하려 하였다. 아울러 리영호의 지휘를 받는 정통 군사 지휘관들을 당 중앙군사위원회에 집결시켰다. 김정은의 농구선생으로 어릴 때부터 친숙한 최부일 부총참모장, 김명국 총참모부 작전국장, 정명도 해군사령관, 리병철 항공·반항공사령관, 최상려 미사일 지도국장, 최경성 11군단장 등이 모두 당 중앙군사위원회 위원으로 임명되었다. 통상 정치군인들이 위원으로 임명되던 관례를 깨고 정통 야전 지휘관들을 군통수권을 행사하는 당 중앙군사위원회의 위원으로 임명한 것은 상당히 이례적인 것으로, 그 결과 군의 조직과 사상을 통제해 온 체제보위세력으로부터 독립적인 의사결정구조를 확립하였다.[49]

김정일의 묘책은 두 세력이 견제와 감시를 통해 김정은의 권력 안착과 공고화에 기여하는데 있었다. 장성택 세력은 김정은을 백두혈통의 계승자로 김씨 왕조의 안정과 세습을 보장하는데 앞장서 주길 바랬고, 리영호 세력에게는 군부의 충성으로 김정일과 김정은을 잇는 가교역할을 원했던 것이다.

그러나 정통 야전군 출신의 리영호 총참모장이 김정은의 당–국가 시스템에 반발하고 군부의 경제적 이권사업에 대한 당 사업으로의 원복에 대해 저항하면서 김정은에 의해 2012년 7월 15일 전격 숙청되었다.[50] 이로 인해 김정일의 두 세력의 견제와 감시를 통한 후계체제의 권력안정과 강화의 구상은 불가하게 되었다. 북한은 이날 정치국 회의를 통해 리영호를 정치국 상무위원, 중앙군사위원회 부위원장, 인민군 총참모장, 차수 등 모든 직책에서 직무를 정지시켰다. 이러한 리영호

49) 이교덕 외, "김정은 체제의 권력엘리트 연구," 앞의 논문, pp. 267-268.
50) 이무철, 『김정은의 '공포정치'와 통치 리더십』(통일교육원, 2016), pp. 34-39.

의 숙청은 장성택 세력의 강화 및 공안세력의 승리라고 할 수 있다.

선군정치 하에서 승승장구해 온 야전군 출신으로 군을 대표하는 총참모장 리영호가 군의 기득권 포기와 같은 군부의 경제적 이권사업 철회는 수용하기 곤란했다고 보여진다. 더욱 2012년 4월 11일 제4차 당대표자대회 전후의 인사에서 군과 무관한 당료 출신인 최룡해를 총정치국장에 차수로 승진시켜 리영호 총참모장보다 서열이 앞서게 함으로써 리영호의 거부감 및 반발은 강했을 것이라 예견된다.(〈표 4-6〉 참조)

〈표 4-6〉 당중앙위원회 정치국 위원 변화

위원	2010년 9월 28일 (제3차 당대표자회)	2012년 4월 11일 (제4차 당대표자회)
상무위원 겸 위원	김정일(사망. 2011.12.17)	김정은
	2. 김영남	2. 김영남
	3. 최영림	3. 최영림
	4. 조명록(사망. 2010.11.6.)	4. 최룡해(신임, 승진)
	5. 리영호	5. 리영호
위원	6. 김영춘	6. 김경희
	7. 전병호	7. 김정각(신임)
	8. 김국태	8. 장성택(신임)
	9. 김기남	9. 박도춘(신임)
	10. 최태복	10. 김기남
	11. 양형섭	11. 김국태
	12. 강석주	12. 리명수(신임)
	13. 변영립	13. 최태복
	14. 리용무	14. 양형섭
	15. 주상성	15. 강석주

위원	2010년 9월 28일 (제3차 당대표자회)	2012년 4월 11일 (제4차 당대표자회)
위원	16. 홍석형	16. 김원홍(신임)
	17. 김경희	17. 현철해(신임)
후보 위원	18. 김양건	18. 오극렬(신임)
	19. 김영일	19. 김양건
	20. 박도춘(승진)	20. 김영일
	21. 최룡해(승진)	21. 태종수
	22. 장성택(승진)	22. 김평해
	23. 주규창	23. 문경덕
	24. 리태남	24. 곽범기(신임)
	25. 김락희	25. 김창섭
	26. 태종수	26. 노두철(신임)
	27. 김평해	27. 리병삼(신임)
	28. 우동측	28. 조연준(신임)
	29. 김정각(승진)	29. 주규창(신임)
	30. 박정순(사망. 2011.1.22.)	30. 리태남
	31. 김창섭	31. 김락희
	32. 문경덕	32. 우동측

출처: 이상숙, "김정은 체제의 권력구조와 경제개혁: 개방정책 추진 가능성," 『주요국제문제분석』(국립외교원 외교안보연구소, 2012.7.23.), p. 23; 이교덕외, 『김정은 체제의 권력엘리트 연구』(서울: 통일연구원, 2012), p. 263. 등 참고

2016년 5월 제7차 당대회 이후 군부 엘리트들의 권력을 향한 투쟁이 노정되었는데 크게 두 가지 시각에서 이를 조명해 볼 수 있겠다. 먼저 총정치국장 황병서와 국무위원회 부위원장인 최룡해의 권력 갈등이었다. 최룡해의 부상은 조직지도부 중심의 당 영도체계를 강화하는 한편 김정은의 조직지도부에 대한 견제의 성격도 있었다.[51] 또한 김원

---

51) 오일환, "제1장 북한 노동당 제7차 대회와 김정은 당 유일영도체계 확립

홍 국가안전보위부장과 김영철 정찰총국장간에도 보이지 않는 갈등이 존재하고 있었다. 김영철이 정찰총국장으로 부임한 이후 외화벌이 조직 이관과 흡수를 강행하면서 국가안전보위부와 충돌이 벌어졌고, 국가안전보위부의 대남공작업무까지 넘보는 등 월권행위를 보임으로써 갈등의 골은 점점 커졌다. 결국 김원홍이 김정은에게 김영철의 불륜설과 김양건 비하 등 부적절한 언행을 수집하여 보고함으로써 김영철 혁명화 교육의 단초를 제공하였다.[52]

2016년 말에는 군부 엘리트의 권력투쟁이 새로운 양상으로 전개되었다. 당 조직지도부에 의해 2017년 1월 국가보위성 김원홍의 월권행위에 대한 대대적인 조사와 감찰이 이루어졌고, 각종 허위보고를 일삼은 점이 판명되어, 김원홍이 연금 조치되고 부장급 간부 5명이 처형되었다. 그동안 김정은 체제에서 공포정치의 집행자였던 김원홍을 처단한 것은 국가보위성의 권력이 확대되어 조직지도부에 사전 위협 전에 최룡해가 김원홍을 숙청한 것이었다. 이러한 배경에는 태영호 전 영국주재 북한공사의 남한 망명에 대한 책임소재를 두고 당 조직지도부와 국가보위성의 갈등도 작용하였다. 태영호 공사의 망명 책임에 있어 조직지도부는 북한 엘리트의 선발과 파견, 국가보위성은 이들을 감시에 문제가 있었기 때문이다. 김정일은 조직지도부의 손을 들어주었고 그 결과 국가보위성 간부 약 16명이 태영호 공사의 망명 책임을 지고 숙청당했다. 이후 조직지도부와 국가보위성의 파워게임은 당 조직지도부로 우세로, 조직지도부의 검열을 받은 국가보위성의 김원홍이 숙청되기에 이르렀다.[53]

전략," 『통일전략』 16(3), 2016, p. 24.
52) 이무철, 『김정은의 '공포정치'와 통치 리더십』, 앞의 책, pp. 58.
53) 『연합뉴스』, 2017.2.3.

2018년부터 당 조직지도부장 최룡해의 위상 및 역할강화는 상대적으로 군부의 약화와 황병서의 몰락을 의미했다. 총정치국에 대한 당의 집중검열은 군부내 '중앙당'으로 알려진 총정치국의 위상 추락과 당의 영도체계 강화는 물론 총정치국을 바탕으로 영향력을 행사했던 황병서의 실권으로 이어졌다.

김정은 집권 이후 2019년 말까지 군부의 5대 권력기관 권력엘리트들의 인사 변동을 분석해 보면, 총정치국장은 네 차례, 총참모장은 여섯 차례, 인민무력상은 일곱 차례 교체되었고, 국가보위상은 두 차례, 인민보안상은 두 차례 바뀌었다. 이러한 수시 인사가 군부에 대한 불신으로 즉흥적이고 감정에 따라 단행한 측면도 보이지만, 체제 안정기에 접어든 현 시점에서 조망해 보면 김정은이 당-국가 체제를 완성하기 위해 일정한 목표와 기준에 따라 군부 인사를 단행한 것으로 보인다. 이러한 군부 인사에 대해 태영호 공사는 '군부책임자가 2018년 1월부터 5월까지 세 번 바뀌는 전례가 없던 일이 발생했다'[54]고 말하며 군부 수시인사의 지속성은 군부 엘리트에 대한 불신과 우려를 증명한다고 평가했다.

1) 집권 초부터 제7차 당대회 이전(2012년~2016년 5월)

김정일이 2009년 1월 김정은 후계체제를 공식화함에 따라 김정은은 국가안전보위부장직을 통해 점차 자기중심 구도로 북한의 권력을 장악하였다. 김정일은 사전 군부에 대한 권력정지 작업과 군 권력엘리트 약화 전략을 적절히 구사하였다. 아울러 당 조직지도부는 김정일의 지시에 따라 김정은을 후계자로 지정하여 3대 세습체제를 준비하게 되

---

54) 『시사저널』, 1506호, 2018.8.28.

는데, 이러한 권력의 변화를 감지한 군 및 공안기관 권력엘리트들은 김정은 중심의 권력구도를 형성하기 시작하였다.

사실상 2011년 12월 김정일 사후에 나타나는 김정은을 중심으로 한 북한 권력엘리트들의 후계체제 안정화 과정은 이미 2009년부터 김정은 중심의 권력 구도를 공안기관에서 시작하여 군 주요기관으로 서서히 확장하였기 때문이다. 김정은은 먼저 국가안전보위부 수장으로 국가안전보위부를 장악하여 주요 권력기관의 엘리트와 핵심사업을 파악하고 차기 지도자로서 밑그림을 그렸다. 총정치국의 김정각 제1부국장으로부터 군부 관련 고급정보와 군 엘리트들의 동향을 수시로 보고받으면서 감시를 늦추지 않았고, 보위사령관에서 총정치국 조직부국장으로 이동한 김원홍으로부터 군부의 여론을 조성하여 후계자 권력 안착과 군부 엘리트의 후원을 지원받았다.[55]

김정은은 2011년 12월 30일 최고사령관직에 추대된 후 최초로 2012년 2월 15일 '최고사령관 명령'에 의해 대규모 인사를 단행하였다. 최고사령관 명령에 의해 박도춘 당 중앙위원회 군수담당비서 겸 국방위원과 김영철 총참모부 정찰총국장 겸 당 중앙군사위원이 대장으로 승진했고, 주규창 당 중앙위원회 기계공업부장 겸 국방위원, 백세봉 제2경제위원장 겸 국방위원, 김송철 근위 서울류경수제105탱크사단장이 상장으로 진급했다. 당 중앙군사위원회와 국방위원회에 소속되어 있으면서 과거에 장령계급을 달지 못했던 박도춘, 주규창, 백세봉 등 군수공업분야 인사들이 최초로 장령계급을 수여 받았다.[56]

55) 정성장, "북한 노동당 제4차 대표자회와 파워엘리트 변동," 『정세와 정책』 2012년 5월 (성남: 세종연구소), p. 5.
56) 『연합뉴스』, 2012.4.16.

이처럼 김정은이 최초 군부인사를 통해 군부의 상장 이상 장령급 일색인 당 중앙군사위원회와 국방위원회에 민간 출신의 당 중앙군사위원과 국방위원에게 대장과 상장의 계급을 부여함으로써 군사정책과 지도지침을 결정하는 당 중앙군사위원회와 국방위원회에서 군부의 지나친 정책결정 참여를 제한하고 민간 출신 위원들의 영향력을 제고하기 위한 조치를 취하였다.

김정은은 김영철 정찰총국장을 대장으로 승진시켰다. 김영철은 김정은이 후계자로 결정된 지 1개월 후인 2009년 2월경 상장으로 승진했고 약 3년 만에 다시 김정은의 대규모 인사에서 대장으로 승진함으로서 그가 김정은의 군부 측근임을 알 수 있다.[57]

2012년 2월 당 중앙군사위원회의 구성원과 계급을 비교해보면 대부분의 군 엘리트들이 2009년 1월 김정은이 후계자로 결정된 이후[58] 김정은과 밀접한 관계가 있다고 분석되며 김정은의 군부장악에서 이들의 영향이 지대했다.[59] 사실상 핵심권력 상층부의 재정비와 공고화는 2009년부터 본격 시작되어 2012년 4월 15일까지 일차 완료되었으며, 핵심권력 기반을 선군정치의 군부로부터 민간 당 관료로 교체하는 작

---

57) 김영철은 천안함 공격, 디도스 테러 등 2009년 이후 발생한 대남도발의 배후로 지목받고 있어 이러한 북한의 각종 도발에 북한 군 지휘부의 관여가 주시된 바 있다. 정성장, "김정은의 선군정치와 북한의 군부 엘리트 변동," 『정세와 정책』, 2012년 3월 (성남: 세종연구소), p. 18.

58) 김정일에 의한 김정은 후계체제 준비는 먼저 당의 권위 강화와 당에서의 후계자 지위 획득이었다. 그래서 김정은은 2009년 이후로 당의 영도적 역할과 '향도의 당'을 강조하였다. 로동신문 정론에서 김정은을 은유하는 '향도의 당'과 당의 영도적 역할을 강조하고 '대를 이어 수령복, 장군복'을 언급하면서 김정은 후계를 정당화하는 글을 연속 게재하였다. 고유환, "김정은 체제의 발전전략과 효율성 위기," 앞의 논문, p. 93.

59) 정성장, "김정은의 선군정치와 북한의 군부 엘리트 변동," 앞의 글, p. 19.

업은 2005년부터 시작되었다는 관점도 있다.[60] 이 작업의 핵심은 장성택으로, 교체정치사업은 2012년 4월 15일 완료되었다고 본다.

1995년경 권력의 주류를 형성했던 선군정치의 군부 권력엘리트(조명록, 김영춘, 김일철 중심)는 2009년에 신군부 리영호와 김영철로 교체되었으며, 2012년 4월까지 신군부와 민간 당 관료 세력이 경쟁하며 정책적으로 서로 충돌하는 과도기로 평가한다. 아울러 김정은은 신주류 연합의 공고화를 바탕으로 군부 엘리트의 재편 및 약화작업에 착수 했다. 신주류의 대의명분은 강성국가와 수령체제 보위를 위한 '당-국가 체제 강화론'과 '개혁론'이 핵심으로, 신주류는 이를 명분으로 하여 군부 이권사업을 개혁이라는 이름으로 시행하고 군부의 경제기반을 약화시키는 작업을 진행했다.[61]

김정은은 김정일 사후 원로급의 군부 엘리트들을 배려하면서도 신속히 군을 장악했다. 김정은은 권력 강화와 체제안정을 유지하기 위해 선군정치 하에서 비정상적으로 성장한 군부의 영향력을 축소하고 정상적인 당-정-군의 사회주의 국가체제로 전환을 추진하였다.[62] 이에 따라 고령의 김영춘 전 인민무력부장과 김격식 전 총참모장 등이 2선으로 물러났으며, 군에 대한 최고지도자와 당의 통제를 강화하기 위해 군 수뇌부의 수시인사와 교체, 계급 강등 등이 이루어졌다. 특히 총참모장과 인민무력부장은 수시로 교체되어 전통적인 군부 엘리트의 위상이 현저하게 격하되었다.

---

60) 박형중, "김정은 통치 1년과 신주류의 권력 공고화 프로젝트 추진,"『Online Series』, 통일연구원, p. 2.
61) 박형중, "김정은 통치 1년과 신주류의 권력 공고화 프로젝트 추진," 위의 논문, pp. 3-4.
62) 정창현, "비상체제에서 정상체제로 전환하다-김정은시대 북한 읽기(3)," 『통일뉴스』, 2013.5.20.

2012년 4월 개최된 제4차 당대표자회는 총참모장을 제외한 군 수뇌부의 핵심요직 책임자가 대거 교체되는 일대 전환점이었다. 제4차 당대표자회 개최 직전에 총정치국장에 당 엘리트인 최룡해가 임명되었고, 김영춘 차수가 인민무력부장에서 해임되었으며, 후임으로 김정각 총정치국 제1부국장이 임명되었다. 김정은의 군부장악에 크게 기여한 김원홍 총정치국 조직부국장은 김정은이 2009년 4월부터 차지하고 있던 국가안전보위부장을 물려받게 되었다. 김정은의 측근인 최부일도 김정일의 오랜 측근인 김명국[63]을 대신해 총참모부 제1부총참모장 겸 작전국장 직에 임명되었다.[64] 김정일 유훈에 김정일 사후 1년 내에 김정은을 최고직책에 추대할 것 외에도 분야별 김정은을 보필할 엘리트 관련 내용이 포함되었는데,[65] 유훈에 따르면 당에서는 김경희와 장성택, 그리고 당중앙위원회 비서인 최룡해, 당중위원회 조직지도부 제1부부장인 김경옥[66], 군에서는 총정치국 제1부국장인 김정각과 총참모장 리영호, 4군단장 김격식, 총참모부 작전국장인 김명국, 총정치국 조직부국장인 현철해 등이 포함되었다. 제4차 당대표자회를 전후한 간부들의 인사는 김정일의 유훈이 대체로 이루어졌다고 보여진다.

2012년 7월 15일 당중앙위원회 정치국 회의에서 리영호 총참모장

---

63) 김명국(1940~2016)은 김일성군사종합대학을 졸업하고 작전계통에 근무하였다. 1994년 총참모부 작전국장, 이후 5군단장과 108기계화군단장을 역임하고 2007년부터 2012년 초까지 작전국장직을 수행하였다.

64) 최부일(1944~)은 2013년 2월 총참모부 작전국장에서 인민보안부장으로 임명되었으며, 2019년 12월말에 해임되었다.

65) 정성장, "북한 노동당 제4차 대표자회와 파워엘리트 변동,"『정세와 정책』, 193호, 세종연구소, 2012년 5월호, p. 1.

66) 김경옥은 2012년 공식석상에 나타나지 않고 별다른 활동을 보이지 않았는데 그의 건강이 문제가 있는 것으로 추정된다. 그의 역할을 조직지도부에서 황병서 부부장(군사담당)이 대신하였다.

이 해임 되었는데, 그는 무기수출을 제외한 군대의 외화벌이 사업을 내각으로 이전하는 것에 비협조적 태도를 보이다가 경질된 것으로 알려지고 있다.[67] 2012년과 2013년 두해 동안 북한군 수뇌부가 대폭 교체됨으로써 김정일 사망 전 김정일·김정은의 군대는 김정은의 군대로 점차 변화하였다. 김정각 총정치국 제1부국장은 인민무력부장에 임명되었다가 2012년 10월에 해임되어 김일성군사종합대학 총장으로 좌천되었으며, 현영철 총참모장도 2013년 5월 총참모장직에서 해임되고 5군장으로 강등 되었다. 그리고 장정남 1군단장이 김격식에 이어 인민무력부장에 임명되었지만, 2014년 6월 장정남에서 현영철로 교체되었다.[68]

김정은의 군부 힘빼기는 정통 야전군 엘리트에 대한 대대적인 숙청에서 비롯되었다. 리영호의 숙청 이후 총참모장에 오른 현영철은 임명된 지 3개월 만에 차수에서 대장으로 강등되었으며, 강경파인 김영철 정찰총국장도 대장에서 중장으로 2계급 강등되었다. 더구나 김정은 체제 등장에 기여한 김정각 인민무력부장은 임명 7개월 만에 해임되었다.[69] 군부의 핵심요직인 총정치국장, 총참모장, 인민무력부장, 총참모부 작전국장 등은 2012년부터 2019년까지 4회에서 7회까지 교체됨으로써 군부엘리트 집단의 불안정이 크게 확대되었다.

2010년 제3차 당대표자회[70] 이후 오랫동안 북한군 총참모장은 당중

---

67) 리영호의 해임은 장성택 등 체제보위세력과의 갈등설, 김정은의 존엄에 대한 결례, 군부이권사업 내각 이전 반대, 부인의 뇌물 비리 등 확인되지 않은 다수의 설이 존재한다.

68) 『로동신문』, 2012.2.16.

69) 최대석·장인숙 편저, 『북한의 시장화와 정치사회 균열』, 앞의 책, p. 132.

70) 북한은 1958년 3월3일부터 6일까지 평양에서 열린 당대표자회를 '혁명의 위대한 수령이시며 우리 당의 총비서인 김일성동지께서 당대열의 통일단

앙위원회 정치국 상무위원회 위원 지위를, 그리고 인민무력부장과 인민보안부장은 정치국 위원 지휘를 부여 받았다. 그러나 2013년 3월 31일 개최된 당중앙위원회 전원회의에서 당시 현영철 총참모장과 김격식 인민무력부장 그리고 최부일 인민보안부장은 단지 정치국 후보위원직 밖에 받지 못했다. 그리고 리영길 총참모장도 2014년 4월 8일 개최된 당중앙위원회 정치국 회의에서 정치국 후보위원직 밖에 받지 못했다. 이는 군대에 대한 당의 통제를 강화하는 김정은의 정치가 반영된 것으로 보인다.[71]

김정은 국방위원회 제1위원장 체제 들어 처음으로 구성된 2014년 4월 최고인민회의 제13기 1차 회의 결과는 '점진적 변화'로 보인다. 김정은 제1위원장이 1차 회의를 통해 세대교체 할 것이라는 관측이 제기됐지만 변화보다는 안정을 지향하면서 김정은 제1위원장의 측근들이 권력 핵심부에 다수 포진되면서 유일영도체제 강화라는 흐름을 지속하였다. 반면 북한이 최고인민회의 제13기 1차 회의에서 가장 두드러진 인적 개편이 이뤄진 국가기구는 국방위원회였다.[72] 최룡해 군 총정치국장이 국방위 부위원장에 임명되었으며, 리용무, 오극렬은 군 안정화 차원에서 유임되었다. 최룡해는 2012년 4월 국방위원회 위원에 임명된 지 2년 만에 부위원장으로 승진함은 물론 노동당 정치국 상무위원과 당 중앙군사위원회 부위원장 등 핵심 권력기관의 요직을 차지하였다.

결과 그의 전투력을 결정적으로 강화하기 위한 대책과 사회주의건설을 더욱 촉진하기 위하여 제시하신 력사적인 회의'로 정의한다. 『력사사전』 (평양: 사회과학출판사, 1971), p. 360.

71) 정성장, "김정은 정권의 당과 군부 파워 엘리트," 『김정은 정권의 대내전략과 대외관계』(서울: 세종연구소, 2014), p. 29.

72) 김용현, "김정일, 김정은 집권 초기 북한 권력체계 비교," 『한국동북아논총』(74), 2015, pp. 168-169.

한편 국방위원회 부위원장에서 빠진 인물은 2013년 12월 처형된 장성택과 군부 원로인 김영춘으로, 최룡해가 사실상 국방위원회에서 장성택 자리에 들어간 것으로 볼 수 있다. 또 국방위원회 위원에는 장정남 인민무력부장과 백세봉 제2경제위원장 후임으로 조춘룡[73]이 새로 진입했고, 박도춘 당 비서, 김원홍 국가안전보위부장, 최부일 인민보안부장은 유임되었다. 반면 김격식, 주규창, 백세봉은 국방위원회 위원에서 제외되었으며, 리영길 군 총참모장도 국방위원회에서 탈락 되었다. 새로 구성된 국방위원회 멤버는 재추대된 김정은 제1위원장을 비롯해 부위원장 3명, 위원 5명 등 모두 9명으로 2012년 4월 12명보다 3명이 줄었다. 2014년 4월에 북한군 총정치국장도 최룡해에서 황병서 당중앙위원회 조직지도부 제1부부장으로 바뀌었다.[74]

북한은 2015년 1월 변인선[75] 총참모부 작전국장을 숙청한데 이어, 8월 목함지뢰 도발 및 포격도발 사건에 대한 책임을 물어 김춘삼 작전국장도 해임하였으며, 그 자리에 임광일 중장(총참모부 제1전투훈련국장)을 발탁하여 배치하였다.[76] 이 사건의 영향으로 2015년 8월 28일에

---

73) 2014년 4월 국방위원회 국방위원으로 선정된 점을 고려 시, 장거리 미사일 발사에 관여했던 백세봉(제2경제위원장)과 당 기계공업부장 주규창 중 한명의 역할을 할 것으로 예측된다.

74) 최룡해는 2012년 4월 총정치국장 임명 후, 당의 군 통제를 강화하고 군을 동원해 아파트와 각종 건물, 놀이공원, 마식령스키장 등을 건설하는데 주력했다. 건강상 이유로 총정치국장에서 해임되어 이후 업무 비중이 낮은 당중앙위원회 근로단체 비서직을 수행했다. 정성장, "북한군 총정치국장 교체 배경과 김정은 체제의 안정성," 『정세와 정책』, 2014년 6월호(성남: 세종연구소), pp. 1-4.

75) 변인선 작전국장은 대외(對外) 군사 협력 문제와 관련해 김정은의 지시에 이견을 제시했다가 크게 질책을 받고 2015년 1월 숙청된 것으로 보인다.

76) 2016년에 작전국은 기능과 임무를 확대하여 작전총국으로 격상되었다. 『조선중앙통신』, 2016.1.6.

개최된 당 중앙군사위원회 확대회의에서 인사개편이 있었고, 여기서 일선 군단장들의 대대적인 교체가 이루어졌다. 지뢰도발사건의 주역인 2군단장 중장 김상룡은 9군단장으로 보직 이동하였다.[77] 1군단은 소장 이춘일에서 중장 위성일로, 2군단은 중장 김상룡에서 중장 방두섭으로, 3군단은 이영래에서 중장 최두용으로, 8군단은 중장 김명남에서 박수일로 교체되었다. 4군단장 중장 리성국과 5군단장 상장 장정남은 유임되었다. 2015년 5월경에는 노경준 근위 1여단장이 원산 송도원에 김정은 별장인 향산2호 건설 부진의 책임으로 상장에서 상좌로 강등되고 병력은 인민보안부로 이관되기도 했다.[78]

2012년부터 2016년 당 대회 이전까지 군 지휘부의 신구세력 교체는 크게 2단계로 진행되었다. 먼저, 2014년 전반기까지 군내 실세였던 리영호 총참모장 대신하여 최룡해를 투입하여 군을 통제하고 관리하면서 군기잡기와 군의 개혁을 강조하였다. 리영호 숙청, 김정각의 한직 이동과 장정남의 강등 등 군부의 강등과 숙청이 빈번히 이루어진 시기였다. 아울러 인민보안부의 리명수와 국가안전보위부의 류경, 우동측 교체도 이루어졌다. 이러한 김정은의 숙청작업은 군에서 시작해 당과 국가기구, 그리고 자신의 측근 세력에게도 진행되었다. 심지어 2013년 12월에는 장성택의 처형이 이루어졌으며,[79] 리용하 당 제1부부장과 장수길 당 부부장도 비리 등 반당 혐의로 숙청됐다.

두 번째는 2014년 후반부터 황병서 총정치국장의 등장에 이은 군내

---

77) 『연합뉴스』, 2015.11.12.
78) 향산별장은 김정은이 태어난 곳으로 추정되며, 김정일과 고용희가 애착을 가진 별장이다. 김정일은 2009년 향산별장 옆에 김정은을 위해 2호 별장을 건설할 것을 근위1여단에게 지시하였다. 『연합뉴스』, 2015.5.13.
79) 『로동신문』, 2014.12.13.

구세력 척결로서 2015년 5월 군부서열 2위인 인민무력부장 현영철이 김정은 제1위원장에게 말대꾸하고 대규모 행사에서 졸았다는 이유로 불경죄를 물어 총살되었다. 이와 아울러 변인선과 김춘삼 총참모부 작전국장이 숙청되었다. 이로서 군부의 강경파로 분류되던 김격식, 리영호, 현영철이 은퇴·숙청되거나 처형됨으로서 군부 권력엘리트의 입지는 좁아지고 영향력은 갈수록 제한적 일 수밖에 없었다.

2) 7차 당대회 이후 2019년말(2016년 6월~2019년 12월)

2016년 5월에 있었던 제7차 당대회[80]에서 북한 주요 권력엘리트의 변동이 두드러졌다. 당중앙위원회 정치국 상무위원회 상무위원은 김정은을 포함해 김영남, 황병서, 박봉주, 최룡해 등 5명이다. 2012년 4월 개최된 제4차 당대표자회에서 5명으로 구성되었던 당 중앙위원회 정치국 상무위원회가 리영호 전 총참모장의 해임과 최영림 전 총리의 퇴진으로 3명으로까지 줄어들었으나, 이번 당 대회를 계기로 다시 5명으로 늘어나게 되었다. 그전까지 당 중앙위원회 정치국 위원과 후보위원 중 내각 엘리트는 박봉주 총리와 노두철 부총리 뿐이었다. 그런데 제7차 당대회에서 정치국 위원이었던 박봉주가 상무위원으로 승진하고 노두철 부총리도 후보위원에서 위원으로 승진했다. 그리고 임철용 부총리

---

80) 제7차 당대회는 김정은 시대를 알리는 공식 개막식으로 김정은 우상화에 초점을 맞추어 참석자 전원이 '김정은과 운명을 같이 하겠다'는 맹세문을 채택하였다. 김정은은 제7차 당대회 결정서를 통해 북한의 핵보유를 공식화 하고 '핵·경제 병진노선'을 재강조했다. 북한에서 당대회는 당의 최고기관이고, 당중앙위원회가 소집하며 당대회 소집날짜는 여섯달 전에 발표한다. 주요사업은 ① 당중앙위원회와 당중앙검사위원회 사업총화, ② 당의 강령과 규약을 채택, 수정 보충, ③ 당의 로선과 정책, 전략전술의 기본문제를 토의결정, ④ 조선로동당 총비서를 추대, ⑤ 당중앙위원회와 당중앙검사위원회 선거 등이다.

와 리용호 외무상이 새로 정치국 후보위원에 선출됨으로써 정치국에서 내각엘리트의 숫자도 2명에서 4명으로 늘어났다.[81] 특히 박봉주 내각 총리의 정치국 상무위원 승진을 비롯한 내각 엘리트들의 약진은 북한이 강조하는 '자강력 제일주의'추진을 위해 내각책임제를 강화하려는 의미가 있다. 또한 당을 중심으로 한 '경제·핵 병진노선' 추진과 군에 대한 당의 통제 등으로 볼 수 있다.

군 엘리트의 변화를 보면, 2015년 중앙군사위원회의 위원은 황병서 부위원장을 포함하여 16명이었으나, 2016년 7차 당대회에서 당 중앙군사위원회 부위원장이 공석이 되고 위원이 12명으로 축소되었으며,[82] 군 권력엘리트들이 대거 탈락하였다. 7차 당대회로 표출된 당 중앙군사위원회의 개편을 보면 내각 엘리트의 약진 및 박봉주 내각총리의 당 중앙군사위원회 위원 진출이라 할 수 있다. 리만건 군수공업부장이 위원으로 발탁됨으로써 군사건설 분야에서 군수공업 의제 및 사업을 중시하겠다는 의미로 보인다. 이러한 인사는 경제·핵 병진노선의 강력한 추진을 위한 것으로 내각과 군의 갈등을 당 중심으로 조율하기 위한 것으로 보인다.

반면 2016년 당 중앙군사위원회에서 군종·병종 사령관(윤정린 호위사령관, 리용주 해군사령관, 최영호 항공 및 반항공군 사령관, 김락겸 전략군사령관)이 모두 탈락하였다.

2017년 10월 당 전원회의 제7차 제2기를 통해 당 중앙군사위원회 위원 4명이 교체되었다. 즉, 최룡해, 장길성, 정경택, 리병철이 신규

---

81) 고창준, "북한 권력엘리트 변화양상과 경향분석," 앞의 논문, 2016, pp. 68-70.
82) 이상숙, "북한 제7차 당대회 평가와 엘리트 변동,"『주요 국제문제분석』 2016-17, 국립외교원 외교안보연구소, 2016, pp. 19-20.

충원되었고, 김경옥, 김영철, 김원홍, 리만건은 면직되었다. 최룡해가 공석중이었던 조직지도부장에 보임되면서 그동안 조직지도부 제1부부장으로 조직지도부를 대표했던 김경옥이 최룡해로 대체되었고, 김영철이 통일전선부장과 대남비서로 이동하면서 공석인 정찰총국장에 천안함 폭침을 실무적으로 주도했던 장길성이 총국장으로 대체되었다. 아울러 국가보위상 김원홍이 숙청되면서 정경택 국가보위성 부부장이 국가보위상으로 영전하였고, 리만건 군수공업부장이 당 조직지도부 부부장으로 이동하면서 태종수 당 총무부장이 그 임무를 맡게 되었다. 당 조직지도부장인 최룡해와 군수공업부 태종수 등의 임명은 당에 대한 적극적인 군부통제와 핵무력 건설 의지를 명확하게 보여준다고 하겠다.

2018년 5월 당 중앙군사위원회 제7기 1차 확대회의에서 3명을 신규 추가하고 1명을 해임하여 김정은의 대남정책 강화와 후방 건설사업에 주력하고자 하는 의지를 보여주고 있다. 신규 편입된 통일전선부장 김영철은 지난 2017년 중앙군사위원에서 탈락하여 대신 장길성으로 대체되었지만, 통일 및 대남사업의 전반적인 동력확보를 위해 투입되었다. 아울러 박영식 인민무력부장의 해임으로 대체된 신임 인민무력부장 노광철은 그동안 제2경제위원회[83] 위원장을 수행하는 등 군수분야에서 전문성을 발휘하여 온 만큼 군수지원과 군사동원 등 후방사업 강화를 위해 발탁한 것으로 보인다.[84] 또한 황병서의 해임으로 김수길

---

83) 제2경제위원회는 북한의 군수경제를 총괄하는 기관으로 군수품의 계획, 생산, 분배, 대외무역을 관장하고 있다. 평양 강동군에 위치하며, 9개 총국과 국방과학원, 대외경제총국, 자재상사를 두고 있다.

84) 이준혁·김보미, "북한 당중앙군사위 제7기 1차 확대회의와 향후 북한군의 역할," 『이슈브리핑18-17』(서울: 국가안보전략연구원, 2018), p. 5.

총정치국장이 발탁되었다. 김수길 위원은 김정은 시대에 비교적 신진 세력에 속하는 군부 엘리트로서 리영길, 노광철, 정경택 등과 함께 군을 선도해 나갈 것으로 평가된다.

2019년 4월 당중앙위원회 제7기 3차 전원회의에서 최룡해, 박봉주, 황병서, 리명수, 김영철이 소환되고 리만건, 태종수, 김재룡, 김조국, 박수일이 신규로 임명되었다. 이후 2019년 12월 당중앙군사위원회 제7기 3차 확대회의에서 인민군대의 사업실태 분석은 물론 불합리한 기구에 대한 문제점이 제기되어 신규부대를 조직하거나 확대 개편하는 문제와 일부 부대의 소속과 배치를 변경하는 군사적 대책들을 토의하여 결정하였다.[85] 김정은은 "정세변화 흐름과 우리 혁명발전의 관건적 시기 요구에 맞게 인민군대를 비롯한 나라의 전반적 무장력을 군사 정치적으로 더욱 강화해야 한다"며 '이를 위해 중요한 조직 정치적 대책과 군사적 대책을 토의 결정하며 조직 문제를 취급할 것'이라고 강조했다.[86] 이는 어려운 대내외 상황 하에서 군의 경제적 역할을 확대하고, 자위력 강화를 위한 군의 조직변화가 핵심으로 결국 북한군의 지향점을 예시하는 것이라 분석된다.

---

85) 『로동신문』 2019.12.22.
86) 『조선중앙통신』 2019.12.22.

제3절 김정은 시대의 군 권력기관과 엘리트 특징

1. 당중앙군사위원회의 위상 강화

김정은 시대에 접어들면서 국방위원회의 활동이 폐지되는 대신 당중앙군사위원회의 역할과 기능은 강화되고 있다. 이는 선군정치의 유명무실과 군부 권력축소로 인한 당연한 귀결이었다.

당중앙군사위원회의 위상 강화는 당−국가체제하에서 단계적으로 이루어졌다. 먼저, 김정은의 권력준비기간으로, 김정일의 후계세습체제 전략에 따라 2010년 9월 제3차 당대표자회는 당중앙군사위원회를 대대적으로 보완하였다.[87] 국방위원회와는 달리 군의 권력엘리트들로 구성하여 김정은 당중앙군사위원회 부위원장에게 권력이 집중하도록 하였다. 개정된 당규약에 당중앙군사위원회의는 "당의 군사로선과 정책을 관철하기 위한 대책을 토의 결정하며 혁명무력을 강화하고 군수공업을 발전시키기 위한 사업을 비롯하여 국방사업 전반을 당적으로 지도한다."[88]고 하여 최고 군사기관으로 격상되었다. 김정일 시대에 국방위원회가 최고 군사지도기관이자 전반적 국방관리기관이었는데 그 역할을 당중앙군사위원회가 대체하였다. 특히 제3차 당대표자회에서는 군사부문에서 제기되는 문제를 국방위원회가 아닌 당 중앙군사위원회가 관할하는 체제로 전환하였다.[89]

또한 3차 당대표자회이후 당중앙군사위원회의 부위원장들이 국방위

---

87) 1980년 이후 최초로 당규약을 개정하고 당중앙군사위원회를 상설기구로 만들었다. 2010년 9월 개정 『조선로동당 규약』, 제27조.

88) 북한연구소 편, 『북한편람: 2003-2010』(서울: 북한연구소, 2010), p. 940.

89) 김태구, "김정은 집권 이후 군부 위상 변화 연구," 『통일과 평화』(11집 2호, 2019), pp. 147-150.

원회 부위원장들보다 먼저 호명되는 변화를 보이기 시작하였다. 김정은 체제하에서는 국방위원회를 통해 군사 관련 주요 정책이나 간부 인사가 발표되지 않았다. 북한군 관련 주요사업들은 당대회나 당중앙위원회, 당 중앙군사위원회를 통해 심의·결정되고 북한매체를 통해 공개되었다. 국방위원회는 2015년까지 군 원로로 실권없는 리용무, 오극렬 부위원장 등으로 명맥을 이어갔지만, 결국 2016년 5월 제7차 당대회에서 국무위원회로 변경되면서, 역사 속으로 사라졌다.(〈표 4-7〉참조)

〈표 4-7〉 김정은 정권 시기별 국방(국무)위원회 위원 현황

구분	당	정	군
'15년 국방위원회 (9명)	오극렬(대의원) 리용수(대의원) 리병철(군수공업 제1부부장) 조춘룡(직책 미상)	·	황병서(총정치국장) 김원홍(국가안전보위부장) 최부일(인민보안부장) 김춘삼(작전국장)
'16년 국무위원회 (12명)	최룡해(근로단체담당) 김기남(선전선동부장) 김영철(대남담당) 리수용(국제부장) 리만건(군수공업부장)	박봉주(내각총리) 리용호(외무상)	황병서(총정치국장) 박영식(인민무력상) 김원홍(국가보위상) 최부일(인민보안상)
'18년 국무위원회 (12명)	최룡해(조직지도부장) 박광호(선전선동담당) 리수용(국제부장) 태종수(군수공업부장) 김영철(대남담당)	박봉주(내각총리) 리용호(외무상)	김수길(총정치국장) 노광철(인민무력상) 정경택(국가보위상) 최부일(인민보안상)

출처: 정성장, "북한의 국무위원장직과 국무위원회 신설의도 평가," 『정세와 정책』 2016년 8월호, 세종연구소, pp. 14-17; 통일부, 『권력기구도』 2010-2018년. 등 참고하여 재작성.

2015년 8월 4일 북한군의 목함지뢰도발사건에 남한의 공격적 대응으로 남북한간 전쟁일보 직전까지 긴장상황이 조성되었다. 당시 북한은 국방위원회보다 당중앙군사위원회를 소집하여 김정은과 함께 군 수뇌부들이 대응전략을 논의하는 장면을 언론매체를 통해 공개했다.[90] 이를 통해 북한 군사지휘부의 정치군사적 대응, 국민통제 등 긴박한 상황발생시 모든 상황을 당 중앙군사위원회에서 대책을 토의하고 결정함을 알 수 있었다. 당중앙군사위원회가 북한의 안보위기관리 중심기구임을 보여주는 사례라 할 수 있다.[91]

〈표 4-8〉 당 중앙군사위원회 위원 변동(2015~2019년)

구분	당중앙군사위원회 (2015.8.20)	제7차 당대회 (2016.5.9)	당중앙위원회 7기 2차 전원회의 (2017.10.7)	당중앙군사위원회 7기 1차 확대회의 (2018.5.17)	당중앙군사위원회 7기 3차 확대회의 (2019.12.22)
위원장	김정은	김정은	김정은	김정은	김정은
부위원장	황병서				
위원	김원홍 박영식 임광일 김영철	황병서 박봉주 박영식 리명수	최룡해 황병서 박봉주 박영식	최룡해 황병서 박봉주 리명수	리만건 김조국 태종수 김재룡

90) 로동신문과 조선중앙TV를 통해 총정치국장 황병서, 인민무력부장 박영식, 총참모장 리영길, 국가안전보위부장 김원홍, 정찰총국장 김영철, 보위사령관 조경철, 포병국장 윤영식, 화력지휘국장 박정천, 인민보안부장 최부일, 작전국장 김춘삼, 통일전선부장 김양건, 조용원 조직지도부 부부장, 홍영칠 당기계공업부 부부장, 최휘 선전선동부 제1부부장, 김계관 외무성 제1부상 등 회의에 참여한 당과 군 수뇌부가 공개되었다. 『조선중앙통신』, 2015.8.21, 8.28; 『로동신문』, 2015.8.21; 『연합뉴스』, 2015.8.21.
91) 이수원, "북한 당중앙군사위원회와 국방위원회 연구," 앞의 논문, pp. 90-92.

구분	당중앙군사위원회 (2015.8.20)	제7차 당대회 (2016.5.9)	당중앙위원회 7기 2차 전원회의 (2017.10.7)	당중앙군사위원회 7기 1차 확대회의 (2018.5.17)	당중앙군사위원회 7기 3차 확대회의 (2019.12.22)
위원	최부일 조경철 서홍찬 김경옥 리용주 최영호 김락겸 리만건 윤정린 김영복	김영철 최부일 김경옥 리영길 서홍찬 리만건 김원홍	리명수 장길성 리병철 정경택 최부일 서홍찬 리영길	김영철 최부일 김수길 리영길 노광철 리병철 정경택 서홍찬 장길성	박수일 리병철 김수길 리영길 노광철 정경택 서홍찬 장길성 최부일
인원	16명	12명	12명	14명	14명

출처: 이승열, "조선노동당 제7차 대회의 내용과 특징," 『이슈와 논점』(2016), p. 3; 김태구, "김정은 집권 이후 군부 위상 변화 연구,"『통일과 평화』(11집 2호, 2019), p. 154, 『로동신문』 등 참고 재구성.

북한은 2016년 당대회와 최고인민회의를 통해 국방위원회를 국무위원회로 확대 개편하는 등 국가기구를 개편하면서 당 중심의 군부 통제를 더욱 강화했으며, 국방위원회를 대신해 국가의 전반적 무력건설사업과 지도 권한이 당중앙군사위원회로 이관되었다.[92] 당 중앙군사위원회는 경제사령탑인 박봉주 내각총리가 위원이 되면서 위상제고 되었다.[93] 2017년부터는 최룡해 정치국 상무위원이, 2019년에는 당비서인

92) 김갑식, "북한 최고인민회의 제13기 제4차 회의 분석,"『Online Series』 co 16-19(통일연구원, 2016), pp. 1-2.
93) 박봉주 총리의 당중앙군사위원회 포함에 대해서는 여러가지 의견이 존재한다. 내각에서도 핵개발에 적극 참여, 군에 대한 군수지원(후방보장사업) 독려 등의 의견이다. 김태구, "김정은 집권 이후 군부 위상 변화 연구," 앞의 논문, p. 153.

리만건, 김조국, 태종수, 내각총리인 김재룡이 선출되면서 당 중앙군
사위원회의 위상과 역할은 강화되었다.[94](〈표 4-8〉참고)

2. 군 권력기관에 대한 당의 통제 강화

김정은의 기본시각은 사회주의 국가로서 김일성 주석의 정치형태처
럼 당에 의한 정부와 군에 대한 통제이다.[95] 즉 노동당 정치의 부활이
다.[96] 이에 따라 당의 지도력과 권한 확대를 위해 군부 권력기관과 엘
리트들에 대한 통제와 감시를 지속하여 왔다. 김정은은 김정일 시기에
선군정치로 인해 군부 권력기관과 엘리트의 정치·경제적 영향력이 확
대되어 있다고 인식하고 있다. 그래서 군부에 대한 당적 통제를 강화
하고 있으며 군부엘리트의 정치적 영향력을 약화시키고 군부의 권력
기반인 경제적 이권사업에 대한 분산조치를 시행하고 있다.[97]

---

94) 당중앙위원회 제4차 전원회의에서 리만건, 김조국, 태종수, 리병철 등 군
수공업분야 전문가 5명이 포함된 것은 군사장비 개발과 민수장비 연구에
일정한 역할을 부여했다고 보여진다. 홍민 외, "2019년 김정은 신년사 분
석과 정세전망,"『KINU Insight 2019 No 1』(서울: 통일연구원, 2019),
pp. 155-156.
95) 김용현, "김정일, 김정은 집권 초기 북한 권력체계 비교,"『한국동북아논
총』(74), 2015, p. 169.
96) 당의 영도적 역할은 다섯 가지라고 할 수 있다. ① 당은 유일사상체계를
세운다. ② 당은 정치체계의 활동 목표와 방향을 제시한다. ③ 당은 지도
성원(간부)들의 구성한다. ④ 당은 정치조직을 발동하여 대중들을 지도한
다. ⑤ 당은 정치체계에 속하는 모든 기구들과 조직들의 일상적인 활동을
장악하고 통제한다. 당의 유일한 영도조직이라고 하는 결코 일당독제를
의미하지 않는다. 당의 독재라는 것은 당의 지도로, 당의 지도적 역할로
이해해야 한다. 리진규,『주체의 정치론』(동경: 구월서방, 1988), pp.
369-377.
97) 고창준, "북한 권력엘리트 변화양상과 경향분석," 앞의 논문, p. 189.

김정은은 2013년 8월 25일 선군절에 발표한 '김정일 동지의 위대한 선군혁명사상과 업적을 길이 빛내여 나가자'라는 담화에서 '인민군대의 총적 방향은 오직 하나 우리당이 가리키는 한 방향으로 총구를 내대고 곧바로 나가는 것'이라며 군에 대한 당의 영도를 강조했다.[98]

김정은은 2016년 제7차 당대회를 통하여 당·정의 직책을 변경하였다. 기존 당 제1비서라는 직함을 없애고 당 위원장이라는 직함을 사용하면서 당의 외면적 위상을 강화하였다. 아울러 고난의 행군시기에 김정일의 군사주의 정책 영향으로 비정상적인 기구였던 국방위원회를 폐지하고 국무위원회로 개편함으로써 국무위원장이 당에 이어서 국가기구를 포괄적으로 집권하는 체계를 구축하였다. 당의 핵심적인 정책기구들에 군부 엘리트들이 상대적으로 퇴조한 반면 당정 인물들이 증가하였다.(〈표 4-9〉참고)

〈표 4-9〉 제7차 당대회 이후 군부 엘리트 비율

당 정치국	당 중앙군사위원회
35% → 25%	88% → 58%
당 중앙위원회 위원·후보위원	국무위원회 (前 국방위원회)
31.8% → 28.1%	70% → 33%

출처: 고창준, "북한 권력엘리트 변화양상과 경향분석." 경기대학교 박사학위논문, pp. 68-70 정리하여 작성.

북한은 2016년 최고인민회의 제13기 제4차 회의에서 인민무력부, 인민보안부, 국가안전보위부 등 일부 군·공안 권력기관의 명칭을 변

---

98)『로동신문』, 2013.8.25; "김정일동지의 위대한 선군혁명사상과 업적을 길이 빛내여 나가자: 선군절에 즈음하여 당부,"(평양: 조선로동당출판사, 2013).

경하고 김정일 시대에 최고의 국방기관인 국방위원회를 폐지하는 대신 국무위원회를 신설하였다. 이는 약화된 군의 권력과 위상을 여실히 보여주는 사례라 할 수 있다. 인민무력부는 인민무력성으로, 인민보안부는 인민보안성으로, 국가안전보위부는 국가보위성으로 각각 개칭하였고, 기관장도 각각 인민무력상, 인민보안상, 국가보위상으로 변경하였다. 로동신문은 김정은 국무위원회 위원장 추대를 위한 평양시 군민 경축대회 행사를 보도하면서 기사에서 박영식 인민무력부장을 '인민무력상 육군대장'이라고 소개했다.[99] 이러한 김정은의 국방위원회 폐지와 인민무력부 등의 명칭변경은 김정일 시대의 선군정치 흔적지우기와 당-정-군의 정상국가 복귀 차원으로 보여진다.[100]

김정은 시대 군부 권력엘리트의 위상 저하는 금수산태양궁전 참배 및 중국방문 제외 등에서 확연해 보인다. 김정은은 과거와는 상이하게 2018년 2월 16일 김정일 생일과 4월 15일 김일성 생일, 12월 17일 김정일 사망일 등에 군부 인사들을 제외한 당·정 고위인사들만 대동한 채 금수산태양궁전을 참배했다.[101] 북한체제 속성상 최고지도자 수행 여부는 권력의 한 척도인 점을 감안한다면 군부 엘리트의 위상 저하를 현시하는 것이다. 김정은은 2018년 3월말 전격적으로 중국을 방문할 때도 군 권력엘리트들을 배제했다. 반면 2000년 김정일이 집권 후 최초 방중 시에는 군부 권력엘리트인 조명록 총정치국장과 김영춘 총참모장이 수행했다.

왕샤오커(王簫軻) 지린(吉林)대학교 동북아연구원 교수는 2018년 3월

---

99)『로동신문』, 2016.7.3.
100) 김태구, "김정은 집권 이후 군부 위상 변화 연구," 앞의 논문, pp. 155-156.
101)『중앙일보』, 2018.4.20.;『연합뉴스』, 2018.12.17.

26일 김정은의 중국 방문시 북측 수행단에 군부인사 배제에 주목해야 한다고 강조한다. 왕 교수는 2018년 3월 말 언론 인터뷰에서 "김정은이 국방위원회를 국무위원회로 변경하고 최룡해·황병서의 군복 장면이 감소하며 각각 국무위원회 부위원장이나 노동당 정치국 상무위원 자격으로 등장하는 것도 같은 맥락"이라고 주장한다.[102]

또한 김정은은 군부 엘리트에 대한 통제와 관리를 강화하기 위해 군수뇌부 교체와 계급 강등을 수시로 하고 있다. 총참모장과 인민무력부장, 심지어 총정치국장까지 빈번하게 교체함으로서 군부엘리트에 대한 위상이 현저하게 낮아졌다. 과거 총정치국장과 총참모장, 인민무력부장은 정치국 상무위원 내지 정치국 위원이었지만 2017년 10월 당 7기 2차 전원회의에서 공개된 정치국 위원은 황병서 총정치국장만이 정치국 상임위원일뿐, 리영길 총참모장과 노광철 인민무력부장은 정치국 후보위원에 머물렀다.

김정은 집권 이후 2015년까지 인민무력부장의 재임 기간은 평균 8개월에 그친다. 김정은 집권 초기의 김영춘 4개월, 이후 김정각 7개월, 김격식 6개월, 장정남 13개월, 현영철 10개월 등이다.[103] 총참모장은 리영호 → 현영철 → 김격식 → 리영길 → 리명수 → 리영길 → 박정천으로 교체되었는데, 언제 어떠한 명목으로 교체될지 모르는 형국이다.[104] 군의 핵심보직인 총참모부 작전국장 직위도 계속 바뀌었다. 김명국 → 최부일 → 리영길 → 변인선 → 김춘삼 → 임광일 → 리영길 →

---

102) "화해모드 김정은, '강경파' 군부 갈등 없나." 『중앙일보』, 2018.4.20.

103) 김정은과 달리 김정일 집권(17년)시 인민무력부장을 지낸 이는 최광, 김일철, 김영춘(김정은 집권 후 해임) 3명, 김일성 집권(46년)시는 5명(최용건, 김광협, 김창봉, 최현, 오진우)이 전부이다.

104) 서장원, "김정은 시대의 권력구조와 당·군·정 관계에 관한 연구: 수령제를 중심으로," 앞의 논문, p. 207.

박수일로 이어졌다.

　군부 엘리트에 대한 당의 통제는 제7차 당대회 이후 조직지도부를 통해서도 감지되고 있다. 당 조직지도부는 선군정치시대처럼 군부가 위기상황을 유도하여 정치 전면에 나서는 행위를 차단하고 당 위주 권력구조를 조성을 위해 먼저, 김정은 유일영도체계 확립을 명분으로 최고 존엄 불경죄에 대해 지위고하를 막론하고 엄격하게 처벌하였다.[105] 이는 1970년대 김정일이 후계체제 공고화를 위해 당 조직지도부를 중심으로 김일성 유일체제의 불경죄에 대해 가혹하게 숙청했던 방법과 유사하였다. 당 조직지도부는 김정은에 대한 최고의 우상화 조치에 반하는 행동에는 고사포 처형 등을 통해 위계와 권위를 확립함으로써 김정은의 절대적 신임을 회복하였다. 조직지도부는 김정은 집권 초기 군부의 대표적 권력실세였던 리영호 총참모장을 최고 존엄 불경죄를 적용하여 모든 직위에서 하차시키고 숙청하였으며, 군에서 명망이 있었던 현영철 인민무력부장을 최고 존엄 불경죄로 공개처형하였다.

3. 신진 엘리트 발탁 및 야전군 세력 약화

　2012년부터 2019년까지 김정은의 군 개혁기풍 요구를 권력엘리트의 강등과 보직해임, 혁명화 조치, 검증된 신군부인사 등용 등을 통해 살펴본다면 자명해 진다. 김정일은 정권 초기 군부대 시찰과 군부 엘리트 능력 검증을 통해 선군정치 시기동안 지나치게 비대해지고 고령

---

105) 김창희, "북한의 정치권력 변천과 의미: 로동당과 국가기구와의 관계를 중심으로,"『지역과 세계』제42집 제1호(2018년), p. 88.

화되었던 북한군 엘리트들을 축소하고 세대교체는 물론 간부들의 연소화와 무사안일주의 타파를 위해 인민군 엘리트들의 계급 강등, 숙청, 보직이동 등 조치로 군 개혁과 변화를 주문하였다.[106] 김정은은 '공포정치'와 '충성경쟁 유도' 등을 통해 군 간부 인선과 발탁에 심혈을 기울여 정권 초기 안정화에 기여하도록 하였다.[107]

먼저, 김정은 집권초기 군 권력엘리트의 변화는 김정일 영결식에서 영구차를 호위한 군 권력엘리트들의 권력이동을 살펴보아야 한다. 김정일의 영결식은 2011년 12월 28일 금수산 기념광장에서 진행되었다. 김정일 영구차 호위 8인은 영구차 왼편에 리영호 총참모장, 뒤로 김영춘 인민무력부장, 김정각 총정치국 제1부국장, 우동측 국가안전보위부 제1부부장, 그리고 맞은편에 김정은 당 중앙군사위원회 부위원장, 뒤에 장성택 당 행정부장, 김기남 당 비서, 최태복 당 비서 등이 영구차를 직접 호위하였다.[108] 당시 많은 이들은 영구차 호위 8인이 김정은 시대에 북한을 지도해 나갈 권력엘리트가 될 것으로 예견하고, 향후 북한체제에 지대한 영향력 행사를 평가하였다. 그러나 김정은을 제외하고 리영호 총참모장을 비롯하여 대부분이 숙청, 은퇴, 해임 등으로 핵심권력에서 조기에 물러났다.(〈표 4-10〉참고)

---

106) 정성장, "김정은 시대 북한군 핵심 요직의 파워 엘리트 변동 평가,"『세종정책 브리핑 2015-4』, 2015.9.25., pp. 3-4.

107) 박영자,『김정은 시대 조선노동당의 조직과 기능: 정권안정화 전략을 중심으로』(서울: 통일연구원, 2017), p. 12.

108) "김정일 영구차 호위 8인의 신병처리 결과,"『연합뉴스』, 2013.12.9.

〈표 4-10〉 김정일 영구차 호위 8인 권력 변동 현황

구분	당시 직책(2011년)	김정은 집권 8년차(2019년)
김정은	당 중앙군사위원회 부위원장	노동당위원장, 국무위원장
장성택	국방위원회 부위원장	'13년 12월경 처형
김기남	당 비서	퇴임
최태복	당 비서	퇴임
리영호	총참모장, 당중앙군사위원회 부위원장	'12년 7월경 숙청
김영춘	인민무력부장	당 군사부장, 사망[108]
김정각	총정치국 제1부국장	인민무력부장, 총정치국장, 김일성종합대학장, 총정치국 제1부국장
우동측	국가안전보위부 제1부부장	'12년 3월 지병악화/퇴임

출처: 정성장, "김정은 시대 북한군 핵심 요직의 파워 엘리트 변동 평가," 『세종정책 브리핑 2015-4』, 2015. 9. 25., pp. 3-4. 등 참고하여 재작성.

2012년 3월경 국가안전보위부 제1부부장 우동측이 지병악화로 퇴임하였으며, 7월경에는 총참모장 리영호가 군내 이권사업의 당 이관에 반발하다가 문책성 인사로 숙청되었다. 김정은의 고모부 장성택은 2013년 12월경 국가전복 및 최고사령관 명령 불복종, 부정부패 등으로 처형되었다. 인민무력부장 김영춘은 고령으로 실권없는 당 군사부장으로 있다가 은퇴하였으며,[110] 군 정치국 제1부국장인 김정각은 2012년 4월에 인민무력부장으로 승진했다가 11월에 김일성종합대학

---

109) 『로동신문』, 2018.8.17.

110) 김정은 시대 인민무력부장의 재임기간은 김영춘 4개월, 김정각 7개월, 김격식 6개월, 장정남 13개월, 현영철 10개월 등으로 김일성 시대 오진우 인민무력부장의 19년, 김정일 시대 김일철 인민무력부장의 11년과 비교된다. 박대광 등, 『김정은 통치행태 평가 및 우리의 대응전략』, 한국국방연구원 연구보고서안 2015-3622, p. 52.

장으로 좌천되었으며, 이후 2018년 2월에 황병서 후임으로 군 총정치국장에 복귀했으나 5월경 평양시 당 책임비서 김수길에게 그 자리를 물려주고 총정치국 제1부국장으로 복귀하였다.[111]

한편, 김정일 시대 승승장구하던 군부 엘리트들도 시간이 흐를수록 김정은에 의해 발탁된 신진 세력으로 교체 되었다. 현철해 대장은 원수로 승진했지만 명예직이고, 김정일 시대 총참모장과 당 군사부장 출신인 오극렬 대장 또한 실권이 없다. 2019년 말 대부분 원로급 군부 엘리트들은 은퇴하거나 한직으로 물러났다.

김정은 시대에 신군부를 형성하면서 군부 권력엘리트로 탄탄대로가 예상되었던 현영철도 유사하다. 국방위원회 정치위원이었던 현영철은 리영호의 숙청으로 군 총참모장에 발탁되었다. 총정치국에서 장기간 군 고급간부 인사권을 행사한 현영철은 차기 부상하는 군부의 핵심 엘리트였다. 그러나 현영철은 2012년 7월 총참모장에 발탁된 지 10개월 후 작전부대의 관리부실에 대한 책임을 지고 좌천되었다. 현영철은 2014년 6월에 장정남 인민무력부장의 리더십 부재로 인한 보직해임으로 인민무력부장에 보임되지만 김정은이 주관하는 공개회의 석상에서 졸고 북한 체제와 존엄을 비판했다는 이유로 총살 되었다.

김정일 시대 군사작전을 총괄 기획하고 주도하였던 총참모부 작전국장 김명국과 수령 현지지도 수행의 선봉이었던 총정치국 선전담당 부국장 박재경도 탁월한 인물이었으나, 김정은 시대에는 권력의 뒤안길에서 사라지게 되었다. 김정일 시대의 군부 권력엘리트에 대한 김정은의 불신은 2015년 현영철 인민무력부장 제거에 정점을 이룬다. 김정은은 총정치국을 포함하여 총참모부와 인민무력부에 지속적인 군부

---

111) 『중앙일보』, 2018.5.27.

엘리트의 혁신기풍확립과 시대적 흐름에 부응하는 군 조직의 변화를 요구하였다. 군의 최고계급인 차수와 대장을 수시로 중장과 상장으로 강등하고 해임은 물론 또 복권도 빈번하게 하였다. 혈기왕성하고 젊은 김정은의 시각에서 보면 기존 군부 엘리트의 매너리즘, 안일무사주의 는 반드시 척결되고 제거되어야 할 행태였던 것이다.

김정은은 군부대 방문 등 현지지도를 통해 훈련과 사상분야의 혁명 뿐만 아니라 군인 복지 생활 전반적으로 혁신을 주문하였다.[112] 김정은 은 현지지도를 실시한 부대에 대해서 재방문을 통해 개선과 변화상을 확인하면서 자신의 지침과 요구사항을 재강조 하였다. 김정은을 성격 적 측면에서 평가한다면 즉흥적인 면도 보이지만 철저하고 꼼꼼한 성 향이 더욱 강하다.[113] 그는 현지방문에서 부족하고 미흡한 분야에 대해 강한 질책으로 경고를 주고 재방문하여 개선사항을 확인하고 칭찬 내 지 경직된 분위기를 해결하는 노련한 지도방식을 취하고 있다. 김정은 은 최전방이라 할 수 있는 무도와 장재도를 2012년 방문 이후 지속적 으로 방문하여 병영생활 여건과 전투력 보강 문제를 확인하고 점검하 고 있는데, 김정은은 전방부대와 오지를 방문하여 실제 군의 참상과 현실태를 목격 체험하고 군부의 사고전환은 물론 군내 개혁과 변화를 주문하고 있다.[114]

---

112) 이준혁·김보미, "북한 당중앙군사위 제7기 1차 확대회의와 향후 북한군 의 역할," 앞의 논문, p. 6.

113) 이동찬, "김정은 성향과 정책결정 방향성에 관한 연구,"『전략연구』통권 제75호(2018.07), pp. 225-227.

114) 김정은은 2013년 9월 3일 서해 최전방에 있는 '장재도방어대'와 '무도영 웅방어대'를 시찰했다. 무도는 연평도 서북쪽의 북한 개머리해안 남쪽 해상에 있는 섬으로 서해 북방한계선(NLL)과는 불과 몇 km 거리에 있 고, 장재도는 무도와 이웃한 섬이다. 무도에는 2010년 11월 연평도를 향 해 포격을 가한 북한군 해안포부대가 주둔해 있다. 김정은은 2012년 8월

김정은은 새로운 시대의 주체화, 현대화, 정보화, 과학화된 군대를 요구하였다.[115] 즉 자신의 통치스타일에 맞게 과학화, 정예화, 첨단화된 군대로 변모 시키고 수령에게 충성하는 군대를 조성하여 조기에 군부를 장악하고 싶었던 것이다. 김정은은 군이 당의 군사전략전술사상, 주체전법, 현대전의 요구와 양상에 맞게 훈련내용과 형식, 방법을 부단히 혁신하며 실전환경에 접근된 실용적 훈련의 포성을 단 하루도 멈추지 말아야 한다고 강조했다.[116]

반면 선군정치시대 군의 각종 특혜와 우월감, 군 특유의 보수적 성향과 유교적 연장자 우대에 습성화된 구군부 엘리트의 국방에 대한 안일한 자세와 무능은 김정은에게 구군부 엘리트 불신으로 연계되어 숙청과 강등 등 긴급 수혈식 공포정치가 탄생되었다.

17일 장재도·무도를 처음 찾았으며 이후 2013년 3월 초에 이어 7월에 세 번째로 이곳을 시찰했다. 김정은이 장재도에서 "종전의 건물들을 완전히 털어버리고 새로 꾸린(건설한) 병영(내무반)과 살림집(주택), 진지를 돌아보면서 건설 상태와 방어대의 요새화 실태를 구체적으로 요해(파악)했다"고 전했다. 김정은은 주택지구를 순시하고 마치 휴양소 같다며 군인주택에 TV를 비롯한 가정용 비품을 일식으로(한꺼번에 모두)갖춰준 것은 정말 잘한 일이라고 말했다. 김정은은 장재도와 동일하게 리모델링한 무도를 찾아 돌아볼수록 모든 것이 마음에 든다며 건설자들이 자신이 비준해 준 설계대로 건설을 질적으로 잘했다고 치하했다. 김정은의 이번 방문은 지난 시찰 당시 지시했던 군인 내무반과 군인주택 등 섬 방어대 전체의 리모델링 상태를 점검하기 위한 것으로 보인다.『조선중앙통신』, 2013.9.3: 김정은은 이후 2017년 2월에 바닷물 조수기의 청수를 당 간부들과 시음하였으며, 5월에는 무도와 장재도를 방문하여 바닷물 담수화 시설과 채소 온실시설을 확인하고 장병들을 격려했다.『KBS』, 2017.5.5.

115) 김재서, "사회주의경제건설에 총력을 집중하는 것은 현시기 우리 당의 새로운 전략적 노선,"『김일성종합대학학보』제64권 제3호, 주체107 (2018)년, p. 68.

116) "조선인민군창건 일흔돐에 즈음하여: 조선인민군창건 70돐경축 열병식에서 한 축하연설 주체 107(2018)년 2월 8일," 조선로동당출판사 주체 107(2018), p. 8.

김정은 체제의 수호자로 군 권력서열 1위인 리영호가 전격 해임되고 숙청된 것은 군부가 주장한 부대 전투력과 군사력 배비, 부대 장병 복지와 병영생활 등이 최고지도자의 기대수준 이하일 뿐 아니라 리영호가 군부 이익만을 대변하고 당 정책에 반발했기 때문인 것으로도 볼 수 있다.

2015년 7월 14일 우리 국가정보원은 국회 정보위원회 보고에서 김정은 공식집권 이후 북한 주요 엘리트들의 교체 실태를 분석해 본 결과, 당과 정권기관에 대한 인사는 20%~30% 수준으로 최소화하여 당 중심 통치를 위한 조직의 안정성을 보장한 반면, 군은 40% 이상 대폭 교체하여 불안정성을 노정했다고 밝혔다.[117] 군부 원로들의 퇴임자리는 김수길, 리영길, 노광철, 김영철, 서홍찬, 박정천, 박영식, 김정관, 임광일, 위성일 등 소장파 군부 엘리트들로 채워졌다.[118] 한국국방연구원의 한 보고서에 따르면, 2015년 기준으로 군부 엘리트는 총 84명으로, 이중 33명, 즉 38%가 김정은 집권 3년 후 등장한 신진 인물로, 연령 미상인 19명을 제외하고 14명을 살펴보면, 50대가 7명으로 50%이다. 인민무력부 제1부부장 노광철(57세), 평양방위사령관 김명남(54세), 9군단장 김성일(52세), 10군단장 김금철(54세), 11군단장 김영복(52세), 108기계화군단장 김승국(59세)이 이에 해당 되었다.[119]

김정은의 세대교체는 당대회 이후 2017년 10월 제7기 2차 당중앙위원회 전원회의를 통해 더욱 진행되었다. 노·장·청 엘리트 배합구도의

---

117) 정성장, "김정은 시대 북한군 핵심 요직의 파워 엘리트 변동 평가,"『세종정책브리핑 2015-4』, 2015, p. 20.

118) 박대광 등,『김정은 통치행태 평가 및 우리의 대응전략』, 한국국방연구원 연구보고서 2015-3622, p. 105.

119) 박대광 등,『김정은 통치행태 평가 및 우리의 대응전략』, 위의 논문, p.107.

상징이었던 김기남, 최태복, 곽범기 등 원로들이 최룡해, 박태성, 박태덕 같은 비교적 젊은 인물들로 교체되면서 김정은 체제부터 검증되기 시작된 엘리트들이 전면에 배치되었다. 이에 따라 당 정무국 구성원들의 평균연령이 60대로 낮아졌으며, 군부 엘리트의 교체도 병행되었다. 당 중앙군사위원회의는 구성원 12명중 김정은을 제외하고 11명중 4명이나 교체되었다.[120]

김정은의 기존 군부 엘리트 힘빼기와 통제장치는 먼저 군을 관리할 신진 인물의 투입과 당의 영향력을 받는 총정치국을 통해 정통 야전군부의 기득권을 제거하는데 치중하고, 추가하여 군부의 실질 이권인 경제 이권을 대폭 축소함으로써 권력대열에서 퇴조하도록 하였다. 반면에 군부 내 정치군관과 신진 엘리트들을 선호하고 우대하였다.

김정은은 군부 엘리트들의 핵심세력인 정통 야전군 세력에 대해 통제와 관리를 강화하고자 2012년 4월 당대표자회를 통해 당 간부인 최룡해를 총정치국장에 임명하여 정통 야전군에 대한 감시와 통제를 시도한 바 있다. 즉, 사회주의청년동맹 제1비서로 조직전문가인 당료출신의 최룡해를 적극 활용하여 군에 대한 당의 영도를 강화하였다.[121]

김정은은 2012년 7월 15일 정통 야전군인을 대표하는 리영호를 해

---

120) 2017년 당 전원회의를 통해 당 중앙군사위원회 위원 12명중 4명이 교체되었다. 조직지도부 김경옥 → 최룡해, 국가보위성 김원홍 → 정경택, 군수공업부 리만건 → 리병철, 정찰총국 김영철 → 장길성로 변경되었다.

121) 문성묵, "북한에 군부(권력)," 『한국논단』 제273호 (2012.7), P. 33: 최룡해는 북한에서 실질적인 2인자로 정치국 상무위원과 당 중앙위원회 부위원장, 최고인민회의 대의원, 당 조직지도부장 등의 요직을 맡았다. 김정일은 1973년 조직지도부장직 취임후 2011년 사망시까지 28년 동안 이 자리를 고수했다. 2019년 4월 12일 최고인민회의 제14기 1차회의에서 최룡해는 최고인민회의 상임위원장에 발탁되었으며, 신설된 국무위원회 제1부위원장에도 올랐다. 『로동신문』, 2019.4.12.

임함으로써 군부장악의 최초 행보를 시작하였다. 그전에 민간인인 최룡해가 총정치국장에 임명되자 리영호를 중심으로 한 야전지휘관 그룹들은 최룡해와 불편한 관계를 형성하였다. 더욱이 장성택이 득세하면서 군부의 경제적 이권마저도 대부분 박탈당하게 되자 군내 불만이 팽배했다. 이를 의식해 김정은은 총정치국장을 황병서로 교체하고 일부 군부가 운영하던 경영권을 환원하는 등 군부 달래기를 시도했다.

다음은 총정치국의 영향력 확대를 통해 정통 야전군을 제어하는 방법이었다. 김정은은 조기 권력확보와 안정적 통치체제 유지를 위해 군을 장악할 필요가 있었다. 즉, 선군정치 시기동안 비대해지고 권력 집단으로 부상한 군부의 영향력을 제어하고 축소시킬 필요가 있었다. 최룡해 이후 당 조직지도부에서 군을 담당한 황병서를 총정치국장에 보직하여 군부세력을 적절히 통제하고 관리하려 하였다. 또한 2015년 5월 현영철 인민무력부장 후임으로 정치군관인 박영식 총정치국 조직부국장을 임명하였다. 이 직위는 그동안 정통 야전지휘관이 보직하던 자리였다. 이후 2018년 5월 총정치국장에 김수길 평양방어사령관을 임명하는데, 김수길은 총정치국에서 육성된 정치군관이었다. 김정은 시대로 진입하면서 정통 야전군 출신의 군 엘리트보다는 정치간부를 선호하는 경향을 반영하는 것이라 하겠다. 야전군 출신이 보직되었던 인민무력부장직에 정치간부 출신인 박영식이 임명됨으로써 김정은 시대 정통 야전군 지휘관들의 입지는 축소되고 있다.

아울러 김정은은 군부세력 약화 일환으로 군부내 경제사업의 대부분을 내각으로 이관하는 조치를 취했다. 사실상 군부의 경제이권 제한은 2000년대 중·후반부터 김정일이 김정은 후계체제를 준비하면서 군부가 경제이권을 과다 장악하고 있다고 판단하고 당과 공안세력을 동원하여 대외무역과 대내경제에서 군부의 영향력을 감소시키려 하였다.[122] 2008년 2월 1일 중앙당과 내각에서 "모든 군부대들에서 군부 출장소와 군부 산하 외화벌이 회사를 없애고 강성무역회사를 살릴 수 있도록 기구를 줄여야 한다."[123]는 방침을 하달하기도 했다.

김정일 사후 김정은은 군부의 무역활동을 제한하기 시작하였는데, 2012년 1월 1일 북한군의 어로산업을 중단시키자 군부는 수산물 수출에 타격을 받았다. 이어서 김정은은 2012년 5월 14일 방침을 하달하여 군대의 부패를 비판하고 '군대가 너무 돈 맛을 들였다'고 질타하고,[124] 향후 경제개혁에 있어서 당이 주도하고 군부는 외화벌이에 관여하지 말 것을 지시하였다. 이러한 집권초기 김정은의 군에 대한 강력한 통제와 과도한 질책은 리영호와 현영철 등 군부 권력엘리트들의 반발에 직면하기도 하였다.[125] 그러나 수령체제하에서 군부 권력엘리트의 저항과 반발은 미약했고 김정은은 저항세력에 대해 공안기관을 통해 신속하게 숙청하거나 처형함으로써 군부의 동요를 조기에 차단하였다.

정통 야전군 엘리트에 대한 불신과 처벌은 김정은 정권 초기 군 권력 기관의 권력엘리트인 인민무력부장, 총참모장, 총참모부 작전국장 등에 대해서 수시 강등과 인사조치 등을 통해서 확인된다. 김정은의

---

122) 박형중, "김정일, 군과 당, 그리고 김정은: 시장확대와 시장억제 배후의 권력정치학," 『통일연구원 온라인 시리즈 10-12』(2010), p. 3.

123) 좋은 벗들, "군부 산하 외화벌이 회사 축소," 『오늘의 북한 소식』, 122호, 2008.2.22.

124) 이경화," 북한과 쿠바의 혁명군부에 대한 비교연구," 고려대학교 박사학위 논문, 2014, p. 222.

125) 현영철은 총정치국장보다 총참모장이나 인민무력부장 같은 군사가들을 중시해야 한다는 발언으로 '군벌 관료주의자'로 낙인찍혔다.

군 불신은 2016년 제7차 당대회 이후 지속되는 측면이 강하다. 군부 엘리트에 대한 권력약화와 불신 정책은 김정은을 보위하고 있는 당의 주요부서에 의해서 계속 제기되고 있다.

특히 조직지도부는 핵과 미사일 등 전략무기의 통제와 관리에 정통 야전군을 제외시키고 당 군수공업부 주관으로 하여 전략군을 통제함으로써 야전군부 엘리트의 영향력을 배제하고 있다. 조직지도부의 야전군부에 대한 배제 정책은 2016년 4차 핵실험 이후 노골적으로 드러나고 있는데, 이러한 배경은 조직지도부의 군부 불신과 당의 지휘통제체계 강화라고 볼 수 있다.[126]

김정은은 정통 야전군부에 의한 과거 군사정책과 핵·미사일 전략에 강한 문제를 제기하고, 핵무력을 유일지배체제 강화와 혁명과업 실현, 정치경제 권력의 항구적 보장차원으로 격상하여 생존차원에서 선제적으로 추진하고 있다.

4. 군수공업·국방건설 분야 테크노크라트 급성장

김정은 체제하 군수공업 관련 조직과 엘리트들에 대한 관심과 영향력 확대는 이미 어느 정도 예상된 것이라고 할 수 있다.[127] 김정은은 2013년 3월 경제·핵무력 병진노선을 주장하면서[128] 김정일 시대에 통

---

126) 통일연구원, 『북한 제7차 당대회 분야별 평가 및 향후 전망』, 제13차 KINU 통일포럼(2016.5.16), pp. 35-37.

127) 박영자, 『김정은 시대 조선노동당의 조직과 기능: 정권 안정화 전략을 중심으로』, 앞의 책, pp. 236-237; 『로동신문』, 2019.8.1.

128) 북한은 2013년 3월 31일 로동당 중앙위원회 전원회의를 열고 "경제건설과 핵무력건설을 병진시킬 데 대한 새로운 전략적 노선"을 채택했다. 『조선중앙통신』, 2013.3.31; 『로동신문』 2013.4.3.

치이데올로기로 강조하던 '선군정치'보다는 '핵무력'이라는 전략노선을 제시하고 이를 적극적으로 활용하고 있다.[129] 전략무기이며 정치적 한 방편의 수단인 핵무력을 북한의 전략노선에 접목함으로써 김정은의 핵무력 효용성과 절대성은 시간이 흐를수록 강화되고 있다. 북한은 핵무력의 다양한 성과물로 주변국 주목 끌기에 성공함으로써 이러한 결과에 대해 김정은은 핵무력 관련 기관과 엘리트에 대해 보상과 지위 상승 등으로 보답하고 있다.[130]

2015년 2월 10일 김정은은 당 정치국회의에서는 '정밀화·경량화·무인화·지능화된 우리식의 첨단무장장비 개발'등 국방공업 강화를 지시하였으며, 2월 22일 개최된 당 중앙군사위원회에서는 군대기구체제의 간소화와 전투능력 제고의 군을 건설할 것을 요구하였다. 또한 북한은 2016년 1월 제4차 핵실험과 광명성-4호 등 연이은 도발로 국제사회로부터 강력한 제재를 받는 상황에서 김정은이 2016년 3월 6일 당과 군대의 책임일꾼들과 한 담화에서 '총대중시, 군사중시사상을 빛나게 구현하여 위력한 주체적 국방공업을 창설하신 수령님의 혁명업적[131]과

129) 북한은 '핵전쟁 발발을 억제하는 민족수호의 보검'이라는 논설에서 "우리의 핵은 지구상에 제국주의가 남아있고 핵위협이 존재하는 한 절대로 포기할 수 없는 것으로, 만약 미국과 괴뢰들이 우리를 핵으로 위협하지 않았다면 조선반도의 핵문제는 발생하지도 않았을 것"이라며 "우리의 핵무력은 나라와 민족의 자주권과 존엄을 수호하고 빛내여주는 애국의 보검이자 억만금과도 바꿀 수 없는 민족의 생명, 통일조선의 국보"라고 주장했다. 『로동신문』, 2013.12.3.

130) 김정은은 핵무력을 건설하면서 군수공업의 중요성을 지속적으로 강조하고 있다. 군수산업 및 무기체계장비 분야의 국방공업 발전을 군사력 강화 1차적 과업으로 발전시켜야 한다고 주장했다. 『로동신문』, 2014.3.16.

131) 북한의 국방공업의 역사는 평양시 평천구역에서 시작되었다. 이곳은 일제시기 일본인들이 평양에서 공업지역으로 개발한 지역으로, 김일성이 1945년 해방이후 최초 병기공장의 터전을 잡아주고 1948년 노동계급들

1970년대부터 국방공업을 최첨단수준으로 끌어올리려 투쟁을 진두하신 장군님의 신념과 의지의 혁명사상을 기반으로 자강력제일주의를 구현하여 주체적 국방공업의 위력을 튼튼히 다져나가야 한다'고 강조하였다. [132]

김정은은 2018년 신년사에서도 "온 한 해 헌신분투한 우리 국방과학자들과 군수노동계급에게 뜨거운 동지적 인사를 보냅니다"라고 군수공업관계자들에게 각별한 애정을 과시하였으며, 국방과학부문 과학자, 기술자들과 일군들이 발휘한 당에 대한 충실성과 높은 애국심, 영웅적 투쟁정신과 투쟁기풍은 모든 과학자, 기술자들과 일군들의 본보기라고 말하였다. [133]

김정은의 핵무력 관련 엘리트에 대한 관심과 애정은 각별하였다. 2011년 12월 30일 최고사령관직에 추대된 김정은이 최초로 2012년 2월 15일 대규모 장령급 인사를 단행했다. 박도춘 당 군수담당비서가

이 제작한 기관단총을 시험사격한 '선군총대의 고향'으로 불리는 평천혁명사적지가 있다. 『조선신보』, 2016.1.12.; 한국전쟁으로 평천리 병기공장은 군자리 지하갱도로 이전해 전시 무기생산을 하였다. 여기서 군자리 혁명정신이 시작되었으며, 주체적 국방공업의 강화발전에 기여한 김일성과 김정일의 동상이 군자혁명사적지에 제막되었다. 『로동신문』, 2016. 4.13.

132) "위대한 수령님께서는 1945년 10월 평천벌에 나가시여 병기공장터전을 잡아주시고 우리자체의 국방공업을 창설할데 대한 원대한 구상을 펼쳐주시였습니다. 수령님의 현명한 령도밑에 평천리 병기공장은 우리나라 군수공장들의 어머니공장으로 되였습니다" 김정은, "자강력제일주의를 구현하여 주체적 국방공업의 위력을 다져나가야 한다(당과 군대의 책임일군들과 한 담화, 주체105(2016)년 3월 6일)," 조선로동당출판사 주체106(2017), pp. 3-13.

133) 김정철, "국방과학전사들의 투쟁정신과 기풍은 만리마시대의 본보기," 『김일성종합대학학보』 주체107(2018)년 제64권 제3호, p. 14: 김동현, "군자리혁명정신의 본질적 내용," 『철학·사회정치학 연구』 2018(루계 제154호), 과학백과사전출판사(주체107), p. 24.

대장으로 승진했고, 주규창 기계공업부장과 백세봉 제2경제위원장이 상장으로 진급했다. 정권 초기 김정은의 인사 스타일을 가늠해 볼 수 있는 인사로, 김정은은 과거 야전군 우대와 군부출신의 장령계급 부여 정책을 초월하여 민간출신 엘리트들에게도 과감히 상장과 대장계급을 부여하였다. 당 중앙군사위원회와 국방위원회에 소속되어 있지만 장성 계급을 달지 못했던 박도춘, 주규창, 백세봉 등 군수공업 관련 민간 인사들이 모두 장성계급을 수여 받았다.[134] 군수공업 관련 엘리트가 대장 또는 상장으로 승진함으로써 김정은 시대에 군수공업분야의 위상과 그의 관심도를 확인할 수 있다 하겠다.[135]

이는 정권초기 군부를 확실히 장악하지 못한 김정은의 고육책일 수도 있지만 달리 해석하면 김정은의 관심은 정통 야전군보다 향후 체제를 확실히 보장해주고 대외적으로 국제사회에서 관심과 영향력을 발휘할 수 있는 핵무력을 관장하는 군수공업분야 군부 엘리트에 대한 관심을 간접적으로 말해주고 있는 것이다.[136]

김정은의 정통 야전군부에 대한 불신과 권력약화는 핵·미사일 등 핵무력에 대한 당의 통제권 강화를 통해서도 볼 수 있다. 과거 핵 개발은 당 군수공업부 주관으로 실시하고 핵 실험은 군에서 시행하는 이원화 체계였으나, 2016년 4차 핵실험 이후부터는 정통 야전군부의 영향력을 차단하기 위해 당 조직지도부의 지도로 당 군수공업부 산하 핵무기 연구소로 변경되었다.

---

134) 권양주, "김정은 정권의 군통치제제와 군의 역할 전망," 『주간국방논단』, 2012년 8월 6일, p. 5.
135) 정성장, "김정은의 선군정치와 북한의 군부 엘리트 변동," 『정세와 정책』, 2012년 3월호, pp. 17-18.
136) 정성장, "김정은 정권의 당과 군부 파워 엘리트 변동," 2014. 북한연구학회 하계학술회의, p. 40.

정통 야전군의 영향력이 사라지면서 전략군[137] 세력이 권력요직에 다수 진입하고 있다. 아울러 과거 핵·미사일 시험 및 개발을 담당하던 제2자연과학원이 국방과학원으로 개칭되었으며, 8총국이었던 무기생산체계는 9총국으로 확대되었다.(〈그림 4-3〉참고) 9개 총국에서는 군수 전략무기인 핵, 미사일, 탄약, 탱크, 화학무기 생산 등을 담당하는 총국으로 구분되며, 예하에 200여개의 군수공장을 지도하고 관리한다.[138]

---

137) 북한은 육·해·공군과 더불어 제4군종으로 핵·미사일을 전담하는 전략군을 창설하였다. 과거 미사일 지도국에서 전략로케트군으로, 이어서 전략군으로 명칭과 조직이 변화하였으며, 현재 사령부 예하 9개 미사일 여단, 1만명 수준의 병력을 구비하였다. 김일기·김보미, "김정은 시대 북한의 국가전략 변화와 군사분야 동향," 『INSS전략보고』 February 2020. No. 59, pp. 7-8.

138) 박영자, 『김정은 시대 조선노동당의 조직과 기능: 정권 안정화 전략을 중심으로』, 앞의 책, p. 181.

〈그림 4-3〉 당 군수공업부의 구조와 기능[139]

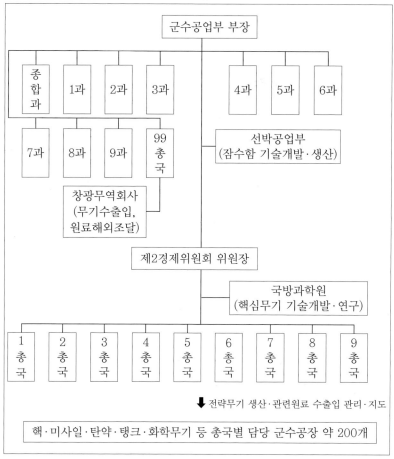

출처: 박영자, 『김정은 시대 조선노동당의 조직과 기능: 정권 안정화 전략을 중심으로』(서울: 통일연구원, 2017), p. 179.

---

139) 당 군수공업부는 군수물자 생산부서로서 제2경제사업 및 전략무기 생산을 지도 관리한다. 군수경제를 책임지는 제2경제위원회를 지도하며 핵·미사일·잠수함 등 전략무기 생산에 집중하는 부서이다.

국방과학원이라는 공식명칭을 사용하면서 조직원들이 모두 군복을 착용하기 시작했는데 이는 조직에 대한 소속감과 자부심을 제고하기 위한 것으로 보인다.

핵무기를 연구하는 핵무기 연구소에 대한 김정은의 관심도 지대하다. 2107년 9월 3일 김정은은 핵무기연구소를 방문하여 화성-14형의 핵탄두 모형을 보고 현장지도 하였으며, 그의 핵무기 관련 현장지도에 동행한 홍승무 당 군수공업부 제1부부장은 후에 대장으로 승진하였다. 영변 원자력연구소장 이홍섭도 2017년 9월 10일 6차 핵실험(2017. 9. 6) 성공 축하행사에서 김정은이 직접 손을 잡고 격려하는 등 각별한 관심을 받았다.

한편 북한 미사일 개발에 주도적 역할을 담당한 리병철 당 군수공업부 제1부부장과 김정식 당 군수공업부 부부장이 2017년 10월 제7기 제2차 당 전원회의에서 약진이 예상되었으나,[140] 미사일 개발과정에서 다소 문제점이 있어 인사에 불이익을 받았지만, 이후 이병철 군수공업부장은 2019년말 제7기 제5차 당 전원회의에서 정치국위원, 당부위원장으로 선출되었다.

2017년 김정은의 공개활동은 군 활동 48회, 정치 28회, 경제 27회, 문화 6회, 사회 5회 등으로 군 활동이 단연 두드러지는데, 특히 김정은의 군 활동 48회중 29회가 핵·미사일 관련 활동으로 그의 중점 관심분야와 정책 추진 방향성을 짐작할 수 있게 한다.

---

140) 리병철과 김정식은 2017년 김정은 현장지도 수행횟수에서 각각 29회와 27회로 5위, 6위를 차지했다. 1위 조용원(56회), 2위 황병서(43회, 10월 활동까지), 3위 최룡해(38회), 4위 김용수(30회)이다; 리병철은 2019년 12월말 당 제7기 5차전원회의에서 정치국위원이자 당 군수공업부장으로 보선되었다. 『조선중앙통신』, 2020.1.1.

5. 김정은 체제하 혁신과 쇄신의 대상

김정은의 시각에서 보면 군부 권력기관과 엘리트는 우선적으로 제어하고 통제해야 할 대상이었다. 김정은의 군 개혁과 변화에 대한 강조는 2012년 집권초기부터 지속적으로 표출되었다.

김정은은 이를 위해 2015년까지 군부 권력엘리트들에 대해 숙청 및 강등, 처형 등 공포 및 억압정치를 자행하기도 하였다. 김정일의 군 원로 위주의 안정적 군부관리와 달리 김정은은 과거 권력엘리트들을 혁신과 쇄신의 대상으로 보고 대부분 교체하거나 숙청하였다.

김정은의 군부에 대한 인식은 다음에서 잘 표현되고 있다. 김정은은 "내 이름으로 군대가 마적 떼처럼 주민들을 탈취하지 못하게 하겠다"고 선언할 정도로 군에 대한 불신과 과거 군부 엘리트에 대한 부정적 인식이 잔존하고 있다.[141] 이와 관련 고위직 탈북자는 김정은은 후계자 시절부터 군부 엘리트들에 대해 비판을 지속했다는 것이다.[142] 김정은 정권이후 지속되는 군부 엘리트들의 처벌과 처형은 그러한 연장선상에서 본다면 이해할 수 있다.

김정은은 정권초기부터 당중앙군사위원회와 군부대 방문 등을 통해 군의 개혁과 변화을 주문하고 군의 혁신적 기풍을 수립할 데 대한 문제를 지속적으로 제기하고 있다.

2018년 조선인민군 창건 70돌 경축 열병식에서는 현대전의 요구와 양상에 맞는 주체전법과 훈련의 혁신, 실전적 훈련을 강조하고 우수한

---

141) 정성장, "북한의 군부 파워 엘리트 변동 어떻게 볼 것인가?" 세종12차 정세토론회, 2015.9.22.

142) 박영자, 『김정은 시대 조선노동당의 조직과 기능: 정권 안정화 전략을 중심으로』, 앞의 책, pp. 120-121.

군대육성을 위해 군이 변화혁신의 중심이 될 것을 강조했다.[143]

> 당의 군사전략전술사상과 주체전법, 현대전의 요구와 양상에 맞게 훈련내용
> 과 형식, 방법을 부단히 혁신하며 실전환경에 접근된 실용적 훈련의 포성을
> 단 하루도 멈추지 말아야 합니다. — 중략 — 모든 군종, 병종, 전문병 부대
> 들에서는 자기손에 틀어준 무장장비들에 정통하고 전문수준을 높이기 위한
> 훈련을 다그쳐 임의의 작전공간에서도 고도기술전을 치를수 있는 만반의 준
> 비를 갖추어야 합니다. 특히 전군간부화, 전군현대화의 새로운 높은 단계의
> 요구에 맞게 인민군대를 모든면에서 우수한 군대로 육성하는 것을 중요한
> 전략적 과업으로 내세우고 그 실현에 최우선적인 힘을 넣어야 합니다.

2018년 5월에는 당중앙군사위원회 제7기 제1차 확대회의에서 혁명
의 전위대며 주력군으로 본분을 다해나가는 인민군을 높이 평가하고
앞으로도 당과 수령의 군대로서 조국과 인민 앞에 성스러운 사명과 임
무를 빛나게 수행해 줄 것을 강조하며, ① 혁명무력에 대한 당의 유일
적령군체계를 더욱 철저히 세우고 혁명적군풍을 확립할데 대한 문제,
② 당이 밝혀준 훈련혁명 방침, 사상혁명방침, 군대현대화 방침을
일관되게 틀어쥐고 나갈데 대한 문제, ③ 군인생활을 개선할데 대한
문제를 비롯한 군건설과 군사활동의 기본방향과 방도들에 대하여 밝
혔다.[144]

결국 김정은의 군에 대한 요구는 군부 엘리트가 과거 만연한 매너리
즘과 무사안일주의를 타파하고 군풍의 혁신를 통해 시대적 요청에 맞

---

143) 『로동신문』, 2018.2.9.
144) "당중앙군사위원회 제7기 제1차 확대회의 진행," 『로동신문』 2018.5.18.

는 최신 정보화·첨단화·과학화된 군을 재건설, 재조립하는 것이라 할
수 있으며, 궁극적으로 군 권력기관 및 엘리트가 군 변화의 중심이 돼
서 혁신을 추진하는 주체가 되어야 한다고 강조한다.[145]

---

145) 이준혁·김보미, "북한 당중앙군사위 제7기 1차 확대회의와 향후 북한군
   의 역할," 앞의 논문, p. 3-6; 김정은, "신형 전술 유도무기사격을 지도
   하고 국방과학기술의 최첨단화를 지시," 『조선중앙통신』, 2019.4.18.

제5장

김정일·김정은 시대의
군 권력기관과 엘리트 비교

제1절 김정일·김정은 시대의 군 권력기관 특징 비교

김정일 시대와 김정은 시대의 군 권력기관의 특징을 아래의〈표 5-1〉로 간략히 정리하면 다음과 같다. 김정일 시대는 국방위원회를 중심으로 군의 주요 노선과 정책이 결정되면서 선군시대 위상에 걸맞게 혁명성을 중시하는 군 권력기관의 성격을 지닌다. 반면 김정은 시대는 당중앙군사위원회를 중심으로 군의 주요 노선과 정책이 결정되면서 당-국가 체제가 확고히 정착되고 이에 따라 군 권력기관의 성격은 전문성을 우선시 한다고 볼 수 있다.

〈표 5-1〉 김정일·김정은 시대 군 권력기관 특징

구분		김정일 시대	김정은 시대
권력 기반		군	당
군 권력 기관 특징	지도체제	선군체제	당-국가체제
	정책결정	국방위원회	당중앙군사위원회
	3대 권력기관	상호 견제·감시	상호 경쟁·혁신
	공안기관	3대 권력기관 감시	권력기관 감시, 국가보위성·인민보안성 격하
	군수공업분야 국방건설분야	야전군보다 대우 미흡	각종 혜택 우대, 전략군 4군종으로 독립
	성격	혁명성 중시	전문성 중시

1. 선군체제에서 당-국가체제로 전환, 당의 통제 강화

1) 군 지도체제 변화: 선군체제에서 당-국가체제로

고난의 행군과 선군정치로 대변되는 1990년대 중반이후의 김정일 시대를 지나 2010년대 김정은 시대에 이르러서 군 권력기관들의 변화 특징을 살펴보면, 김정일 집권기의 시대적·환경적 상황에서 유래하는 군 중시의 특수성에서 김정은 시대에는 일반 사회주의 국가[1]의 당-군 체제로의 보편성으로 회귀했다.[2]

구소련 및 동구권 사회주의 국가의 몰락과 붕괴를 좌시한 김정일이 체제보위와 전반적 사회주의 건설을 다그치기 위해 당을 제치고 선군혁명령도를 내세우고 위기관리체제를 제도화하기 시작했다. 이는 사회주의 국가의 일반적이고 보편적인 당-군 시스템과는 상이했다.

김정일은 국가의 정치적, 경제적 위기상황에서 군사를 제일국사로 내세우는 선군정치를 통해 국가와 사회를 관리하고 통제하였다.[3] 이렇게 군이 북한의 국가건설과 경제사회 정책을 추동하는 결정적 동인으로 장기간 작동한 것은 과거에 찾아보기 힘들었다. 김일성의 사망과 구소련·동구권 사회주의 국가의 패망으로 이어진 북한의 다급한 정치

---

1) 김정은이 추구하는 국가중심 담론의 사회주의는 이데올로기가 퇴조한 사회주의 국가에서 유용한 정치적 기획일 수 있다. 전미영, "김정은 시대 북한 민족주의,"『북한학보』제43권(1)호(2018), pp. 234-235; 강혜석, "김정은 시대 통치담론 변호와 국가의 부상,"『국제정치논총』제59집 3호(2019), pp. 316-318.

2) 북한사회의 특수성과 사회주의 국가로서 북한의 보편성은 모든 북한 연구자들의 관심분야이고 북한의 군 뿐만 아니라 정치사회체제를 이해하는 핵심적인 사안이라 할 수 있다. 북한의 특수성과 보편성에 관한 분석은 내재적 접근방법 이나 역사적 접근방법 등을 통해 북한을 좀 더 세부적이고 체계적으로 이해하고 평가할 수 있다. 고유환, "북한 연구방법론의 쟁점과 과제,"『통일과 평화』, 2019. Vol.11. no1, pp. 26-27; 김익성, "북한사회주의에 대한 연구동향 분석: 북한 사회주의의 보편-특수적 이해,"『사회과학연구』27, 경성대, pp. 153-155.

3) 김정일, "선군혁명로선은 우리 시대의 위대한 혁명로선이며 우리 혁명의 백전백승의 기치이다," 조선로동당 중앙위원회 책임일군들과한 담화, 2003. 1.29.

경제 상황이 유도한 군부 권력기관의 기능과 역할의 특수성은 과거 군부 권력기관의 보편성을 침해하고 이를 상대적으로 특정화했다고 평가된다.

여기서 김정일 시대 개막과 더불어 선군시대의 북한 군부 권력기관이 과거 대비 상대적 우월적 지위와 역할을 수행했다 하더라도 독자적인 기관이나 조직이 없었고 당의 영도는 지속되었다는 사실이다.[4]

당의 령도는 인민군대의 생명입니다. 우리 인민군대를 당의 제일 보위자로, 당의 사상과 령도를 목숨 받쳐 받들어나가는 혁명적 무장대오로 강화하여 당과 수령의 군대로서의 높은 영예를 펼쳐온 자랑스러운 력사와 전통을 고수하고 더욱 빛내여 나가도록 하여야 합니다.[5]

김정일 시대에 총정치국, 총참모부, 인민무력부 등 군 사업을 하는 권력기관 중 특정 기관이 절대적이거나 압도적 권력을 집행하는 일은 없었고, 이들 기관이 수평적 권력을 지니고 수령인 김정일에게만 충성하고 경쟁하는 관계였다는 점이다.

좀 더 냉정하게 평가해 본다면 군부 권력기관의 주도격인 오진우가 부장으로 있었던 인민무력부의 영향력이 줄어들고 김정일의 총애를 받았던 조명록의 총정치국 영향력이 늘어났다고 볼 수 있다.[6] 이는 고난의 행군시기에 체제강화와 사상고취에 주력한 김정일의 불가피한

---

4) 현성일, 『북한의 국가전략과 파워엘리트』(서울: 선인, 2007), p. 283.
5) 김정일, "선군혁명로선은 우리 시대의 위대한 혁명로선이며 우리 혁명의 백전백승의 기치이다."(조선로동당 중앙위원회 책임일군들과 한 담화, 2003년 1월 29일), 『김정일 선집(15)』, pp. 368-369.
6) 이승열, 『북한 엘리트 집단의 권력투쟁과 당조직지도부의 생존전략』, 앞의 책, p. 43.

선택이라고 보여진다. 김정일은 매일 총정치국, 총참모부, 인민무력부, 국가안전보위부, 인민보안부, 보위사령부 등 주요 군부 권력기관으로부터 별도 정보를 획득함으로서 각 조직들이 상호 견제 하에 경쟁적으로 충성하도록 막후통치를 하였다.[7] 이는 김정일이 1960년대 말 김창봉, 허봉학 등 군부 권력엘리트들이 '군벌주의'를 형성하여 당의 노선과 방침을 무시했던 경험을 고려하여 북한 내에서 유일하게 반체제 및 반김정일 세력화 될 수 있는 무장집단인 군이 독립세력집단으로 존재하는 것을 불허했다. 아울러 김정일은 주요 권력기관을 분리하고 특정한 개별 군 지도자에게 군 권력이 집중되는 것을 방지하고 군 권력기관 상호 견제 및 충성을 하도록 경쟁구도를 조성하여 자신의 권력을 보다 공고하게 유지하고자 하였다.

반면에 김정은 시기에는 당·정·군 체제아래 군이 당의 통제와 지시를 받고 과업을 수행하는 전형적인 사회주의 국가의 보편성을 노정하고 있다. 선군정치가 만연화된 김정일 시대 군부 권력기관의 특수성과는 상이하게 김정은 시대에 정상화된 군이 통치와 국가건설에 당을 제치고 선봉에 나서는 일은 없었다. 김정은은 보편적인 사회주의 국가들처럼 군이 당과 인민을 수호하고 혁명의 참모부인 당을 지원하는 군 본래의 모습으로 복귀하길 요구했다. 김정은은 정상적인 사회주의 국가처럼 군부 권력기관을 당의 통제와 감시아래 두고 조정하고 관리하기를 선호했기 때문에 기본적으로 당에서 군 권력기관을 관리 하였다. 김정은 정권 초기부터 당의 조직지도부에서 군을 관리하도록 하였으며, 당은 총정치국을 통해 군을 통제하였다. 정권 초기 최룡해를 총정

---

7) 이종규, "북한 통치체제의 본질적 특성: 김정일의 체제운영기법을 중심으로," 『북한조사연구』 제6권 1호, 2002, pp. 120-126.

치국장에 임명하여 군을 전반적으로 관리하였고, 이후 최룡해를 당 조직지도부장에 임명하여 군을 더욱 관리·통제하였다. 그래서 최룡해가 총정치국장을 역임하던 시기에 총정치국 제1부국장이었던 평양시 당 비서 김수길을 2018년 6월에 총정치국장으로 임명하여 군부 엘리트들을 통제하였다.

과거 김정일 시대에 3대 군 권력기관의 균형과 견제 시스템이 김정은 시대에는 작동되지 않고 있다. 김정은 시대에는 총정치국의 위상과 역할이 제고되고 있는데, 이는 당–군 시스템 하에서 군내 인사권과 평가권을 보유한 총정치국에 조직지도부가 당 차원에서 군을 적절히 통제하고 안전하게 관리할 수 있도록 총정치국에 힘을 실어주기 때문이다.[8]

김정은은 군부 권력기관의 세력약화로 당 중앙군사위원회에서 군부위원을 줄이고 호위사령관, 해군사령관, 항공·반항공사령관, 전략군사령관 등을 중앙군사위원회 위원에서 탈락시켰다. 오히려 당 정무국과 내각 엘리트 등을 중앙군사위원회 위원에 포함하여 군부의 권력기관 독점을 견제하였다.[9] 아울러 핵무력과 국방경제건설을 강조하는 김정은에 의해 당의 군수공업부와 전략군, 원자력연구소 등 핵무기와 미사일 관련 군 기관과 인민무력부내 국방경제건설 관련 조직들이 주목

---

8) 오경섭, 『정치엘리트 응집력과 김정은 정권 안정성』(서울: 세종연구소, 2016), pp. 31-32.

9) 북한은 2019년 4월 11일 최고인민회의 제14기 제1차 회의를 통해 김정은을 최고인민회의 최고대표자로 등극시켰다. 북한 김정은 국무위원장의 집권 2기는 최룡해 최고인민회의 상임위원장 겸 국무위원회 제1부위원장, 박봉주 국무위원회 부위원장 겸 당 부위원장의 '3인 체제'로 출범했다. 김수길 총정치국장은 정치국 상무위원에, 노광철 인민무력상과 리영호 총참모장은 정치국 위원에 진입하지 못했다. 『로동신문』, 2019.4.13.

을 받고 영향력을 확대해 나가는 추세이다.[10]

또한 김정은은 제7차 당대회를 기점으로 군 권력기관 개칭을 통해 권한과 지위를 축소하고 있다. 즉, 인민무력부는 인민무력성으로, 인민보안부는 인민보안성으로, 국가안전보위부는 국가보위성 등으로 변경하였으며, 김정일 시대에 최고의 국방기관인 국방위원회가 폐지되어 국무위원회로 바뀌었다.[11]

2018년도에는 김정일 생일과 사망일, 김일성 생일과 사망일에 김정은은 군부 주요 권력기관장을 배제하고 당-정 고위 간부들만 대동하고 금수산태양궁전을 참배했다. 이는 권력의 핵심과 정점에서 군부 권력엘리트들이 점차 퇴조하는 사실을 간접적으로 보여준다.

2019년 4월 11일에 개최된 최고인민회의 제14기 1차회의에서 헌법을 개정했는데, '선군정치'란 용어 자체를 삭제하고, 종전 국무위원장의 군 지위에 대해 '공화국 전반적 무력의 최고사령관'에서 '공화국 무력총사령관'으로 수정했다.[12]

---

10) 『로동신문』, 2019.8.1.

11) 국무위원회의 부서로 정상국가의 이미지를 강화하기 위한 조치로도 볼 수 있다. 김태구, "김정일 집권이후 군부 위상 변화 연구," 앞의 논문, pp. 155-156.

12) 종전엔 포괄적 지위에 초점을 맞췄다면 이번엔 '무력총사령관'이라는 지위와 직책의 성격을 모두 담아 김 위원장이 군 통수권자임을 부각한 것으로 풀이된다. 북한 매체는 헌법 개정 이전 김정은을 '조선인민군 최고사령관'으로 지칭했으나 이후에는 '공화국 무력최고사령관'으로 변경했다. 이는 김정은이 군사는 물론 국방까지 무력 전반을 총괄한다는 의미이다. 이런 헌법 수정은 김정은이 집권 이후 국정 운영의 시스템을 일반 사회주의국가처럼 당 중심으로 정상화하는 연장선으로 평가된다. 『연합뉴스』 2019.7.11.

2) 군 지도기구 변화: 국방위원회에서 당 중앙군사위원회로

군사 지도기구는 김정일 시대는 국방위원회, 김정은 시대는 당중앙 군사위원회로 당의 주요 군사로선과 방침을 실현하게 된다.

북한은 1992년 헌법을 개정하면서 국방위원회의 임무를 구체적으로 명시하고 독립시킴으로써 김정일 시대는 김일성 시대와는 비교할 수 없을 정도로 국방위원회의 위상과 역할을 보유하게 된다. 김정일이 집 권하면서 정치의 중심은 당 중앙위원회에서 국가기관인 국방위원회로 이전되었고 1998년 9월 5일 헌법 개정을 통해 주석과 중앙인민위원회 를 폐지하고 당 중앙위원회 회의도 개최하지 않았다. 김정일 시대로 진입하면서 당을 통한 정치과정이 생략되고 국방위원장을 혁명의 수 뇌부로 하는 군사국가가 제도화 됐다.[13](〈표 5-2〉참고)

반면에 김정일 시대에 당중심 군사지도체계의 핵심인 중앙군사위원 회는 상대적으로 위상과 역할이 축소되었다. 그러나 표면상으로는 당 중앙군사위원회를 통해 주요 결정과 명령, 발표 등이 있었기에 변화가 없어 보였다. 당중앙군사위원회 인원은 김정은이 2010년 9월 당중앙 군사위원회 부위원장으로 임명되기 전까지 1995년 이후 한번도 증가 된 적이 없었다.

〈표 5-2〉 김정일·김정은 시대 국방위원회 구성원 현황

구분	김정일 시대		김정은 시대	
	1995.	2010.	2012.	2015.
위원장	김정일	김정일	김정은	김정은

---

13) 고유환, "김정은 후계구축과 북한 리더십 변화: 군에서 당으로 권력이동," 앞의 논문, p. 185.

구분	김정일 시대		김정은 시대	
	1995.	2010.	2012.	2015.
부위원장	최광	장성택 김영춘 리용무 오극렬	김영춘 리용무 장성택 오극렬	
위원	리을설 리하일 전병호 김철만 김광진	전병호 백세봉 주상성 우동측 주규창 김정각	김원홍 김정각 리명수 박도춘 주규창 최룡해 백세봉	황병서 김원홍 최부일 김춘삼 오극렬 리용수 리병철 조춘룡
인원	7명	11명	12명	9명

출처: 통일연구원, 『김정일 현지지도 동향 1994-2011』(서울: 통일연구원, 2011); 이수원, "북한 당중앙군사위원회와 국방위원회 연구," 동국대학교 박사학위논문, 2017, pp. 123-124; 이교덕 외, 『김정은 체제의 권력엘리트 연구』(통일연구원, 2012), pp. 261-269; 『로동신문』, 『연합뉴스』 등 참고하여 재작성.

특히, 2010년 9월 3차 당 대표자회 직전 리을설, 조명록, 김영춘, 리하일, 김명국 등 6명으로 구성 되었는데, 인민무력부장 김영춘과 총참모부 작전국장 김명국만 정상업무가 가능했다. 리을설, 조명록, 리하일은 노환과 질병 등으로 정상적인 업무가 불가능한 군 원로들이었다. 김정일을 포함한 단 3명만으로 당 중앙군사위원회의 역할을 정상적으로 수행했다고 보는 것은 무리가 있다.[14]

김정은 시대에는 당중앙군사위원회의 기능과 위상이 정상적으로 환

---

14) 이수원, "북한 당 중앙군사위원회의 위상과 역할," 『北韓』(통권 562호), 2018년 10월, p. 158.

원되었다. 김정은은 당중앙군사위원회 부위원장이 되는 순간부터 구성원과 임무를 대대적으로 보완한다.[15] 1980년 이후 처음으로 당 규약을 개정하며[16] 당중앙군사위원회를 상설기구로 만들고 당중앙위원회만큼의 위상을 가지게 하였다.

김정일 시대에는 정상적으로 당중앙군사위원회가 개최 여부도 확인이 어려웠지만 김정은 시대에는 2013년 이후 1년에 2~3차례 당중앙군사위원회 확대회의와 비상확대회의를 개최하며 대외에 공개하고 있다.[17] 더욱이 당중앙군사위원회 위원들이 매년 변경되고 있는데, 이는 북한의 군사 정책과 안보기조가 변경됨에 따라 그에 적합한 위원들로 구성하는 것으로 보여진다. 더욱이 제7차 당대회 이후 2016년 최고인민회의 제13기 제4차 회의를 통해 국방위원회는 국무위원회로 개편된다.[18] 기존의 국방위원회의 권한이 군사분야에 국한되었던 것을 정치와 외교, 경제분야까지 통합되었다. 김정은은 국무위원회에 군사기능을 통제하기 위해 당과 정의 주요 엘리트들을 포진시켰다.[19]

당중앙군사위원회 위원들도 해공군 및 전략군 사령관 등을 군종사령관들을 제외하고 군수공업분야를 포함한 군 관련 당 간부와 내각총

---

15) 북한은 김정은이 2009년 1월 김정일의 후계자로 지명된 후 '발걸음'이란 노래로 은유적으로 표현하다가 2010년 9월 당대표자회에서 당중앙군사위원회 부위원장으로 지명되면서 곧바로 실명 공개화 함께 우상화 작업을 본격화 했다. 고유환, "김정은 후계구축과 북한 리더십 변화: 군에서 당으로 권력이동," 앞의 논문, p. 182.

16) 2010년 9월 개정, 『조선로동당 규약』, 27조.

17) 『조선중앙통신』, 2013.2.3, 2013.8.25; 『로동신문』, 2014.3.17.

18) 김갑식, "북한 최고인민회의 제13기 제4차 회의 분석," 『Online Series』 co 16-19(통일연구원, 2016), pp. 1-2.

19) 김태구, "김정은 집권 이후, 군부위상 변화 연구," 앞의 논문, pp. 153-155.

리를 포함하고 있다. 이는 당–국가 체제의 정상적인 모습이라 보여지
며 최고국방지도기구가 담당했던 최고국가지도기구의 역할을 헌법으
로 보장된 '국가주권의 최고 정책지도기관'이 담당하게 된 것이다.[20]

〈표 5-3〉 김정일·김정은 시대 당중앙군사위원회 구성원 현황

구분	김정일 시대		김정은 시대	
	1994.12	2010.8	2012.4	2019.12
위원장	김정일	김정일	김정은	김정은
제1부위원장	오진우	조명록		
부위원장	최광		리영호 최룡해	
위원	백학림 리을설 리두익 김두남 리하일 김익현 조명록 김일철 리봉원 오룡방 김하규	리을설 김영춘 리하일 김영국	김영춘 김정각 김경옥 김원홍 정명도 리명수 리병철 최부일 김영철 윤정린 주규창 최경성 장성택 현철해 김락겸	리만건 김조국 태종수 김재룡 박수일 리병철 김수길 리영길 노광철 정경택 서홍찬 장길성 최부일
인원	14명	6명	18명	14명

출처: 통일연구원, 『김정일 현지지도 동향 1994-2011』(서울: 통일연구원, 2011); 이수원, "북

---

20) 『로동신문』, 2016.6.30.

한 당중앙군사위원회와 국방위원회 연구," 동국대학교 박사학위논문, 2017, pp. 123-124; 이교덕 외, 『김정은 체제의 권력엘리트 연구』(통일연구원, 2012), pp. 261-269; 『로동신문』, 『연합뉴스』 등 참고하여 재작성.

한편, 당중앙군사위원회는 당-국가체제가 안정화되면서 다양한 분위기가 감지되고 있다. 2016년 5월 6일의 제7차 당대회에서 김정은은 당중앙군사위원회 부위원장직을 폐지하고 위원수도 12명으로 축소했다.(〈표 5-3〉참고) 이는 당-국가체제에 군을 구속하여 적극적으로 통제하려는 의도로 보인다.[21]

2. 야전부대보다 핵무력·국방건설부대 우대

군사를 제일국사로 앞세우는 선군정치하에서 김정일 시대 북한군의 위상과 영향력은 상대적으로 김일성 시대보다 우월적이었다. 권력의 한 축인 군부의 핵심세력은 주로 빨치산 활동과 한국전쟁에 참여한 원로간부로 이들은 대부분 전후방 야전부대에서 부대장을 역임한 장령들이었다. 정치군관과는 다르게 전투부대 지휘관을 역임한 야전군 권력엘리트들이 김정일 정권 초기 군의 핵심세력으로 선군정치사업을 주도적으로 추진하였다.

김정일의 막강한 권력을 행사했던 3대 군 권력기관 및 야전부대들

---

21) 김정은의 이러한 조치는 군사부문사업을 자신의 의도대로 통제할 수 있는 일원화 체제를 구축한 것으로, 군부 발언권을 축소시키고자 한 것으로 볼 수 있다. 당중앙군사위원회의 위원수도 2010년 9월 제 3차 당대표자회에서는 19명으로 확대했던 것을 2016년 5월 7차 당대회 이후에 12명으로 축소하고, 위원에 내각의 수장인 박봉주 총리를 포함시켰다. 이는 당중앙군사위원회가 군부 인사만으로 충원되던 선군정치 방식에서 벗어나 정부 인사들까지 포함시킴으로써 군사부분의 최고 기구에서도 민간 의견을 수렴하도록 하는 일종의 군부 견제적인 의미로 보인다.

은 김정은 체제하에서 영향력이 약화되었다. 김정은의 핵무력과 국방경제건설사업 중점추진은 군수공업분야와 국방경제건설사업 엘리트의 환대와 우대로 나타났다.

김정은은 정권을 인수하면서 초기에 김정일 유훈정치에 따라 군사분야에 대해서는 큰 변화 없이 기본 골격과 틀을 유지했다.[22] 그러나 점차 후계체제를 안착시키면서 비대해진 군에 대한 통제와 군 개혁을 강화하기 위해 야전군 위주인 총정치국장, 총참모장 및 인민무력부장을 수시로 숙청 및 강등시켜 물갈이 하였다. 총정치국장에 민간간부인 최룡해와 정치간부인 황병서를, 인민무력부장에 정치간부인 박영식을, 국가보위상에 정치간부인 정경택을 임명함으로써 철저히 야전군의 권력엘리트들을 견제하고 통제하였다.

반면, 핵·경제병진노선을 뒷받침할 군수공업분야와 국방경제건설부대들의 경우는 위상이 높아지고 있다.[23] 북한이 핵·경제병진노선을 공식적으로 천명하기 전인 2012년 2월에 핵과 위성개발 등을 담당하는 군수공업분야 엘리트들에 대한 군 계급 부여와 승진은 핵과 위성 보유에 대한 김정은의 강한 의지를 보여주는 것이다.[24]

아울러 군수공업분야 중 핵무력에 대한 군의 관여와 참여도 과거와는 달리 당 조직지도부에 의한 주관과 통제로 변경하였다. 과거 핵과 관련하여 핵개발은 당 군수공업부에서 담당하고 실험은 군부로 인계하는 2원화 체계로 운영되었으나, 2016년 4차 핵실험 이후에는 군부

---

22) 고창준, "북한 권력엘리트 변화양상과 경향분석," 앞의 논문, p. 146

23) 2012년 12월 16일 김정일 사망 1주기 중앙추모대회와 12월 17일 금수산태양궁전 개관식시 최춘식 제2자연과학원장이 김정은의 옆자리에 위치하기도 하였다. 『연합뉴스』, 2012.12.18.

24) 정성장, "김정은의 선군정치와 북한의 군부 엘리트 변동," 『정세와 정책』, 2012년 3월(성남: 세종연구소), pp. 17-18.

의 입김을 차단하기 위해 핵개발과 핵탄두 소형화 등 고도화 작업이 당조직지도부의 지도로 당 군수공업부 산하 핵무기연구소로 변경되었다. 아울러 그동안 미사일 시험발사는 군에서 시행되었으나, 당 군수공업부의 지도를 받는 전략군에서 주관하는 것으로 변경되었다. 이러한 것은 당 조직지도부가 전략무기의 개발과 실험에서 군부의 개입을 차단하면서 군부의 힘을 약화시키는 한편 지휘통제체계를 강화한 조치라고 볼 수 있다.[25] 군부가 핵과 미사일에 전면에서 군사적 긴장 고조를 통해 북한의 전략적 이익과 외교정책을 구현하는 과거 방식에서 탈피하여 당 조직지도부의 의해서 핵과 미사일 등 전략무기가 유일지배체제 강화와 혁명업적 조기 실현과 정치경제 권력의 항구적 보장차원으로 진화하고 있는 것이다. 김정은은 조직지도부를 이용해서 선군정치 하에서 기득권을 누려온 정통 군부 엘리트에 대한 권력 해체와 기존 사고방식 탈피를 주문하고 있는 것이다.[26]

제2절 김정일·김정은 시대의 군 엘리트 특징 비교

김정일 시대는 선군후로의 선군정치로 인해 권력의 핵심에 야전군 권력엘리트들이 다수 진출하고 최고국방관리기관인 국방위원회의 중심세력이 되면서 국가 중요정책 결정에 중요한 역할을 했다. 반면 김

---

25) 이승열, 『북한 엘리트 집단의 권력투쟁과 당조직지도부의 생존전략』, 앞의 책, p. 89.
26) 오경섭, 『정치엘리트 응집력과 김정은 정권 안정성』, 앞의 책, pp. 30-33.

정은 시대는 당-국가체제로 복귀하면서 군의 서열은 상대적으로 하락하고 전문성과 능력을 겸비한 신진엘리트가 군 권력의 핵심에 등장하면서 군 원로들은 대부분 사라졌다. 핵무력 건설과 국방건설의 중점추진으로 야전군 보다 이 부분에 종사하는 군 엘리트들이 우대받는 시대가 되었다. 김정일 시대와 김정은 시대의 군 엘리트의 특징을 아래의 〈표 5-4〉로 간략히 정리하면 다음과 같다.

〈표 5-4〉 김정일·김정은 시대 군 엘리트 특징

구분		김정일 시대	김정은 시대
권력기반		군	당
군 엘리트 특징	권력 핵심	군 원로	신진 엘리트
	권력 서열	군 서열 상승, 야전군 우선	군 서열 하락, 정치군관 우선
	종신복무	대부분 군 간부 가능	일부 형식적 유지
	우대 간부	야전군 출신 군사간부	군수공업 및 국방건설분야, 전략군 간부 우대

1. 군 원로 중심에서 신진 전문엘리트 중시

김정일·김정은 시대 군 권력기관 핵심인물의 변동을 〈표 5-5〉로 살펴보면 다음과 같다.

〈표 5-5〉 김정일·김정은 시대 군 권력엘리트 교체현황

구분		김정일 시대	김정은 시대
군	총 정치국장	조명록('95.10) → 김정각('07.3. 대리)	최룡해('12.4) → 황병서('14.4) → 김정각('18.2) → 김수길('18.6)

구분		김정일 시대	김정은 시대
군	총참모장	김영춘('95.10) → 김격식('07.4) → 리영호('09.2)	현영철('12.7) → 김격식('13.5) → 리영길('13.8) → 리명수('16.2) → 리영길('18.6) → 박정천('19.9)
	인민 무력상	최광('95.10) → 김일철('98.9) → 김영춘('09.2)	김정각('12.4) → 김격식('12.10) → 장정남('13.5) → 현영철('14.6) → 박영식('15.5) → 노광철('18.6) → 김정관('19.12)
공 안	국가 보위상	우동측('09.9. 대리)	김원홍('12.4) → 정경택('17.10)
	인민 보안상	백학림('85) → 최룡수('03.7) → 주상성('04.7) → 리명수('11.4)	최부일('13.2) → 김정호('19.12)

출처: 서장원, "김정은 시대의 권력구조와 당·군·정 관계에 관한 연구: 수령제를 중심으로," 인하대학교 박사학위논문, 2016, p. 207; 전정환 외, 『김정은 시대의 북한인물 따라가 보기』(서울: 선인, 2018), p. 32; 『조선중앙통신』, 2020.1.1 참조하여 재작성

위 표의 군 권력엘리트 교체현황을 보면 김정일 정권과 김정은 정권의 특징을 직시할 수 있다. 김정일 정권시기 연공서열체계에 맞게 원로군부를 중심으로 군부를 안정적으로 관리하려는 김정일의 통치스타일에 적합하게 군 권력엘리트 교체는 제한적이었고 변동이 미미했다. 조명록 총정치국장의 경우처럼 한번 기용하면 군에서 종신복무토록 하였다. 다만 2000년 후반부터 김정은 후계체제작업이 진행되면서 리영호, 현영철 등의 신진 권력엘리트들의 일부 변동과 진입이 있었을 뿐이었다.

김일성이 46년의 집권기간 동안 5명의 인민무력부장을 교체하고 김정일이 집권하는 17년 동안 3명의 인민무력부장을 교체하는데 그쳤는데 반해, 김정은의 롤러코스터식 군부 권력엘리트의 인사는 대조를 이

루었다.[27] 김정은의 경우는 해외 경험과 젊은 지도자 혈기가 복합되어 군부에 대한 능력과 평가의 기준이 과거 연공서열에 의한 군경험과 혁명성보다는 전문성과 충성심으로 표출되었다.

이로 인해 김정은 정권 초기에 충성심과 전문성에 저해되는 군부 권력엘리트의 부침의 변동 폭은 상당할 수밖에 없었다. 즉, 2019년 말까지 인민무력상 7회, 총정치국장 4회, 총참모장 6회 등 군 권력엘리트에 대한 교체와 숙청, 심지어 처형까지 있었다. 이는 군부에 대한 김정은의 애증과 관심이 복합적으로 표현된 결과로 보여지며, 김정은이 군부 원로들의 세대교체, 군부 영향력 축소와 더불어 주체화·현대화·정보화·과학화 시대에 부응하는 군 혁신기풍을 요구했기 때문이라 분석된다.[28]

세부적으로 김정일 시대와 김정은 시대의 군부 엘리트 특성과 성향을 비교 해보면 다음과 같다.

먼저, 김정일 시대에 군 엘리트의 권력변화는 시기적으로 크게 두가지 측면이 두드러진다. 첫째, 김정일 정권 초기로 정치적 안정을 위해 군의 원로들과 빨치산 출신들을 우대하고 이들을 정권안정과 체제유지의 발판으로 활용하였다. 김일성 사후 경제적 불안과 사회적 동요에 김정일은 유훈통치라는 거대한 장막을 치고 장막 뒤에서 원로들과 사회 지도층을 동원하여 안정적으로 체제를 관리하고 통치하였다. 특히 정권안정의 핵심 세력이자 행동력의 근원인 군세력에 대한 관리와 지

---

27) 박대광 등, 『김정은 통치행태 평가 및 우리의 대응전략』, 한국국방연구원 연구보고서 2015-3622, p. 531.

28) "조선인민군창건 일흔돐에 즈음하여: 조선인민군창건 70돐경축 열병식에서 한 축하연설 주체 107(2018)년 2월 8일," 조선로동당출판사 주체107 (2018), p. 9.

원은 과거보다 더욱 강화되었다. 군내 신임을 받고 있던 조명록(1928년생)을 총정치국장으로 발탁하여 정권 내내 군을 통제하고 제어하는데 활용하였으며, 군의 원로격인 호위사령관 리을설(1921년생)과 총참모장 김영춘(1936년생), 인민무력부장 김일철(1933년생) 등을 임명하여 군 권력기관을 안정적으로 관리하도록 하였다.

둘째, 2000년대 중반이후에는 후계체제의 연착륙과 권력 이양의 완전성 보장을 위해 김정일은 신진 군부 엘리트들을 발탁하고 세습분위기를 조성하는 한편 기존 군부 엘리트들의 권력확대를 경계하고 제한하였다. 먼저 리영호에게 차수를, 김경희, 최룡해, 최부일 등에게 대장 칭호를 부여하고 김정은 측근에 포진시킴은 물론 대대적인 군 장성 승진인사를 단행하여 군 간부의 충성을 유도하였다. 특히 2010년에는 보통 장령 승진인사의 2배에 가까운 100명을 승진시켰다. 2009년 상장으로 진급시킨 우동측을 1년 만에 대장으로 승진시킴은 물론, 정명도 해군사령관, 리병철 공군사령관, 정호균 포병사령관도 대장으로 진급시키고 상장 5명, 중장 8명, 소장 83명의 대대적인 군 승진인사를 단행하였다.

건강의 악화로 권력과는 무관한 조명록을 제외하고 김일철과 김영춘에 대해서는 권력기관 이동과 강등 등을 통해 권력 약화를 자연스럽게 유도하고 김격식과 김정각, 우동측 등 신진 권력세력을 김정은 후계체제 등장에 맞추어서 부상시켰다. 특히 총참모장 리영호는 후계체제 형성에 있어서 군의 리더로서 김정일의 전폭적인 지원을 받았다.

김정일의 군 권력엘리트의 관리 기본개념은 안정과 군 원로 우대로, 2000년 후반기에도 조명록의 지위를 종신 보장하고 군내 영향력인 있는 김영춘을 인민무력부장, 리명수를 인민보안부장으로 기용하였다. 더불어 김정일 시대 군부 권력엘리트였던 오극렬, 현철해, 박재경 등에 대한 배려도 잊지 않았다.

반면에 김정은은 수시로 군의 새로운 변화와 혁신기풍 조성을 강조한다. 주체화, 현대화, 정보화, 과학화된 군대를 요구하면서, 군이 당의 군사전략전술사상, 주체전법, 현대전의 요구와 양상에 맞게 훈련내용과 형식, 방법을 부단히 혁신할 것을 강조한다. 더불어 이러한 김정은의 군 혁신과 개혁 마인드를 군에 접목하고 군을 쇄신할 유능한 군사전문가를 발탁하려고 노력해 왔다. 그는 군부 권력엘리들인 리영호, 현영철, 장정남 등 군벌관료주의로 과거 행태에 머무른 장령들을 과감히 숙청하거나 처형하고 새로운 인물들을 배치하고 기용해왔다. 그래서 2015년까지 군부 엘리트의 교체율은 당과 정권기관의 인사가 20%~30% 수준인 반면, 군은 40% 이상 대폭 교체하였다.[29]

2019년말 기준으로 김정은 체제에서 군을 대표하는 권력엘리트는 김수길 총정치국장, 리영길 전 총참모장, 노광철 전 인민무력상, 최부일 당 군사부장, 이병철 군수공업부장, 김영철 당 대남비서, 정경택 국가보안상, 김정관 인민무력상, 박정천 총참모장, 박영식 전 인민무력상, 임광일 정찰총국장, 박수일 작전총국장, 위성일 총참모부 제1부부장, 김정호 인민보안상, 곽창식 호위사령관 등으로 이들은 향후 군을 선도해 나갈 것으로 평가된다.

한편, 김정일은 군 원로에 대해 각별한 대우와 관심을 보였다. 김정일의 군부 엘리트정책에서 두드러진 점은 빨치산 출신 에 대한 우대정책 추구로 김정일은 1995년 12월 25일 로동신문을 통해 "혁명선배를

---

29) 김정은은 2014년 말까지 군단장급의 80% 이상을 상대적으로 젊은 50대로 교체하였다. 박용환, "김정은 통치술이 북한 군사정책에 미친 영향," 『국방정책연구』 제32권 제3호(제113호), 2016년 가을, p. 87; 박대광 외, 『김정은 통치행태 평가 및 우리의 대응전략』, 앞의 책, p. 173.

존대하는 것은 혁명가들의 숭고한 도덕의리이다"라는 담화를 밝혔다.[30]

혁명선배를 존대하는 것은 혁명의 요구이며 혁명가들이 지녀야 할 숭고한 도덕의리입니다. 사회주의위업은 세대에 세대를 이어 선배들이 이룩한 혁명업적을 후대들이 계승 발전시켜 나가는 과정을 통하여 전진하며 완성되게 됩니다. 혁명선배에 대한 태도는 혁명에 대한 태도문제이며 그것은 혁명의 운명과 관련되는 중대한 문제입니다. 혁명선배를 존대한다는 것은 혁명위업을 위하여 모든 것을 다 바쳐 투쟁한 혁명가들을 적극 내세우고 그들의 혁명사상과 혁명업적을 옹호고수하며 계승 발전시켜 나간다는 것을 의미합니다. 혁명선배들의 숭고한 혁명사상과 그들이 간고한 투쟁을 통하여 이룩한 업적은 혁명의 전취물이며 혁명위업의 계승완성을 위한 고귀한 밑천으로 됩니다.[31]

김정일의 이러한 행태는 후계체제와 유일사상체계와 관련된 것으로 선대의 항일 빨치산 경력과 활동의 선전을 통해 정권의 정통성과 대를 이어 혁명을 완수해야 한다는 논리이다. 김정일에게 빨치산 세대는 김일성의 동지이지만 자신의 후계체제를 강력하게 지원해준 조력자이기도 했다. 김정일이 김일성의 동생인 김영주나 후처인 김성애와의 권력투쟁에서 승리하여 김일성의 후계자로 낙점 받을 수 있었던 것은 빨치산 출신의 혁명 원로들이 적자인 김정일을 적극적으로 후원하고 밀었기 때문이었다. 김정일은 유일지배체제 확립과 함께 권력의 핵심을 이

---

30) 『로동신문』, 1995.12.25.
31) 김정일, 『김정일 저작집 14(1995 – 1999)』(평양: 로동당출판사, 2000), p. 46

룬 빨치산 출신 혁명 1세대들과 유자녀출신 간부들과의 친분관계를 돈독히 하는 한편, 선전선동 부문과 문화예술 부문에서 항일 빨치산의 업적과 혁명 전통을 적극 내세웠다.

이것이 1974년 2월 당 제5기 8차 전원회의에서 김일, 최현, 오진우, 림춘추, 한익수, 황순희 등 원로들이 김정일을 정치위원회 위원으로 추천하고 김일성이 이를 수락하는 형식으로 후계자 내정이 마무될 수 있었던 주요 배경이었다.[32] 만주에서 항일운동을 하며 생사고락을 같이한 빨치산 동지들에 대한 김일성의 배려와 애착이 남달랐지만, 김정일 또한 집권 기간 동안 혁명 선배들에 대한 지원과 관심을 아끼지 않았다. 그래서 북한은 중국과 같이 정년제를 채택하지 못하고 70, 80대의 원로 간부들이 현직에 계속 남아있는 현상이 발생한 것이다.

덩샤오핑이 1978년 중국 개혁개방을 추진하면서 원로들을 은퇴시키고 정치에서 퇴출시키는 대신 신진 엘리트들을 등용하면서 요직에 배치한 반면 김정일은 혁명 원로들을 우대하고 최상의 예우를 함으로써 권력의 안정과 유지를 도모하였다. 1985년 강성산 정무원 총리가 회의를 주관하면서 원로 선배들을 비판하고 면박을 주었다는 보고를 받은 김정일은 강성산에 대해 동지적 비판을 하라고 지시한 일도 있었다.[33]

> 혁명가들에게 있어서는 나이를 먹었다고 로쇠현상이 나오는 것은 아닙니다. 생리적으로 늙어도 정신적으로 패기가 있으면 결코 로쇠한 것이 아닙니다. 위대한 수령님의 혁명사상으로 튼튼히 무장하고 그 실현을 위하여 왕성한 정력을 가지고 일하는 사람은 비록 나이를 먹었다고 하여도 결코 로쇠한 사

---

32) 이종석, 『현대북한의 이해』(서울: 역사비평사, 2000), pp. 501-502; 정창현, 『곁에서 본 김정일』(서울: 토지, 1999), pp. 104-112.
33) 현성일, 『북한의 국가전략과 파워 엘리트』(서울: 선인, 2007), p. 186.

람이라고 말할 수 없습니다. 반대로 나이는 많지 않아도 사상이 확고하지 못하면 로쇠할 수 있고 그렇게 되면 혁명대렬에서 도태되고 맙니다. 당일꾼들을 꼭 20대나 30대의 젊은 사람들로 꾸려야 생기발랄한 당으로 되는 것은 아닙니다.[34]

반면 김정은의 경우에는 빨치산에 대해서 선별적이고 부분적으로 우대정책 및 유화정책을 병행하고 있다. 전반적으로 김정은은 생존한 빨치산 핵심세력과 자녀 중 충성심이 있고[35] 업무적으로 능력이 검증된 군부 엘리트만 챙기고 나머지는 권력 장악과 통치 행위에 장애요인으로 보고 과감하게 정리하고 있다. 먼저 김정은은 군부에 대해 검증 절차를 시작하여 군부 권력엘리트에 대한 충성심과 능력, 조직 장악력 등을 시험하였다. 김정은은 현영철 차수 처형 등 공포정치를 통해 군부 장악을 시도 하는데, 빨치산 및 2세대에게도 예외는 없었다.[36] 최현 전 민족보위상의 아들인 최룡해 차수와 오진우 전 인민무력부장의 아들인 오일정 전 당 민방위부장에게도 강등과 일정기간 혁명화 과정을 거치도록 했다.[37](〈표 5-6〉참고)

---

34) 현성일, 『북한의 국가전략과 파워 엘리트』, 위의 책, pp. 186-187 재인용.
35) 전정환 외, 『김정은 시대의 북한인물 따라가 보기』, 앞의 책, p. 11.
36) 이무철, 『김정은의 '공포정치'와 통치 리더십』, 앞의 책, pp. 6-10.
37) 오진우는 오일훈·오일정·오일수 등 세 아들을 두었다. 오일훈은 통일전선부, 오일수는 무역성에서 고위직으로 근무했다. 김정일 시기 당 군사부장 오일정은 2015년 6월 17일 고사포병 사격대회 때 김정은을 수행하고, 8월 중장에서 소장으로 강등된 뒤 한동안 사라졌다. 2018년 7월 1일부터 8월 20일까지 김정은을 21차례나 수행하였다. 이준혁, 『최근 북한 주요 권력엘리트 변동의 함의』(서울: 국가안보전략연구원, 2018), p. 1.

〈표 5-6〉 김정은 시기 군 엘리트 강등·복권 현황

이름	강등	복권	사유(추정)
김명식 (대장/해군사령관)	2013.3. 중장 → 소장	2013.4. 소장 → 중장	지휘책임
	2016.3. 상장 → 중장	2016.8. 중장 → 상장	지휘책임
오철산 (상장/해군사령부 정치위원)	2012.3. 상장 → 중장	2015.10. 중장 → 상장	군부계급 조정
현영철 (대장/인민무력부장)	2012.10. 차수 → 대장 2013.6. 대장 → 상장	2014.6. 상장 → 대장	지휘책임 *불경죄 처형 (2015.5.)
김영철 (대장/당 대남담당)	2012.11. 대장 → 중장	2013.2. 중장 → 대장	지휘책임
	2015.4. 대장 → 상장	2015.8. 상장 → 대장	지휘책임
최룡해 (차수/총정치국장)	2012.12. 차수 → 대장	2013.2. 대장 → 차수	지휘책임
최부일 (대장/인민보안상)	2014.7. 대장 → 상장 2014.12. 상장 → 소장	2015.10. (소장 → 대장)	아파트 붕괴사고 징계, 지휘책임
염철성 (상장/총정치국 선전부국장)	2013.10. 중장 → 소장	2013.10. 소장 → 중장	지휘책임
	2014.2. 중장 → 소장	2014.5. 소장 → 중장	
김수길 (대장/총정치국장)	2013.10. 중장 → 소장	2013.10. 소장 → 중장	지휘책임

이름	강등	복권	사유(추정)
장정남 (대장/인민무력부장)	2014.2. 대장 → 상장	2014.3. 상장 → 대장	지휘책임
	2014.7. 대장 → 상장 2017.4. 상장 → 소장 → 대좌	2018.4. 대좌 → 상장	5군단장 좌천
박정천 (상장/포병국장)	2014.4. 상장 → 중장	2014.4. 중장 → 상장	전투준비 소홀
	2015.2. 상장 → 소장	2015.4. 중장 → 상장	전투준비 소홀
	2015.8. 소장 → 대좌	2015.12. 대좌 → 중장	DMZ 포격도발 미흡
	2016.9. 중장 → 소장	2016.12. 소장 → 중장	지휘책임
윤정린 (상장/호위사령관)	2014.6. 대장 → 상장	2015.2. 상장 → 대장	지휘책임
오금철 (대장/부총참모장)	2015.2. 대장 → 상장	2015.5. 상장 → 대장	지휘책임
리영길 (대장/총참모장)	2016.3. 대장 → 상장	2017.4. 상장 → 대장	지휘책임
위성일 (상장/1군단장)	2016.3. 중장 → 대좌	2017.4. 대좌 → 상장	지휘책임

출처: 서장원, "김정은 시대의 권력구조와 당·군·정 관계에 관한 연구: 수령제를 중심으로," 인하대학교 박사학위논문, 2016, pp. 202-227; 전정환 외, 『김정은 시대의 북한 인물 따라가 보기』(서울: 선인, 2018) 참고하여 재작성.

2. 야전지휘관 세력 약화 및 정치공안 세력 강화

선군정치하에서 권력의 한 축인 군부의 핵심세력은 주로 빨치산 활동과 한국전쟁에 참여한 원로간부로 이들은 대부분 전후방 야전부대에서 부대장을 역임한 장령들이었다. 위기관리체제하에서 전투부대 지휘관을 역임한 야전군 권력엘리트들이 김정일 정권 초기 군의 핵심세력으로 주도적으로 활동하였다.

야전군 권력엘리트들은 1990년대 초반까지 주석단의 서열 20위권 내에 2~3명 정도였지만, 1996년과 1997년의 주석단 서열에서는 5~6명 선으로 확대 되었다. 특히 군 총참모장이나 총정치국장 등이 이례적으로 정치국 후보위원보다 상위의 서열로 발표되는 경우도 났으며, 2000년대로 접어들면서 주석단에서 군부 권력엘리트의 비중이 30% 이상으로 나타났다. 선군정치시대 최고의 군사지도기관인 국방위원회에 군수공업분야 위원과 장성택 등 2~3명을 제외하고는 대부분 야전군 권력엘리트들이 포진하였다. 야전군 권력엘리트는 국방위원회의 핵심세력으로 고난의 행군부터 정권말기까지 활동하였다.

또한, 김정일 현지지도에서 야전군 권력엘리트의 수행이 증가하여 1995년~1998년까지의 김정일의 현지지도 수행 인물을 조사하면, 상위 20명 중에 16명이 군부 엘리트였다.

반면, 김정은은 비대해진 군권의 약화를 추진하였다. 김정은 시대는 최룡해·황병서·김수길 총정치국장, 정경택 국가보위상 등 노동당이나 군부 내 정치기관 출신들이 야전군 출신보다 득세를 하고 있다.

정치간부들을 통해 야전군의 권력엘리트들을 통제하고 견제하였다. 특히 2015년부터 2018년 5월까지 인민무력부장직을 수행한 박영식은 총정치국 조직부국장 출신으로 김일성과 김정일 시대를 통틀어 총정치국 출신이 인민무력부장에 임명된 적은 없었다. 인민무력부장은 오진우나 최광, 김영춘, 현영철 등에서 보듯이 정통 야전군 출신들이 총참모장직 후에 수행하는 직책이었다.[38]

또, 김정은은 빨치산 출신의 인민무력부장 최현 아들인 최룡해를 2012년 4월 군 총정치국장에 임명하여 군 총참모부의 리영호를 중심으로 한 군부세력을 견제하였다. 군 출신이 아닌 김일성사회주의청년동맹 위원장 출신으로 조직전문가인 최룡해에게 총정치국장을 맡긴 것은 최룡해의 능력과 조직관리, 전문성을 바탕으로 김정은이 원하는 군에 대한 대대적 개혁과 변화의 요구를 엿볼 수 있는 한편으로 김정은의 기존 구군부에 대한 불신과 군에 대한 개혁의지를 가늠할 수 있다.

그러나 최룡해 역시 내부로는 군부 엘리트의 독특한 정서와 연대감, 군대 조직 이해와 지식 부족, 외부로는 당 조직지도부의 거대한 압력과 권력 알력 등으로 결국 2년 뒤인 2014년 4월 당뇨병 등 건강악화 명목으로 사임하였다.[39] 최룡해 후임은 당 조직지도부 부부장 출신인 황병서가 대체 되었다. 또한 김정은은 정통 야전군부들의 세력을 견제하고 정책결정에서 영향력을 감소시키고자 민간출신에 대해 군 장성계급을 부여하면서까지 통제하려 하였다.

김정은은 정권 초기 대내적 안정을 추구하고 외부로부터의 위협에 대처하기 위해 군부의 충성과 지지가 필수적이라는 인식아래 군 부대에 대한 공개활동을 다른 분야보다 월등히 하였다. 그런데 여기에서

---

38) 『중앙일보』, 2017.2.15.

39) 탈북자 고위간부에 의하면, 최룡해 총정치국장의 해임은 군내부의 비판적 동향자료가 결정적이었다고 한다. 군에 대해 기본적 지식과 지휘 개념이 없는 최룡해에 대해 군 내부에서 불만과 비난이 폭주하고, 그의 자질과 지도력에 부정적 평가가 보고되자, 김정은도 군 안정화와 통치차원에서 최룡해를 교체했다는 것이다. 박영자, 『김정은 시대 조선노동당의 조직과 기능: 정권 안정화 전략을 중심으로』, 앞의 책, pp. 123-124.

주목해야 할 부분은 집권초기 김정은이 군부대를 시찰하면서 야전군 출신인 리영호 군 총참모장과 김정각 총정치국 제1부국장 등 군부 권력엘리트들에게 단호한 태도로 지시를 내리는 모습이 수시로 보였다는 점이다. 반면 부대 장병들과 함께 단체사진을 찍을 때나 부대 순시 등에서는 자신의 양옆에서 눈물을 흘리는 병사들을 다독이거나 손을 잡아 주면서 친근한 모습을 보여주었다는 것이다. 권위주의적이었고 병사들과의 관계에서 거리를 두고 자신의 신비화를 추구했던 김정일과는 다르게 김정은은 김일성처럼 매우 대중친화적인 모습을 드러냈다.[40]

제3절 김정일·김정은 시대의 군 권력기관·엘리트 함의

김정일·김정은 시대에 군부에 드러나는 특징의 함의를 정리하면 아래와 같이 표현할 수 있겠다.

먼저, 〈그림 5-1〉에서 보듯이 북한군 3대 군 권력기관의 특징은 상호 경쟁을 하면서 체제보위를 위한 감시체계에 주력했느냐, 자체 혁신에 매진했느냐 차이로 나타났다. 즉, 군부 권력기관이 김정일 시대에는 정권의 안정적 관리에 있었다면, 김정은 시대에는 군 쇄신기풍 조성과 개혁에 중점이 있었다.

---

40) 정성장, "김정은의 선군정치와 북한의 군부 엘리트 변동," 『정세와 정책』, 2012년 3월호, pp. 16-17.

〈그림 5-1〉 김정일·김정은 시대 3대 군 권력기관 특징

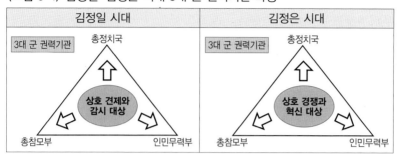

군 권력엘리트의 대표적 특징은 김정일 시대에 ① 군 원로 우대 ② 야전군 중시 ③ 절대적 충성심이, 김정은 시대는 ① 신진 전문엘리트 우대 ② 군수공업·국방건설분야 중시 ③ 리더십(열정)이 나타났다.

김정일은 위기관리체제에서 군을 택했고 군의 지지와 참여를 유도하기 위해 최광과 김광진, 리을설, 조명록 등 군 원로를 군 수뇌부에 보직했다. 또한 정통 야전군 출신인 김영춘과 김일철, 현철해, 박재경, 리명수 등을 주요보직에 임명해 군을 관리하고 통제했다. 물론 군 권력엘리트들의 충성심은 기본적 자세로 이들의 권력을 감시하기 위해 상호 견제 및 공안기관을 동원했다.

반면, 김정은은 비대해지고 관료화된 군부 엘리트들에 대한 과감한 혁신과 변화를 시도했다. 김수길, 정경택, 리영길, 박정천, 김정관, 위성일, 임광일 등 신진 전문엘리트를 발탁하여 주체화·현대화·정밀화·과학화된 군을 만들 것을 지시했다. 핵무력 건설을 위해 군수공업 분야와 경제건설을 위해 국방경제건설 분야 우수한 간부들을 발탁하여 우대하고 있다. 이병철, 홍영칠, 홍승무, 김정식, 이홍섭, 장창하 등이 대표적이다. 아울러 군인의 기본자세인 충성심은 물론 조직을 관리하면서 군사업에 열정과 리더십 보유한 전문엘리트들을 선호했다.

전 인민무력부장 김정각과 장정길의 경우 리더십의 부재로 결국 인민무력부장직에서 해직 당했다.

다음은 군부의 위상과 한계를 시대별로 살펴보면 다음과 같다. 김정일 시대에는 충성심를 기치로 하여 선군혁명령도의 주도적 역할을 야전군 권력엘리트들이, 김정은 시대에는 혁신과 변화를 기치로 하여 핵무력과 국방경제건설을 담당하고 있는 군수공업 및 국방경제건설분야 엘리트들이 부각되고 있다. 물론 당-국가체제하에서 수령의 유일영도체제를 수행하는 군부의 한계는 분명하다.(〈표 5-7〉참고)

〈표 5-7〉 군부의 위상과 한계

구분	김정일 시대	김정은 시대
위상	선군정치의 핵심세력	핵무력·국방경제건설의 핵심세력
한계	군 권력기관 상호 견제와 감시	혁신과 변화 대상

김정일 시대에 군부는 무엇보다 혁명의 제1기둥, 주력군으로 선군정치를 선도해나가는 핵심세력으로 활동하였다. 반면에 김정은 시대에는 당-군체제하 당의 통제로 정통 야전군의 위상은 저하되었다. 다만 핵무력 및 국방건설 관련 군부 엘리트의 위상은 제고되었다. 김정일·김정은 시대에 군부 권력기관과 엘리트들은 체제보위의 최후 방패막이고 국가재건의 핵심세력이다. 이러한 평가는 김정일 시대에 선군정치로, 김정은 시대에는 핵무력 및 국방경제건설의 위력으로 발현되었다.

통상 정권의 정당성 여부는 그 국가의 정치·문화적 전통에 의해 평가 분석되어 진다.[41] 북한은 다소 가부장적이고 신민적 정치문화를 가

---

41) Gabriel A. Almond and G. Bingham Powell. Jr, *Comparative Pol-*

진 국가로 규정되고 있다. 북한은 수령을 정점으로 한 피라미식 지배구조의 사회체제로 북한에서 수령은 인민들에게 사회정치적 생명을 불어넣은 정신세계의 신이며,[42] 그리고 제도화된 최고지도자이다.[43] 이러한 국가인 북한 특성상 체제수호의 보루인 군부의 정치적 역할은 다른 사회주의 국가들보다 비중이 높다고 보여진다.[44]

김정일은 권력승계과정에서 군부의 협조를 필요로 했기에 군부의 위상을 강화하였으며, 군부 또한 상당한 정치적 영향력을 확대하고 국가운영에 상당 수준의 발언권을 행사하며 직·간접적으로 참여하였다. 그럼에도 불구하고, 김정일 시대의 선군정치가 당과 군의 관계를 역전시킨 것은 아니라는 것이 일반적인 평가이다. 군부 인사들의 주석단 서열상승은 형식적인 것으로 개인적 정치적 영향과 역량과는 무관하였다. 김정일의 권력분산과 통제정책으로 군부 인사들의 개인적 인맥형성, 파벌은 근원적으로 차단되고 제한되었다. 즉, 군부 위상은 김정일의 유일지배체제에서 수령에 대한 절대적 충성과 신뢰의 전제 하에

itics(Boston: Little, Brown and Company, 1978), p. 30; 김구섭·차두현, 『북한의 권력구조와 권력엘리트』, 앞의 책, p. 18. 재인용.

42) 사회정치적 생명체론은 1986년 7월 김정일 명의의 담화 "주체사상교양에서 제기되는 몇가지 문제에 대하여,"에 제시된 것으로, 혁명의 주체는 수령, 당, 대중의 통일체라는 논리를 밝힌 것이다. 당시 북한은 사회주의권 개혁·개방이 북한에 미칠 영향을 의식해서 사회통합 차원의 새로운 논리를 제시했다. 고유환, "김정은 후계구축과 북한 리더십 변화: 군에서 당으로 권력이동," 앞의 논문, p. 178.

43) 정신적 지주인 수령은 1970년대부터 최고의 뇌수이며 통일단결의 중심이라는 개념으로 정착되기 시작했다. 1970년 5차 당대회에서 수령이 만든 주체사상을 맑스-레닌주의와 함께 통치이념으로 정식화하고 1972년에는 개정헌법을 통해 제도화된 수령제 즉, 주석제를 신설했다.

44) 이형신, "김정일 시대 북한군의 정치적 역할에 관한 연구," 앞의 논문, pp. 120-123.

서 가능했다.

김정일과 김정은 시기 군부의 위상강화정책은 정권별로 다소 차이를 보이고 있다. 먼저, 김정일은 군부 권력엘리트의 종신보직제를 허용하였다. 이를 통해 군부에 대한 안정적 통치기제를 확보하였고, 측근인 군부 권력엘리트를 통해 정권을 관리하였다. 김정일의 군부 권력엘리트 운용은 종신보직제를 채택하여 가능한 직위를 보장해주는 방식이었다. 김정일은 군 원로들의 계급과 서열을 인정하고 중시했으며, 군의 위계와 질서를 구축하였다. 조명록 총정치국장의 경우는 사망 시까지 그의 직책을 유지하였다. 특히 고난의 행군시기 군을 통한 체제유지와 정권 안정을 위해 군부의 권력엘리트들을 중용하고 우대정책을 시행하지 않을 수 없었다. 이러한 종신보직제는 시대적 상황과 군부 전통, 김정일의 성향 등의 결과로 보인다.

김정일은 1974년 후계자로 선정 된 이후 당 중앙으로 당·정·군에서 주요 보직과 핵심사업 추진 등을 통해 주요 기관과 조직을 완전히 장악한 상태였다. 이러한 상태에서 김정일은 군대 통제에 대한 자신감을 바탕으로 능력과 사상이 검증된 인물을 발탁하고 군 엘리트로 종신보직제의 혜택을 부여했다. 당시 대내외 환경은 소련과 동구권의 몰락, 자연재해와 대외무역 제한 등으로 인한 경제난의 가중으로 체제안정을 위해서는 군부 외 믿을만한 조직과 세력이 없었다. 위기관리체제에서 김정일은 군부 엘리트에게 신뢰를 보내고 경제적 이권을 보상했다.[45] 이는 군부의 상대적 위상과 권한의 강화로 직결되었다.

반면 김정은은 연공서열에 의한 종신보직제보다는 핵무력과 국방경

---

45) 2011년 북한 대외무역 63억 달러의 약 90%는 중국과의 거래로, 대부분이 군부의 통제에 따라 이루어진 것으로 보인다. 장세정·고정애, "이영호 숙청 부른 군·민 돈줄 다툼," 『중앙일보』, 2012.7.8.

제건설 제고를 통한 국가선양에 기여한 군수공업분야 및 도로건설분야 기관과 엘리트들에게 인사 우대와 각종 혜택을 부여하였다.

두 번째, 당과 정부기관에 군부 진출율을 보면 군부 엘리트의 위상을 짐작할 수 있다. 김정일은 선군정치를 체제보위의 이데올로기로 군사 선행의 정치를 추구했기에 군부 엘리트들은 군대를 초월하여 당과 의회격인 최고인민회의 등에서 활약하였다. 김정일 시기에 군부 권력 엘리트들은 노동당의 정치국 상무위원과 조직지도부 간부 등으로 진출하여 국가주요 정책결정과정에 참여하여 영향력을 행사하였다. 물론 김정일의 국가정책결정 방식이 공식적인 당 회의나 기관을 통해 결정하는 방식을 선호한 것은 아니었지만 형식적이나마 공식직함을 보유하고 있었던 것은 사실이다.

반면에 김정은의 핵무력 건설과 국방경제건설에 대한 관심과 애착은 집권초기부터 지속되고 있으며, 그의 관심은 추진핵심세력인 군 관련기관과 전문엘리트에 있었다. 김정은은 2015년 2월 10일 평양에서 정치국 회의를 열고 현대전의 요구에 맞는 정밀화, 경량화, 무인화, 지능화된 첨단무기 개발에 박차를 가하라고 요구했다.[46] 또한 2016년 제7차 당대회를 통해 경제건설과 핵무력 건설의 병진노선, 과학기술발전, 문명국건설, 청년운동 강화를 강조하고 있다.[47] 김정은은 재래식 무기 배비와 한반도 전구에 한정되는 군사전략에 고착하는 협소한 군사정책을 구사하지는 않을 것으로 보인다. 전략무기인 대륙간 탄도미사일과 핵무기를 확보한 이상 군에 대한 요구수준과 기대는 더욱 상승할 것이다. 김정은은 지난 2018년 5월 18일 당 중앙군사위원회 제7기

---

46) 『조선중앙TV』, 2015.2.10.
47) 박영자, 『김정은 시대 조선노동당의 조직과 기능: 정권 안정화 전략을 중심으로』, 앞의 책, 2017), p. 206.

제1차 확대회의에서 군 건설을 위한 세 가지 핵심전략과 지침을 강조하기도 했다.

김정은 위원장동지께서 당위 유일적 령도체계를 더욱 철저히 세우고 혁명적 군풍을 확립할데 대한 문제, 당이 밝혀준 훈련혁명방침, 사상혁명방침, 군대혁명화 방침을 일관되게 틀어쥐고 나갈데 대한 문제, 군인생활 개선할데 대한 문제를 비롯한 군건설과 군사활동의 기본방향과 방도들에 대하여 밝혔다.[48]

더불어 김정은은 핵무력에 종사한 핵과 미사일 관련 군기관의 테크노크라트와 대규모 관광휴양지 및 혁명사업지 건설에 유공이 있는 장령들에 대해서는 특별한 환대와 인사 혜택으로 보답했다.[49] 김정은은 2017년 11월 화성-15형 탄도미사일 발사 이후 핵무력의 완성을 선언하고, 문수물놀이장, 마식령스키장, 양덕온천문화휴향지, 원산-갈마 해안관광지구, 삼지연군 관광지구 등에서 군을 동원한 대규모 사업을 완성하였다.

이상과 같은 북한 군부의 위상제고에도 불구하고 김정일과 김정은 시대의 군부의 기본적 한계와 제약사항은 발현되고 있다. 북한과 같은 당-군체제의 사회주의 국가에서 군이 당의 지도와 지침을 받아 혁명과업을 수행하고 사회주의 완성을 위해 전력투구하는 것은 보편적이

---

48) 『로동신문』, 2018.5.18., 『로동신문』, 2018.5.26.
49) 야전군의 위상은 하락하고 국방경제와 군수공업 엘리트의 위상은 한층 높아졌다. 군수공업분야에서 이병철, 김정식, 장창하, 전일호가 김정은의 신임을 받아 전원 승진했으며, 김정관은 군사건설국장 재직중 원산-갈마 관광지와 양덕온천관광지를 성공적으로 개발한 공적으로 2019년 말경 인민무력부장으로 승진했다.

라 할 수 있다. 그러나 이러한 전제는 원칙일 뿐 사회주의 국가별로 다양한 변종의 형태와 방식이 나타날 수 있는데, 이는 당 지도자와 지도부의 성향과 당시 국내외적 상황을 반영한다고 봐야 한다.

김정일과 김정은 시대에 당-군의 관계설정은 다소 차이와 변화 양상을 내포하고 있다. 그러나 본질은 수령제 국가에서 군부의 권력과 영향력은 수령의 신뢰와 지지로부터 기인하며, 이러한 것이 북한에서 나타나는 군부 권력엘리트의 한계이자 제한점이라 할 수 있다. 결과적으로 김정일 시대는 전폭적인 신뢰를 바탕한 군 권력기관과 엘리트간 상호 견제와 경쟁이, 김정은 시대에는 군 권력기관과 엘리트가 당 혁신기풍의 핵심대상이 되는 한계를 표출하게 되었다.

김정일의 최대 화두는 오진우 인민무력부장의 권력 축소와 군권 회수였다. 생전에 김일성과의 관계, 군내 막강한 지지세력과 영향력, 항일 빨치산 출신 경력 등을 고려하여 김정일은 오진우와 권력투쟁과 갈등을 지속보다는 회유정책으로 그의 권력을 인정하고 두둔하였다. 하지만 그가 1995년 사망하자 군정과 군령을 행사하는 막강한 인민무력부의 힘을 제거하였다. 즉, 오진우 사망 이후 인민무력부는 후방사업과 군 행정업무에 종사하는 군정 위주의 행정기관으로만 존재하게 하였다.

그러면서도 김정일은 철저히 군부의 권력이 한 곳에 쏠리는 현상을 제어했다. 이는 김일성이 인민무력부장인 오진우에게 총정치국장을 겸직하면서 총참모부를 지휘할 수 있는 군령권까지 허락했던 것과는 비교된다 하겠다. 실제 병력을 움직이는 총참모부와 군을 감시하는 총정치국을 분리하여 군부 특정집단이나 특정인에게 막강한 권력이 집중되지 않도록 군부 권력기관을 수평적 경쟁 견제체제로 조성하였다. 김정일은 군 직할통치를 수행하면서 군부 권력기관간 상호 충성과 경쟁을 유발하였던 것이다.

아울러 김정일은 인민군 내부에 반체제 세력을 감시하고 적발하는 보위사령부를 '소련 간첩단 사건'적발 이후 활성화시켰다. 김정일이 체제 유지의 근간을 군에 의존하면서 자신에게 도전할 만한 군부 세력을 감시하고 통제할 필요성이 확대되었기 때문이다. 김정일은 보위사령부의 보위요원을 인민군 말단 소대까지 배치시켜서 군 내부 불순세력들을 감시하도록 하였다. 김정일은 북한군의 실질적인 지휘체계인 인민무력부, 총참모부, 총정치국, 보위사령부가 인민무력부를 상부기구로 하는 수직적 계선조직이라기 보다는 수평적으로 상호 견제하면서 국방위원장인 김정일을 보좌하는 독립적인 개별조직으로 변신시켰다.

〈표 5-8〉 김정일·김정은 시대의 군부 권력기관·엘리트 특징 비교

구분	김정일 시대	김정은 시대
국내·외 상황	소련·동구권 붕괴로 인한 정치 경제 불안으로 체제 위기 상황	국제사회의 경제제재로 경제 불안, 정치체제는 안정적 상황
통치이념	주체사상, 선군사상	김일성·김정일주의
핵심세력	군부 권력엘리트	당·정의 권력엘리트
군 권력기관	• 국방위원회 위상 강화 • 정치적 자신감을 바탕으로 군 권력기관간 견제와 경쟁관계 유도 • 선군정치로 군 권력기관 우대 • 군부대 경제적 수익사업에 참여 • 주요 공안기관 기능 강화	• 당중앙군사위원회 위상 강화 • 정치·공안의 군 권력기관 중시 – 총정치국, 국가보위성, 인민 보안성 우대 • 군수공업·국방경제건설 분야 기관 우대 • 전략군 등 핵무력 기능 강화

구분	김정일 시대	김정은 시대

군부
엘리트
	• 야전군 간부 및 군원로 우대
	• 장기보직 및 근무 가능
	• 권력엘리트 균형과 견제
	  (조명록, 김영춘, 김일철 등)
	• 군 간부의 당·정 진출
		• 군엘리트 권력약화, 군기잡기
		  −1차: 권력기관장 대상
		  −2차: 부부장급 대상
		• 군수공업·국방경제건설 분야
		  간부 우대
		• 군사간부보다 정치간부 우대
		• 신진전문 간부 발탁,
		  수시인사
		• 당 간부의 군 기관 진출

반면, 김정은의 군부 권력엘리트 세력약화와 지도 방식은 상이하다. 그는 선군정치의 최대 수혜자를 군부 권력엘리트라고 보면서 정상적인 당−국가 체제를 위해서 과도한 군의 권한과 이권을 당과 내각에 환원시키려 하였다.[50] 당의 정상적인 공식제도와 시스템을 통해 최고지도자로서 군 지배를 공고화하고 엄정한 지배체계를 확립하려 하였다. 김정일과 김정은 정권의 차이는 당의 역할과 지도에 대한 차이로, 김정일 시대에는 당이 군을 지원하는 가운데 군이 선봉에 서는 선군정치를 앞세웠다면, 김정은 시대에는 당의 선도와 지도에 의한 군 통제가 특징이라 할 수 있다.

---

50) 김근식, "자축의 승리, 덜 휘황한 설계," 『IFES 현안진단』No.44(2016-16), p. 22; 오일환, "제1장 북한 노동당 제7차 대회와 김정은 당 유일영도체계 확립 전략," 『통일전략』16(3), 2016, p. 24.

제6장

결 론

"일인에 의한 지배란 가능하지도 않으며 존재한 적도 없고 가능할 수도 없다."(브루스 부에노 데 메스키타, 알라스테어 스미스)

북한사회체제를 지탱한 근원적인 힘은 군으로, 군에 의한 체제 안정과 유지는 필수적이었다.[1] 군사국가화는 해방 이전 항일무장투쟁의 경험과 한반도의 질서가 고착되는 한국전쟁 이후 지속적으로 자기 재생산의 과정을 거쳐 현재까지도 북한체제의 위기관리의 수단으로 작동하고 있다. 북한에서 이러한 군사국가화는 김정은의 3대 세습까지도 불변이다.[2]

북한군의 몸통과 두뇌라 할 수 있는 권력기관과 엘리트에 대한 연구는 북한군의 실체와 속성을 이해하는 제일보라 할 수 있다. 김정일 시대와 김정은 시대의 군 권력기관과 엘리트를 당시 대내외적 상황과 연계하여 비교하면 기본적 화두로 김정일 시대는 '체제 안정', 김정은 시대는 '혁신 기풍'이라 할 수 있다. '체제 안정'은 군 권력기관을 모든 사업과 작풍에서 선두에 존재하게 하는 '특수성화'하였고, '혁신 기풍'은 군 권력기관을 당-군 체제를 정상기능케 하는 '보편화'였다고 볼 수 있다. 아울러 군 엘리트들도 '체제 안정'의 김정일 시대는 원로 대우와 연공서열이 지배했다면, '혁신 기풍'의 김정은 시대에는 신진 테크노크라트들의 전문성과 능력이 인정받고 있다.

체제 안정과 유지를 위해 김정일은 군의 권력기관과 군부 엘리트를 전면에 내세웠고, 김정은은 당과 정부를 선택했다. 그러한 선택의 이면에는 국내외 정치경제의 혼재된 복잡한 상황이 있었고 이를 타결하기 위해 두 사람은 최적과 최선의 선택을 택한 것이다. 즉, 체제 붕괴

---

1) 김용현, "북한 군사국가화의 역사적 배경: 항일무장투쟁과 한국전쟁,"『대학원연구논총』31권(동국대학교대학원, 2001), p. 33.
2) 김갑식 외,『김정은 정권의 정치체제: 수령제, 당·정·군 관계, 권력엘리트의 지속성과 변화』KINU연구총서 15-01(통일연구원, 2015), pp. 77-78; 서동만, "북한 당·군 관계의 역사적 형성: 창군기에서 한국전쟁 직전까지를 중심으로,"『외교안보연구』2호(1997), pp. 267-270.

의 위기상황은 무력을 행사하는 군을 선택하게 하였고 체제의 안정된 상황은 위기사태의 관리세력인 군을 버리고 정상적인 시스템인 당과 정부를 선택하게 만들었다.

그러한 선택의 성과물이 김정일 시대에서는 선군정치를 통해 선군사상으로 이어지고 총대 철학[3]까지 확산되었으며, 김정은 시대에서는 김일성·김정일주의[4]가 사상적으로 확립되었던 것이다. 따라서 김정일 시대에서 권력의 핵심세력은 당연히 군의 권력기관과 군부 엘리트였으며, 김정은 시대에서는 군부보다는 당과 정부의 엘리트들이라고 할 수 있다.

군 권력기관의 특징과 변화를 김정일 시대와 김정은 시대로 구분하여 살펴보면 다음과 같다. 먼저 김정일 시대에서 군 권력기관은 과거 김일성 시대의 오진우로 대표되는 인민무력부의 일방적 독주와 위세에서 벗어나 총정치국과 총참모부가 인민무력부와 권력을 분점하는 형태로 발전하였다. 즉 김정일의 군 권력기관 권력 분점 방식이 적용되어 군의 3대 권력기관이 상호 견제와 경쟁의 구도 속에서 오직 수령

---

3) "총대철학은 한마디로 말하여 혁명은 총대에 의하여 개척되고 전진하며 완성된다는 것"으로, "총대철학은 인민대중의 자주성을 위한 혁명투쟁에서 총대가 차지하는 위치와 역할을 밝힌 혁명의 원리"이다. 총대철학이 담고 있는 본질적 내용은 두 가지인데, 하나는 "제국주의를 비롯한 온갖 반혁명 세력과 힘의 대결에서 결정적 승리를 이룩하는 기본요인은 총대라는 것"이며 다른 하나는 "사회주의건설에서도 총대가 결정적 역할을 수행한다는 것"이다. 이러한 총대철학이 선군사상사에서 차지하는 지위는 그것이 선군사상의 출발점이며 기초적인 원리라는데 있다.

4) 김정은은 제7차 당대회에서 '온 사회의 김일성·김정일주의화는 우리 당의 최고 강령'이라면서 "온 사회를 김일성·김정일주의화 한다는 것은 위대한 김일성·김정일주의를 유일한 지도적 지침으로 하여 우리 혁명을 전진시키며 김일성·김정일주의에 기초하여 인민의 이상사회를 건설하고 완성해 나간다는 것을 말한다"고 언급했다. 『조선중앙통신』, 2016.5.8.

만을 위한 조직으로 기능하게 된다.

아울러 당시 국내외적 어려운 정치경제 상황 하에서 군은 체제 수호와 정권 유지의 수호자로서 역할을 부여받게 되고 이러한 임무를 수행하는데 군 권력기관들은 지대한 역할을 수행하였다. 고난의 행군을 거치면서 1990년대 후반기에 이르러 정권이 안정기에 들어서면서 군의 영향력과 활동 반경은 확대되었다. 더욱이 군이 각종 경제이권사업에도 참여하고 참여함으로써 군부가 부를 축적하기도 하였다.

김정일은 군의 시대적 사명과 임무를 인정하면서도 군을 견제하고 통제할 수 있는 당 조직지도부의 인사기능, 검열기능과 더불어 국가안전보위부와 인민보안부의 공안 기능을 직할통치함으로서 통치의 절대권력을 놓치지 않았다.

한편, 김정은 시대에 군 권력기관의 특징과 변화를 살펴보면, 김정은 정권 초기에 그의 최대의 관심은 당-정-군 위계체제 확립과 군부 권력기관의 통제로, 이를 위해 당 조직지도부와 군의 총정치국을 적절히 활용하였다. 이와 아울러 군부와 야전군의 권력 약화를 위해 지휘관의 수시 교체와 숙청, 심지어 처형까지도 단행하였다. 특히 핵무력과 관련해서 당 군수공업부와 전략군사령부의 기능과 역할을 확대하였지만, 총참모부와 인민무력부의 기능과 역할은 상대적으로 약화되었다.[5] 김정은 시대에 들어와서 주요 행사와 국경절에 군부 권력엘리트들이 당과 정부의 권력엘리트에 이어서 서열화 되는 것은 이러한 면을 반영한 결과라고 볼 수 있다.[6]

다음으로 군부 엘리트의 특징과 변화를 살펴보면, 김정일 시대는 군

---

5) 통일연구원, 『북한 제7차 당대회 분야별 평가 및 향후 전망』, 앞의 책, pp. 35-37.
6) 김구섭, 『김정일 정권의 권력구조』(서울: 한국학술정보, 2005), pp. 33-34.

의 안정과 군심 획득이 체제수호에 최우선임을 직감한 김정일이 선군정치를 시행하면서 군부 엘리트들을 위해 다양한 혜택과 우대정책을 시행하였다. 특히 군 원로들을 대우하고 야전군 엘리트들을 우선 발탁하면서 군의 사기를 최대한 올리는데 집중하였다. 중국에서는 덩샤오핑 집권 이후에 폐지한 군 원로들의 종신보직제를 실시하고 군 원로들에게 혜택을 줌으로써 군내부의 위계질서를 철저히 확립하였다.

또한 김정일은 체제보위 세력으로 고난의 행군을 극복하는데 기여한 군부의 엘리트들에게 당과 정부에 진출할 수 있게 문호를 개방함으로써 군부 엘리트의 대외 권력기관 진출은 크게 확대되었다. 1994년 당 서열 50위의 권력엘리트 중 군부엘리트가 5명이었으나, 2006년에는 12명(조명록, 김일철, 김영춘, 현철해, 장성우, 박재경, 이용무, 리명수, 백세봉, 오극렬, 김두남, 박기서)으로 급증했고, 군 경력을 가진 엘리트는 1994년에 21명에서 2006년 33명으로 늘어났다.

반면 김정은 시대에 들어와서는 비대해지고 권력화된 군부 세력의 권력을 회수하고 힘빼기에 전력을 다하였다. 1차로 권력기관장인 총참모부와 인민무력부, 총정치국에 대한 기관장의 수시교체와 강등, 혁명화 교육, 심지어 처형 등 공포정치를 통해 군 권력을 축소하고 통제함으로써 군 본연의 기능으로 자리매김 하도록 하였다. 2차로는 부부장급 및 군단장급 군부 엘리트들에 대해서 강등과 혁명화 교육을 강화하였다. 야전군의 발탁보다는 군 총정치국 정치간부들의 핵심보직 배치를 통해 군 간부와 군심을 통제하는 정책을 사용하였다.

김정은의 군부 엘리트에 대한 정책은 군 원로들의 자연스러운 퇴장과 능력 있는 신진 세력의 등용으로 나타나고 있다. 군 엘리트들은 김정은으로부터 충성심과 전문성, 그리고 참신성을 인정받아야 발탁이 가능했다. 이러한 예는 김수길 총정치국장, 김정관 인민무력상, 박정천 총참모장, 정경택 국가보위상, 김정호 인민보안상 등이 해당된다 하겠다. 이들 대부분은 인사교체와 강등, 혁명화 교육의 대상이었지만 김정은에 의해 복권되어 군사업무 전면에서 활동하고 있다.

앞으로 김정은 시대에 군부의 생존은 급변하는 시대적 흐름을 적극 수용하고 혁신기풍을 선도하는데 있다 하겠다.[7] 김정은 시대의 북한 군부는 과거 선군시대 군부의 영광과 혜택을 누리지 못할 것이다. 김 정은 위원장이 공포정치를 통해 확보한 절대권력과 독재체제는 당과 공안을 동원하여 지속 유지할 것으로 보이며, 김정일 시대처럼 군부에 게 당과 정부의 권력을 일정부분 할애하지 않을 것이다. 앞으로 당 정군 체제하 총참모부와 예하의 전투세력 중심의 야전군, 후방을 담 당하는 인민무력부의 영향력은 줄어들 것이다. 반면, 북한이 2017년 11월 29일 화성15호 미사일을 발사하고 나서 공개적으로 핵무력을 완성하였다고 공표하였지만[8], 핵과 미사일의 정밀화와 고도화, 경량 화를 지속 추진한다고 볼 때, 핵과 미사일을 담당하는 당 군수공업부 와 전략군을 포함한 비대칭무기 관련 군 관련 분야의 영향력은 확대될 것이다.

김정은의 총애를 받는 당과 내각 전문일꾼들이 군 권력기관의 주요

7) 김정은은 2017년 신년사에서 모든 일꾼들의 패배주의와 형식주의, 요령주 의를 배격하고 노력하라고 당부했다. 2017년 12월 21일 개최된 제5차 당 세포위원장 대회에서는 '지금까지 해 놓은 일은 다만 시작에 불과하며 사 회주의 강국건설을 위한 대담하고 통이 큰 작전들을 더욱 과감히 전개해 나갈 것'을 강조했다. 2019년 신년사에서도 '사회주의 제도를 침식하는 세 도와 관료주의, 부정부패의 크고 작은 행위들을 짓뭉개버리기 위한 투쟁의 열도를 높여야 한다'며, '끊임없이 실력을 쌓고 시야를 넓혀 모든 사업을 당이 바라는 높이에서 완전무결하게 해제끼는 능숙한 조직자, 완강한 실천 가가 되여야 한다'고 강조하고 있다. 『로동신문』, 2019.1.1.
8) 『조선중앙통신』, 2017.11.29.

직위를 차지하고 군 정책에 적극 관여하면서 군의 권력을 제한하고 위상을 침범할 것이다. 과거 김정일 시대는 군부 권력엘리트에 대한 신뢰와 지지를 바탕으로 직할통치를 통해 군부 엘리트들이 당과 정부의 주요 요직에 진출했지만, 이제는 반대로 당과 정부의 테크노크라트들이 군의 영역과 주요기관에 진출하고 영향을 미치고 있다.

선진 자본주의와 민주사회를 경험한 김정은은 강한 추진력과 권위적 카리스마를 바탕으로 군에 대해서 엘리트들이 과거의 형식주의와 권위의식을 탈피하여 군 개혁과 쇄신을 주문하고 있다. 김정은은 미래 첨단과학화된 군건설을 목표로 '주체화, 현대화, 정보화, 과학화'된 군을 요구하고 있다. 따라서 군의 권력기관과 엘리트들은 생존을 위해 과거 권위의식과 무사안일, 매너리즘에서 탈피하여 혁신적 변화의 선봉에 서야하는 난관에 봉착해 있다. 향후 주체전법을 바탕으로 현대화된 군 건설을 위한 군부의 자기 개혁과 혁신적 변화가 요구되고 있다.

부 록

김정일·김정은 시대 군부 엘리트 주요경력

○ 김정일 시대

순번	성명	출생년	출생지	출신학교	주요경력	기타
1	조명록	1928	만주	만경대혁명학원, 모스크바대학	국방위원회 제1부위원장, 총정치국장	빨치산
2	김영춘	1936	함북 회령	김일성군사종합 대학, 프룬제군사대학	총참모장, 인민무력부장	2세대
3	김일철	1933	평양	만경대혁명학원, 소련해군대학	국방위원회 부위원장, 인민무력부장, 해군사령관	2세대
4	오극렬	1930	중국 길림	만경대혁명학원, 김일성 종합대학, 프룬제군사대학	국방위원회 부위원장, 당 작전부장, 공군사령관	2세대, 오중성 외아들
5	리을설	1921	함북 김책	소련군사대학	평양방어사령관, 호위사령관	빨치산
6	현철해	1934	함북 경성	만경대혁명학원, 김일성종합대학, 루마니아공과 대학	총정치국 조직부국장, 인민무력부 후방총국장	2세대
7	이용무	1925	만주 (평남 평성)	김일성군사종합 대학, 김일성고급 당학교	총정치국장, 당 검열위원장, 국방위원회 부위원장	김일성 사촌 여동생 남편

순번	성명	출생년	출생지	출신학교	주요경력	기타
8	백학림	1918	만주	맑스레닌주의 학원, 중앙당정치학교	당 정치국위원, 인민보안상	빨치산
9	현영철	1949	함북 경성	김일성군사종합 대학	총참모장, 인민무력부장	2세대
10	리명수	1934	함북 명천	김일성군사종합 대학	인민보안부장, 총참모장, 최고사령부 제1부사령관	2세대
11	오금철	1947	평양	김책공군대학, 소련공군 아카데미	공군사령관	2세대, 오백룡 아들
12	김원홍	1945	황북 승호	김일성정치군사 대학, 김일성고급 당학교	보위사령관, 국가안전보위부장	2017 은퇴
13	김격식	1938	함남 정평	강건군관학교, 김일성군사종합 대학	총참모장, 인민무력부장, 4군단장, 2군단장	
14	리영호	1942	강원도 통천	만경대혁명학원, 김일성군사종합 대학	평양방어사령관, 총참모장	
15	우동측	1942	평남 평원	김일성종합대학	국가안전보위부 제1부부장	
16	김정각	1941	평남 증산	김일성군사종합 대학	인민무력부장, 총정치국장	
17	김창섭	1946	평남 은산	김일성고급 당학교	국가안전보위부 정치국장	
18	이하일	1935	양강도	소련 유학	당 군사부장, 당중앙위원, 국방위원회 위원	

순번	성명	출생년	출생지	출신학교	주요경력	기타
19	김명국	1940		김일성종합대학	평양방어사령관, 당중앙위원, 당중앙군사위원	
20	박재경	1933	함북	김일성정치군사 대학	인민무력부 선전담당부국장	
21	김영철	1946	양강도	만경대혁명학원, 김일성군사종합 대학	통일전선부장, 당 부위원장	
22	정명도				해군사령관	

○ 김정은 시대

순번	성명	출생년	출생지	출신학교	주요경력	기타
1	리영호	1942	강원도 통천	만경대혁명학원, 김일성군사종합대학	평양방어사령관, 총참모장	
2	김정각	1941	평남 증산	김일성군사종합대학	인민무력부장, 총정치국장, 김일성종합대학총장	
3	황병서	1949			총정치국장, 조직지도부 부부장	
4	김격식	1938	함남 정평	강건군관학교, 김일성군사종합대학	총참모장, 인민무력부장, 4군단장, 2군단장	
5	현영철	1949	함북 경성	김일성군사종합대학	총참모장, 인민무력부장	처형
6	리명수	1934	함북 명천	김일성군사종합대학	인민보안부장, 총참모장, 최고사령부 제1부사령관	
7	리영길	1955			총참모장, 5군단장	
8	장정남	1951			1군단장, 인민무력부장, 5군단장	
9	조경철				보위국 국장	
10	리병철	1948		만경대혁명학원, 김일성군사종합대학	항공 및 반항공군사령관, 당 군수공업부장	
11	이용주				해군사령관, 김정숙 해군대학장	
12	김명식				동해함대사령관, 해군사령관	
13	김수길	1950			평양시 당비서, 총정치국장	

순번	성명	출생년	출생지	출신학교	주요경력	기타
14	박영식				총정치국 부국장, 인민무력상	
15	박정천				포병사령관, 총참모장	
16	윤정린	1943			호위사령관	
17	최부일	1944	함북 회령	김일성군사종합 대학	총참모부 작전총국장, 인민보안상, 당 군사부장	
18	김원홍	1945	황북 승호	김일성정치군사 대학, 김일성고급 당학교	보위사령관, 총정치국 조직부국장, 국가안전보위부장	
19	정경택	1957	자강도		국가보위상	
20	김영철	1946	양강도	만경대혁명학원, 김일성군사 종합대학	통일전선부장, 당 부위원장	
21	김락겸				전략군사령관	
22	김정관				군사건설국장, 인민무력상	
23	임광일	1965			작전총국장, 정찰총국장	

출처: 전정환 외, 『김정은 시대의 북한인물 따라가 보기』(서울: 선인, 2018), 통일부, 『2020
년 북한 주요 인물정보』(서울: 통일부, 2020) 등을 참고하여 작성.

▌참고문헌

1. 국내문헌

가. 단행본

강명도, 『평양은 망명을 꿈군다』, 서울: 중앙일보사, 1995.

강성윤 편, 『김정일과 북한의 정치-어제 오늘 그리고 내일』, 서울: 선인, 2010.

고재홍, 『김정일 체제의 북한군 연구』, 서울: 국가안보전략연구소, 2012.

군사편찬연구소 편, 『군사』53호, 2004.12.

국방부, 『국방백서』, 2016.

김갑식, 『김정일 정권의 권력구조』, 파주: 한국학술정보, 2005.

김갑식 외, "김정은 정권의 정치체제: 수령제, 당·정·군 관계, 권력엘리트의 지속성과 변화," 『통일연구원 연구총서』, 서울: 통일연구원, 2015.

김구섭·차두현, 『북한의 권력구조와 권력엘리트』, 서울: 한국국방연구원, 2004.

김구섭, 『김정일 정권의 권력구조』, 서울: 한국학술정보, 2005.

김동일 역, 『현대사회이론의 조명』, 서울: 문맥사, 1988.

김성철, 『북한 간부정책의 지속과 변화』, 서울: 민족통일연구원, 1997.

김연철, 『북한의 산업의 경제정책』, 서울: 역사비평사, 2001.

김정기, 『엘리트와 민주주의』, 서울: 사회학 연구, 1977.

데이비드 맥란, 신오현 역, 『칼 마르크스의 사상』, 서울: 민음사, 1982.

딕 모리스, 홍대운역, 『新군주론』, 서울: 아르케, 2002.

로저시몬외 저, 김주환 역, 『그람시의 정치사상』, 서울: 청사, 1985.

동애영, 『G2와 BRICs, 어느 쪽이 중국의 이익인가?』, 서울: 하나금융 경영연구소, 2009.

루소(J.J. Rousseau), 박옥출 역, 『민약론』, 서울: 박영사, 1960.

리파드 밸라미 & 대로우 쉐흐티 저, 윤민재 역, 『그람시와 민족국가』, 서울: 사회문화연구소 출판부, 1996.

박순성, 홍민 엮음, 『북한의 권력과 일상생활: 지배와 저항사이에서』, 파주: 한울아카데미, 2013.

박영자, "독재정치 이론으로 본 김정은 체제의 권력구조," 『북한의 시장화와 정치사회 균열』, 서울: 선인, 2015.

박영자, "김정은 체제의 통치행위와 지배연합," 『북한의 시장화와 정치 사회 균열』, 서울: 선인, 2015.

박영자, 『김정은 시대 조선노동당의 조직과 기능: 정권안정화 전략을 중심으로』, 서울: 통일연구원, 2017.

박형중 외, 『김정일 시대 북한의 정치체제』 서울: 통일연구원, 2004.

백학순, "당·정·군 관계," 세종연구소 북한연구센터 엮음, 『북한의 당·국가기구·군대』, 서울: 한울아카데미, 2007.

백학순, 『북한 권력의 역사』, 서울: 한울, 2010.

북한문제조사연구소 편, 『북한 주요인물록』, 1997.6.

『북한연감 2004』, 서울: 연합뉴스, 2003.

블라디미르 레닌, 『칼 맑스』, 서울: 새날, 1990.

서대숙, 『현대북한의 지도자 김일성과 김정일』, 서울: 을유문화사, 2000.

서대숙, 『북한문헌연구: 문헌과 해제』제1, 4권, 서울: 경남대학교 극동 문제연구소, 2004.

서재진, 『주체사상의 이반』, 서울: 박영사, 2006.

서재진·조한범·장경섭·유팔무, 『사회주의 지배엘리트와 체제변화: 북한과 러시아·중국·동독의 비교분석』, 서울: 생각의 나무, 1999.

서진영, 『중국공산당의 역할 인식 변화』, 서울: 아세아연구, 1987.

서진영, 『중국공산당의 힘: 개혁개방기 중국동산당과 권력구조의 변화』 서울: 동아시아연구, 2004.

안병만, 『한국정부론』, 서울: 다산, 1999.

양성철, 『북한정치론』, 서울: 박영사, 1993.

양성철, 『북한정치연구』, 서울: 박영사, 1995.

오경섭, 『정치엘리트 응집력과 김정은 정권 안정성』, 서울: 세종연구소, 2016.

오명호, 『현대정치학 이론』, 서울: 박영사, 1990.

와다 하루끼 저, 이종석 옮김, 『김일성과 만주항일전쟁』, 서울: 창작과 비평사, 1992.

이교덕 외, 『김정은 체제의 권력엘리트 연구』, 서울: 통일연구원, 2012.

이극찬 역, 『정치-누가 무엇을 언제 어떻게 얻는가』, 서울: 전망사, 1979.

이극찬 역, 『권력론』, 서울: 범문사, 1982.

이극찬, 『정치학』, 서울: 범문사, 1997.

이대근, 『북한 군부는 왜 쿠데타를 하지 않나』, 서울: 한울, 2003.

이무철, 『김정은의 '공포정치'와 통치 리더십』, 통일교육원, 2016.

이민룡, 『김정일 체제의 북한군대 해부』, 서울: 황금알, 2004.

이상우, 『북한정치 변천』, 서울: 오름, 2015.

이성구·연명모, 『21세기 정치학』, 서울: 대경, 2009.

이승열, 『북한 엘리트 집단의 권력투쟁과 당조직지도부의 생존전략』, 서울: 국방정신전력원, 2017.

이영훈, 『북한을 움직이는 힘, 군부의 패권경쟁』, 파주: 살림, 2012.

이재훈, 『소련 군사정책 1917-1991』, 서울: 국방연구소, 1997.

이종국, "김정일체제의 수령제와 당·정·군 관계," 『현대북한체제론』, 서울: 을유문화사, 2000.

이종석, 『조선노동당연구』, 서울: 역사 비평사, 1995.

이종석, "북한역사와 김정일 시대," 『김정일시대의 북한』, 서울: 삼성 경제 연구소, 1997.

이종석, 『현대북한의 이해』, 서울: 역사비평사, 2000.

이준혁, 『최근 북한 주요 권력엘리트 변동의 함의』, 서울: 국가안보전략연구원, 2018.

장달중 편, 『현대북한학 강의』, 서울: 사회평론, 2013.

장만녠 저, 이두형·이정훈 역, 『중국 인민해방군의 21세기 세계군사와 중국국방』, 서울: 평단문화사, 2002.

전정환 외, 『김정은 시대의 북한인물 따라가 보기』, 서울: 선인, 2018.

전현준, 『북한의 권력엘리트 연구』, 서울: 민족통일연구원, 1992.

전현준, 『김정일 정권의 권력엘리트 연구』, 서울: 민족통일연구원, 1995.

전현준, 『최근 북한의 권력엘리트 변동 분석』, 서울: 통일연구원, 2008.

정민섭, 『최고존엄』, 서울: 늘품, 2017.

정성장, 『현대북한의 정치: 역사·이념·권력체계』, 서울: 세종연구소, 2011.

정성장, 『현대 북한의 정치』, 서울: 한울아카데미, 2011.

정성장, "김정은 정권의 당과 군부 파워 엘리트," 『김정은 정권의 대내 전략과 대외관계』, 서울: 세종연구소, 2014.

정영태, 『김정일의 군사권력 기반』, 서울: 민족통일연구원, 1994.

정영태, 『북한의 국방위원장 통치제제의 특성과 정책전망』, 서울: 통일연구원, 2000.

정영태 외, 『북한이해의 길잡이』, 서울: 박영사, 2005.

鄭永泰,『김정일 體制下의 軍部 役割 持續과 變化』, 서울: 민족통일 연구원, 1995.

鄭永泰,『김정일의 軍事權力基盤』, 서울: 민족통일연구원, 1994.

정창현,『곁에서 본 김정일』, 서울: 토지, 1999.

제임스 왕, 금희연 역,『현대중국정치론』, 서울: 그린, 2000.

조호길·리신팅,『중국의 정치권력은 어떻게 유지되는가: 강력한 당-국가 체제와 엘리트 승계』, 서울: 메디치, 2007.

존 밀러, "소련 공산당: 동향과 문제점," 도성달·이명남 공역,『비교 공산주의 정치론: 그 변화와 전망』, 부천: 인간사랑, 1990.

중앙일보사,『김정일』, 서울: 중앙일보사, 1994.

진덕규,『현대정치학』, 서울: 학문과 사상사, 2003.

태영호,『태영호의 증언, 3층 서기실의 암호』, 서울: 기파랑, 2018.

통일부,『북한 권력기구도』, 서울: 2007.

통일부 통일교육원,『2018 북한이해』, 서울: 통일교육원, 2017.

통일연구원,『북한의 '제3차 7개년계획' 종합평가』, 서울: 통일연구원, 1994.

통일연구원,『통일인프라 구축 및 개선방안』, 서울: 통일연구원, 2004.

통일연구원,『북한 제7차 당대회 분야별 평가 및 향후 전망』, 제13차 KINU 통일포럼, 2016.5.16.

헤럴드 라스웰, 백승기 역,『권력과 인간』, 서울: 전망사, 1981.

현성일,『북한의 국가전략과 파워엘리트』, 서울: 선인, 2007.

현성일,『북한의 국가전략과 파워 엘리트』, 서울: 선인, 2011.

후지모토 겐지, 신현호 옮김,『金正日의 요리사』, 서울: 조선일보사, 2003.

히라이 히사시, 백계문·이용빈 역,『김정은 체제』, 서울: 한울, 2011.

황장엽,『어둠의 편이 된 햇볕은 어둠을 밝힐 수 없다』, 서울: 월간 조선사, 2001.

Anderw Heywood, 조현수 옮김, 『정치학: 현대정치의 이론과 실천』, 서
　　울: 성균관대학교 출판부, 2004.

C. W. Mills, 진덕규 역, 『파워엘리트』, 서울: 한길사, 1979.

D.라이트·S.켈러, 노치준·길태근 역, 『사회학 입문』, 서울: 한울, 1994.

나. 연구논문

강혜석, "김정은시대 통치담론 변호와 국가의 부상," 『국제정치논총』 제59집
　　3호, 2019.

고유환, "북한의 권력구조 개편과 김정일정권의 발전전략," 『국제정치 논
　　총』 38(3), 1999

고유환, "북한연구 방법론의 현황과 과제," 『통일과 평화』, 창간호, 2009.

고유환, "김정은 후계구축과 북한 리더십 변화; 군에서 당으로 권력이동,"
　　『한국정치학회보』 45(5), 2011.

고유환, "새로운 권력구도 개편이 북한체제에 미치는 영향," 국가안보전략
　　연구소 학술회의, 2012.

고유환, "북한의 3차 핵실험 이후 위협인식과 대응에 관한 행위자-네트
　　워크," 북한연구학회, 2013.

고유환, "김정은 체제의 발전전략과 효율성 위기," 외교, 제114호, 2015.7.

고유환, "북한 핵보유 요인에 관한 역사-구조적 접근," 북한연구학회보,
　　제20권 1호, 2016년 여름.

고창준, "북한 권력엘리트 변화양상과 경향분석," 경기대 박사학위논문,
　　2016.

김갑식, "북한의 당·군·정 역할 분담체제에 관한 연구," 서울대학교 대학
　　원 박사학위 논문, 2001.

김갑식, 『사회주의 체제전환국의 정치체제 변화』, 북한연구학회보, 2005.

김갑식, "김정일 시대 권력엘리트 변화," 『통일과 평화』 제2호, 2009.

김갑식, "북한군부의 세대교체와 향후 전망," 『이슈와 논점』 제496호, 2012. 7.20.

김갑식 외, "김정은 정권의 정치 체계: 수령제, 당·정·군 관계, 권력 엘리트 의 지속성과 변화," 『KINU 연구총서』 15-01호, 통일 연구원, 2015.

김갑식, "북한 최고인민회의 제13기 제4차 회의 분석," 『Online Series』 co 16-19, 통일연구원, 2016.

김구섭, "다원주의와 마르크스주의의 변화-양 이론의 수렴현상을 중심으로," 『국방논단』 제20호, 1992년 겨울.

김구섭, "김정일 유일지도 체제의 지속 가능성에 관한 연구," 『국방 논단』 제40호, 1997년 겨울.

김근식, "김정일 시대 북한의 당·정·군 관계변화," 『한국정치학회보』 36집 2호, 한국정치학회, 2002.

김동엽, "경제·핵무력 병진노선과 북한의 군사분야 변화," 『현대북한 연구』, 2015.

김동엽, "김정은 시대 북한의 군사분야 변화와 전망," 『경제와 사회』, 2019.6.

김성혁, "북한의 주체사상에 대한 기독교윤리학적 연구," 감리교신학 대학교 석사학위논문, 2010.

김용현, "북한의 군사국가화에 관한 연구: 1950~60년대를 중심으로," 동 국대 박사학위 논문, 2002.

김용현, "북한체제 군사화의 정치·사회적 기원: 1950~1960년대를 중심 으로", 『통일문제연구』 제13권 1호, 서울: 평화문제연구소, 2001.

김용현, "북한 군사국가화의 역사적 배경: 항일무장투쟁과 한국전쟁," 『대 학원연구논총』 31권, 동국대학교대학원, 2001.

김용현, "1960년대 북한의 위기와 군사화," 『현대북한연구, 5권 1호』, 경남대학교 북한대학원, 2002.

김용현, "김정일, 김정은 집권 초기 북한 권력체계 비교," 『한국동북 아논총』(74), 2015

김익성, "북한사회주의에 대한 연구동향 분석: 북한 사회주의의 보편-특수적 이해," 『사회과학연구』27, 경성대.

김일기·김보미, "김정은 시대 북한의 국가전략 변화와 군사분야 동향," 『INSS전략보고』 February 2020. No. 59.

김종명, 『엘리트 이론의 변천과 발전』, 서울: 국제정치연구 제5집 2호, 2002.

김지해, "중국공산당의 통치역량에 관한 연구," 중앙대학교 석사논문, 2011.

김창희, "북한의 정치권력 변천과 의미: 로동당과 국가기구와의 관계를 중심으로," 『지역과 세계』 제42집 제1호, 2018.

김태구, "북한 정권의 군부 통제방식 연구," 동국대학교 박사학위논문, 2015.

김태구, "김정일 집권이후 군부 위상 변화 연구," 『통일과 평화』 11집 2호, 2019.

권양주, "김정은 정권의 군부 통치제제와 군의 역할 전망," 『주간국방 논단』, 2012년 8월 6일.

류길재, "1960년대 북한의 숙청과 술타니즘(Sultanism)의 등장," 국제 관계연구 제9권 제1호, 2004.

문성묵, "북한에 군부(권력)," 『한국논단』 제273호, 2012년 7월.

박대광 등, 『김정은 통치행태 평가 및 우리의 대응전략』, 한국국방 연구원 연구보고서안 2015-3622.

박근재·김인수, "북한 군부엘리트의 경력이동 연결망 분석," 『국방정책 연구』 제29권 2호, 2013년 여름.

박상철, "북한체제 유지 및 작동규범 연구: 헌법과 당규약," 『안보학술 논집』 제27집, 국방대학교, 2016.

박순성, "북한 경제와 경제이론," 『현대북한연구』5(2), 2002.

박순성, "한반도-동북아 안보위기와 시민사회 평화운동," 『북한학연구』제
13권 제2호, 2017.

박순성, "한반도 평화를 위한 실천구상: 정전체제, 분단체제, 평화체제,"
『사회과학연구』제25권 1호, 동국대, 2018년 3월.

박영자, "북한의 집권엘리트(Centralized Power Elites)와 Post 김정일
시대," 『통일정책연구』18권 2호, 2009.

박영준, "국가전략과 군사전략," 전남대학교 세계한상문화연구단 국내 학
술회의, 2008.

박용환, "김정은 통치술이 북한 군사정책에 미친 영향," 『국방정책연구』제
32권 제3호(제113호), 2016년 가을.

방정배, "북한 선군정치하의 당·군 관계," 영남대 박사학위 논문, 2005.

박형중, "김정일, 군과 당, 그리고 김정은: 시장확대와 시장억제 배후의 권
력정치학," 『통일연구원 온라인 시리즈 10-12』, 2010.

박형중 외, "2012년 상반기 북한 정책동향 분석: 북한 매체의 논조를 중심
으로," 『통일연구원 정책연구시리즈 12-02』, 2012.

박형중, "김정은 위원장통치 1년과 신주류의 권력 공고화 프로젝트 추진,"
『Online Series』, 통일연구원, 2013.

서동만, "북한 당·군관계의 역사적 형성: 창군기에서 한국전쟁 직전까지를
중심으로," 『외교안보연구』제2호, 1997.

송인성, "중국정치에서의 군의 역할: 공산당대회를 중심으로," 경북대학교
박사학위 논문, 1990.

송희준, "라스웰의 학문세계의 재방문," 한국정책학회, 2014.

서장원, "김정은 시대의 권력구조와 당·군·정 관계에 관한 연구: 수령제를
중심으로," 인제대학원 박사학위 논문, 2017.

신범철, "2018-2019 비핵화 프로세스를 통해 본 북한의 전략적 의도," 『북한 비핵화 프로세스에 대한 전략적 재평가』, 한국전략문제 연구원, 2019.

심혜정, "김정은 체제 권력엘리트 연구," 서강대학교 석사학위 논문, 2013.

안경모, "김정은 시대 북한 정치체제 변화에 대한 분석," 『아세아연구』59(2), 2016

윤우곤, "권력의 본질에 관한 소고," 『사회과학』 24호, 성균관대사회 과학 연구소, 1985.

윤진형, "김정은 시대 당중앙군사위원회와 국방위원회의 비교 연구," 『국제정치논총』 제53집 2호, 서울: 한국국제정치학회, 2013.

이경화, "북한과 쿠바의 혁명군부에 대한 비교연구," 고려대학교 박사학위 논문, 2014.

이교덕, "북한 권력엘리트 연구와 북한 권력엘리트의 특징," 『KDI 북한 경제리뷰』, 2012년 7월호.

이교덕 외, "김정은 체제의 권력엘리트 연구," 『KINU 연구총서』 12-05호, 통일연구원, 2012.

이대근, "조선인민군의 정치적 역할과 한계: 김정일 시대의 당·군 관계를 중심으로," 고려대학교 대학원 박사학위 논문, 2000.

이동찬, "김정은 성향과 정책결정 방향성에 관한 연구," 『전략연구』통권 제75호, 2018년 7월.

이상숙, "북한 제7차 당대회 평가와 엘리트 변동," 『주요 국제문제 분석』 2016-17, 국립외교원 외교안보연구소, 2016.

이승열, "북한 엘리트 지배체제의 변화와 성격: 선군정치에서 조선노동 당으로," 북한연구학회 춘계학술대회, 2017.4.21.

이수원, "북한 당중앙군사위원회와 국방위원회 연구," 동국대 박사학위 논문, 2017.

이수원, "북한 당 중앙군사위원회의 위상과 역할,"『北韓』(통권 562호), 2018년 10월

이인배, "권력개념에 관한 연구," 중앙대학교 석사논문, 1993.

이재정, "정치인과 거짓말: 그들은 왜 거짓말을 하는가?,"『한국정치 연구』 제23집 제3호, 2014년 10월.

이종규, "북한 통치체제의 본질적 특성: 김정일의 체제운영기법을 중심으로,"『북한조사연구』제6권 1호, 2002.

이준혁·김보미, "북한 당중앙군사위 제7기 1차 확대회의와 향후 북한 군의 역할,"『이슈브리핑18-17』, 국가안보전략연구원, 2018.

이형신, "김정일 시대 북한군의 정치적 역할에 관한 연구," 동국대대학원 석사논문, 2007.

장경섭, "중국의 체제 개혁과 지배엘리트의 성격 변화,"『현대중국연구』제 2집, 1999년 12월.

전현준, "최근 북한 권력엘리트 변동 분석,"『통일정세분석 2008-03』, 서울: 통일연구원, 2008.

정성장, "김정일의 선군정치: 논리와 정책적 함의,"『현대북한연구』2001년 4권 2호.

정성장, "김정일 시대 북한의 선군정치와 당·군 관계,"『국가전략』제7권 3호, 성남: 세종연구소, 2001.

정성장, "포스트 김정일 시대 북한 권력체계의 변화 전망,"『세종정책 연구』 제5권 1호, 2009.

정성장, "김정일 시대 북한 국방위원회의 위상·역할·엘리트,"『세종 정책 연구』제6권 1호, 2010.

정성장, "김정은의 선군정치와 북한의 군부 엘리트 변동,"『정세와 정책』

성남: 세종연구소, 2012년 3월.

정성장, "북한 노동당 제4차 대표자회와 파워엘리트 변동," 『정세와 정책』 성남: 세종연구소, 2012년 5월.

정성장, "북한군 총정치국장 교체 배경과 김정은 체제의 안정성," 『정세와 정책』, 성남: 세종연구소, 2014년 6월.

정성장, "김정은 정권의 당과 군부 파워 엘리트 변동," 북한연구학회 하계 학술회의, 2014.

정성장, "북한의 군부 파워 엘리트 변동 어떻게 볼 것인가?" 세종12차 정 세토론회, 2015.9.22.

정성장, "김정은 시대 북한군 핵심요직의 파워엘리트 변동 평가," 세종 정 책 브리핑 2015-4, 2015.9.25.

정성장, "북한 군사국방지도 체계를 둘러싼 혼란과 과제," 『정세와 정책』, 2011년 8월호.

정영태, "북한의 국가전략과 핵정책," KRIS 창립 기념논문집, 2007.

정영태 등 공저, "북한의 부문별 조직실태 및 조직문화 변화 종합연구: 당·정·군 및 경제·사회부문 기간조직 내의 당 기관 실태를 중심으 로," 『KINU연구총서 11-04』. 서울: 통일연구원, 2011.

정영태, "김정은 세습 후계체제의 특성과 대내외 정책 전망," 『전략 연구』 통권 제52호, 2011.7.

정창현, "당·정·군 파워엘리트 최근변화: 국방위원과 혁명 3세대 약진, 당 중심 운영체계 여전," 『민족21』 통권71호, 2007년 2월.

좋은 벗들, "군부 산하 외화벌이 회사 축소," 『오늘의 북한 소식』 122호, 2008.2.22.

진휘관, "김정은 정권의 현지지도 수행빈도를 통해 본 엘리트 변동연구: 주 요 인사의 로동신문 등장빈도 분석을 중심으로," 『한국과 국제 정치』

31권 4호, 2015.

차두현, "북한 당·군관계의 변화과정: 변화의 동인과 그 의미," 연세대 박
사학위 논문, 2006.

최 명, "중공 군사엘리트의 정치적 역할," 『사회과학과 정책연구』 서울대
사회과학연구소, 1988.5.

최주활, "조선인민군 총참모부 조직체계와 작전국의 임무와 역할," 『북한
조사연구』 6권 1호, 국가안보통일정책연구소, 2002.

최진욱 외, "김정은 정권의 정책전망: 정권초기의 권력구조와 리더십에 대한
분석을 중심으로," 『KINU연구총서』 12-12호, 통일연구원, 2012.

한헌동, "북한(김정은)체제의 안정성 평가: 북한 체제의 특수성과 사회 주의
체제의 보편성 시각으로," 『세계북한학 학술대회 자료집 1』, 2014.

현성일, "김정은 정권 3년 평가와 2015년 대남전략 전망," 『김정은 정권 3년
평가와 2015년 남북관계 전망』, 국가안보전략연구원 국내 학술회
의 발표자료집, 2014.12.1.

홍민 외, "2019년 김정은 신년사 분석과 정세전망," 『KINU Insight 2019
No 1』, 통일연구원, 2019.

2. 북한 문헌

김정일, 『김정일 선집 제1권』, 평양: 조선로동당출판사, 1997.

김정일, 『김정일 선집 제13권』, 평양: 조선로동당출판사, 1998.

김정일, 『김정일 선집 제14권』, 평양: 조선로동당출판사, 2000.

김정일, 『김정일 선집 제15권』, 평양: 조선로동당출판사, 1997.

김정일, 『김일성 저작집 제6권』, 평양: 조선노동당출판사, 1980.

김정일, 『김일성 저작집 제7권』, 평양: 조선로동당출판사, 2000.

김정일, 『김정일 저작집 제13권』, 평양: 조선로동당출판사, 1998.

김정일, 『김정일 저작집 제14권』, 평양: 조선로동당 출판사, 2000.

김동현, "군자리혁명정신의 본질적 내용," 『철학·사회정치학 연구』(루계 제154호), 과학백과사전출판사, 2018.

김재서, "사회주의경제건설에 총력을 집중하는 것은 현시기 우리 당의 새로운 전략적 노선," 『김일성종합대학학보』제64권 제3호, 2018.

김정철, "국방과학전사들의 투쟁정신과 기풍은 만리마시대의 본보기," 『김일성종합대학학보』제64권 제3호, 2018.

김철우, 『김정일 장군의 선군정치』, 평양: 평양출판사, 2000.

리 철, 심승건, 『위대한 령도자 김정일동지께서 밝히신 선군혁명령도에 관한 독창적 사상』, 평양: 사회과학원출판사, 2002.

『우리당의 선군정치』, 평양: 조선로동당출판사, 2006.

"자강력제일주의를 구현하여 주체적 국방공업의 위력을 다져나가야 한다(당과 군대의 책임일군들과 한 담화)", 조선로동당출판사, 2016.3.6.

『조선로동당 규약』, 2016.

『조선말대사전(2)』, 평양: 사회과학출판사, 1992.

"조선인민군창건 일흔 돐에 즈음하여: 조선인민군창건 70돐 경축 열 병식에서 한 축하연설 주체," 조선로동당출판사, 2018.2.8.

조성박, 『세계를 매혹시키는 김정일 정치』, 평양: 평양출판사, 1999.

철학연구소, 『철학사전』, 평양: 조선로동당출판사, 1985.

『로동신문』, 1992.4.23.

『로동신문』, 1995.10.8.

『로동신문』, 1997.7.2.

『로동신문』, 1998.3.1.

『로동신문』, 1998.8.22.

『로동신문』, 1998.9.9.

『로동신문』, 2004.3.16.

『로동신문』, 2012.2.16.

『로동신문』, 2013.12.3.

『로동신문』, 2014.8.17.

『로동신문』, 2016.1.1.

『로동신문』, 2018.4.21.

『로동신문』, 2018.5.18.

『로동신문』, 2018.5.26.

『로동신문』, 2018.12.10.

『로동신문』, 2019.1.1.

『로동신문』, 2019.4.12.

『로동신문』, 2019.4.13.

『민주조선』, 2002.4.14.

『조선중앙통신』, 2007.1.15.

『조선중앙통신』, 2010.9.28.

『조선중앙통신』, 2013.3.31.

『조선중앙통신』, 2016.5.8.

『조선중앙통신』, 2017.11.29.

『조선중앙통신』, 2018.8.18.

『조선중앙TV』, 2015.2.10.

『조선중앙TV』, 2017.4.14.

3. 외국 문헌

Adlers, F. "Operational Definitions in Sociology," *American Journal of sociology*, 1947.

Almond, Gabriel A. and Jr Powell, G. Bingham. *Comparative Politics, Boston*: Little, Brown and Company, 1978.

Almond, Gabriel A. "Clouds, Clocks, and the Study of Politics," in Almond, *A Discipline Divided: Schools, Sects in Political Science*, Newbury Park: Sage Publications, 1990.

Bertsch, Gary. K. *Comparing Political System: Power and Policy in Three Worlds*, New York; John Wiley & Sons, 1978.

Bill, James A. and Hardgrave, Jr. Robert L. *Comparative Politics: The Quest for Theory*, Columbus, Ohio: Charles E. Merrill Publishing Co., 1973.

Bottomore, T.B. *Elites and Society*, New York: Basic Books, 1964.

Cheng Hsiao-Shih. *Party-Military Relations in the PRC and Taiwan: Paradoxes of Control*, Oxford: Westview Press, 1990.

Chicote, Ronald H. *Theories of Comparative Politics: The Search for a Paradigm*, Boulder, Colorado: Westview Press, 1981.

Colton, Timothy J. "The Party-Military Connection: A Participatory Model," Dale R. Herspring & Ivan Volgyes, eds., Civil-Military Relation in Communist System, Boulder: Westview Press, 1978.

Colton, Timothy. J. "Commissars, Commanders and Civilian Authority", Cambridge: Havard University, 1979.

Dahl, Robert A. "The Concept of Power," *Behavioral Science*, 1957.

Dahl, Robert A. "A Critique of the Ruling Elite Model," *American Political Science Review*, Vol. LII, No(June), 1958.

Dahl, Robert A. *Modern political analysis*, Engle-Wood cliffs, New Jersey: Prentice-hall, 1970.

Djilas, Milovan. *The New Class: An Analysis of the Communist System*. New York: Frederick A. Praeger.

Dye, Thomas R. *Understanding Public Policy*, Englewood Cliffs: Prentice-Hall, 1972.

Emirbayer and Goodwin. "Network Analysis, Culture, and Problem of Agency," *American Journal of Sociology* 99 No. 6, 1994.

Fisher, Max. "North Korea, Far From Crazy, Is All Too Rational," *The York Times*, Sep. 9. 2016.

Gittings, John. *The Role of the Chinese army*, London: Oxford University Press, 1967.

Harding, Neli, *Lenin's Political Thought*, Vol. I., London, 1977.

Hough, Jerry F. *The Historical Legacy in Soviet Weapons Development*, in Jiri Valenta and William C. Potter(ed.), Soviet Decisionmaking for National security, Boston: Allen & Unwin, 1984.

Huntington, Samuel P. *The Soldier and the State: The Theory and Politics of Civil-Military Relations*, Massachusetts: The Belknap Press of Harvard University Press, 1957.

Keller, Suzanne. International *Encyclopedia of the Social Sciences*, New York: The Macmillan Company and The Free Press,

1979.

Kolkowitz, Roman. *The Soviet Military and Communist Party*, Princeton: Princeton University Press, 1967.

Lasswell, Harold D. *Power and Personality*, New York: W.W. Norton & Co. Inc., 1948.

Lasswell, Harold D. and Kaplan, A. *Power & Society*, New Haven: Yale Univ. Press, 1950.

Lasswell, Harold D. and Lerner, Daniel. *World Revolutionary elites: Studies in Coercive Ideological Movements*, Cambridge: The M.I.T. Press, 1966.

Löwenstein, Karl. *Political Power and the Governmental Process* Chicago: The University of Chicago Press, 1965.

Malia, Martin. "Leninist Endgame," *Daedalus*, 121(1992), No.2.

Mao Tse-tung. "Problems of War and Strategy," Selected Works, New York: International Publishers, 1954, Vol. II.

Martin N. *Elites and Masses: An Introduction to Political Sociology*, D. Van Nostrand Co. 1981.

Marx, Karl. Captal, Vol. 3, London: Lawrence and Wishart, 1966.

Mesquita, Bruce Bueno de and Smith, Alastair. *The Dictator's Handbook*, New York: Pubic Affairs, 2011.

Meyer, Alfred G. *Leninism*, New York: Praeger, 1957.

Meyer, Alfred G. "USSR, Incorporated," *Slavic Review*, Vol. 20. No. 3, October, 1961.

Meyer, Alfred G. *"The Soviet Political System: Interpretation,"* New York: Random House, 1965.

Mills, Charles W. *The Power Elite*, New York: Oxford University Press, 1956.

Morgenthau, H. *Politics among Nations*, New York: Alfred A. Knopf, 1948.

Mosca, G. *The Ruling Class*, New York: McGraw-Hill, 1963.

Odom, Willam E. "The Party-Military Connection: A Critique," *The Collapse of the Soviet military*, New Haven: Yale University Press, 1998.

Padgett, John F. and Ansell, Christopher K. "Robust Action and the Rise of the Medici, 1400-1434," *American Journal of Sociology* 98 No.6, 1993.

Pareto, V. *The Mind and Society: A Treatise on General Sociology*. Vol. III-IV, trans. by A. Bongiorno and A. Luingston, New York: Dover Publications Inc. 1963.

Perlmutter, Amos. *Modern authoritarianism: a comparative institutional analysis*, New Haven: Yale University Press, 1981.

Perlmutter, Amos. and LeoGrande, William M. "The Party in Uniform: Toward a Theory of Civil-Military Relations in Communist Political Systems," *The american Political Science Review*. Vol.76. No4, 1982.

Popper, Karl R. "Of Clouds and Clocks: An Approach to the Problem of Rationlity and the Freedom of Man," in Popper, *Objective Knowledge: An Evolutionary approach*, Oxford: Clarendon Press, 1972.

Putnam, Robert D. *The Comparative Study of Political Elites*, Englewood Cliffs, N.J: Prentice-Hall, 1976.

Rice, Condolezza. "The Party, the Military and Decision Authority in the soviet Union," *World Politics* Vol. 40, No 1, October 1987.

Rose, Arnold M. *The Power Structure*, New York: Oxford University Press, 1957.

Russell, Bertrand. *Power*, London: George allen & Unwin, Ltd., 1938.

Taras, Raymond. "Political Competition and Communist Leadership: A Historiographical Introdution," in Raymond Taras (ed.), *Leadership Change in Communist State*, Boston: Unwin Hyman, 1989.

Weber, M. *The Theory of Social and Economic Organization*, translated and edited by A. M. Henderson and T. Parsons, New York: Oxford Uni. Press, 1947.

Welsh, William A. *The Leaders and Elites*, New York: Holt, Rinehart and Winston, 1979.

Westoby, Adam. "Conceptions of Communist States," David Held, et al., eds., *States and Societies*, New York: New York University Press, 1983.

White, Stephen. Gardner, John. Schopflin, George and Saich, Tony *Communist and Post communist Political Systems: An Introduction*, 3rd ed; London: Macmillan, 1990.

Wrong, Dennis H. "Some Problems in Defining Social Power," *American sociological Review*, 1968.

Wrong, Dennis H. *Power: it's Forms Bases and Uses*, Transaction
     Publishers, 1995.

毛澤東, "戰爭和戰略問題,"『毛澤東選集』第2卷, 北京: 人民出版社, 1991.

ABSTRACT

Comparative study of North Korean military power institutions and elites during the Kim Jong-il era and Kim Jong-un era

Lee, Dong Chan

Institute of North Korean Studies

Researcher, Dongguk University

Understanding the reality, characteristics, and changes of military power agencies and elites in North Korea can be said to be important in understanding North Korea and forecasting the direction of North Korean military policy. North Korea is a socialist state by the party-state system, and the source of the ruling power possessed by the top leaders is the military, and the core of the military is the military power institution and the elite.

In this paper, we compared and analyzed the formation, change, and influence of major elites and military elites that play a key role in stabilizing the regime and maintaining the regime in the period of Kim Jong-il and Kim Jong-un. In addition, based on this, the future of the Kim Jong-un era, changes in the military system of North Korea, and the direction of military policy were predicted.

The analysis targets of this paper are the National Security Agency and the People's Security Department, in addition to the Political Bureau, the General Staff, and the People's Armed Forces, which are the three major military powers in North Korea. Military elites were analyzed by classifying them into power elites, which have a huge influence on policy decisions in the military, and elites, which have an influence in specific fields. The analysis period was Kim Jong-il and Kim Jong-un, and focused on the changes and characteristics of military organizations and elites in each regime.

In order to stabilize and maintain the North Korean regime, Kim Jong-il put the military's power agencies and elites in front, while Kim Jong-un chose the party and the government. Behind the choices was a complex situation of mixed political and domestic and foreign economies, and the two chose the best to settle this. So, in the Kim Jong-il era, Songun politics led to Songun ideology, in the Kim Jong-un era, Kim Il-sung Kim Jong-ilism was ideologically fixed.

Looking at the characteristics of the military power institution, first, in the Kim Jong-il era, the power division method of the military power institution was applied, so that the three major power institutions of the military functioned only as the organizations for the reception of Kim Jong-il in the composition of mutual check and competition. From the beginning of the regime, the Kim Jong-un era controlled and managed military power agencies through the Party's organizational leadership and the General Political Administration.

Looking at the characteristics of the military elite, in the Kim Jong-il era, various benefits and preferential policies were implemented for military elites. On the other hand, in the era of Kim Jong-un, he tried to recover the power of military elites and to subdue them.

In the future, it is expected that the reform and innovation of the military with the North Korean reform and the pace of change will continue.

* Keywords: Kim Jong-il, Kim Jong-un, North Korea's military power agency, North Korea's military power elite

이동찬(李東燦)

- 서울 용산고등학교 졸업
- 해군사관학교 국제관계학 학사
- 연세대학교 일반대학원 정치학 석사
- 동국대학교 일반대학원 북한학 박사
- 충남대학교 국방연구소 연구교수
  현, 동국대학교 북한학연구소 전문연구원

▶ 연구 논문 및 프로젝트 수행
- 중국 해군현대화에 관한 연구(1997)
- 김정은 성향과 정책결정 방향성 연구(2018)
- 신한반도체제와 군문화, 그리고 평화비전(2019, 계룡시)
- 북미 협상전략 분석: 북미정상회담을 중심으로(2020)
- 김정일 시대와 김정은 시대 북한의 군 권력기관과 엘리트비교 연구(2020)
- 북한내륙지역 남북경협기업 실태 분석(2021, 기획재정부) 등